河出文庫

完全版

本能寺の変
431年目の真実

明智憲三郎

河出書房新社

プロローグ——問題だらけの本能寺の変の定説——

皆さんは明智光秀や本能寺の変について、どのような知識をお持ちですか。おそらく多くの方が次のような基本ストーリーのもとに様々なエピソードをご存じなのではないでしょうか。

明智光秀の前半生については、美濃明智城落城の際に脱出して越前に逃れ、諸国放浪の後に朝倉義景（あさくらよしかげ）に仕官し（明智城落城説＋朝倉仕官説）、その後、織田信長に仕えて足利義昭（よしあき）の上洛を信長に斡旋（あっせん）し、上洛後は信長と義昭の両方に仕えた（信長・義昭両属説）。義昭の追放後は信長のもとで粉骨砕身働いたが、織田信長を怨むようになり、天下を取りたいという野望も抱いて謀反を企（くわだ）てた（怨恨（えんこん）説＋野望説）。

光秀は前夜になるまで重臣にも打ち明けずに一人で謀反を決意した（単独犯行説＋謀反秘匿説）。謀反は信長の油断から生じた軍事空白によって偶発的に引き起こされたものだった（油断説＋偶発説）。

本能寺の変の勃発を知って徳川家康は命からがら三河に逃げ帰り光秀討伐の軍を起こしたが出遅れた（伊賀越え危機説）。羽柴秀吉は本能寺の変の勃発を知ると毛利氏との和睦をまとめて台風の中を驚異的なスピードで引き返して光秀を討った（中国大返し神業説）。

以上の基本ストーリーは歴史学界でもおおむね公認されている「定説」といえます。怨恨説を除いては昭和三十三年（一九五八）に出版された高柳光寿著『明智光秀』に書かれて定説として広く受け入れられたものです。この本は光秀謀反の動機として通説となっている怨恨説を否定し野望説を打ち出した本で、これを受けて歴史学界ではしばらく「怨恨説か野望説か」の論争が続きました。動機以外については議論にはならず「定説」として固まったわけです。

その後、黒幕説も含めて様々な動機論が飛び出しましたが、二〇〇六年に高柳説の継承者といわれる鈴木眞哉・藤本正行両氏が『信長は謀略で殺されたのか』で怨恨説と野望説を両立させることによって動機論にも決着を付けて「定説」を再確定した形になっています。

しかし、この「定説」の根拠がどれも極めて薄弱です。「歴史裁判所」のようなものがあって「定説」を審判したら、間違いなく証拠不十分と判定されるでしょう。

それでは「定説」の根拠のどこに問題があるのかを見てみましょう。

【明智城落城説＋朝倉仕官説】

　この話は本能寺の変から百年以上も経って出版された軍記物、つまり物語である『明智軍記』が創作した話に過ぎません。ところが、高柳光寿著『明智光秀』が朝倉仕官説を肯定したために定説として固まってしまったものです。高柳氏は熊本藩細川家が正史として編纂(へんさん)した『綿考輯録(めんこうしゅうろく)』(細川家記(かき))の記述を根拠としていますが、この記事は『明智軍記』を引用して書かれています。
　高柳氏は『明智軍記』は「誤謬(ゴビュウ)充満の悪書であるから光秀の経歴を述べるところでは引用しない」とわざわざ宣言しながら、『綿考輯録』の記事を肯定することによって、皮肉にも『明智軍記』を引用してしまったのです。

【信長・義昭両属説】

　高柳光寿著『明智光秀』が義昭の上洛時点で「光秀はすでに信長の部下になっていたことは事実と見てよい」と書き、さらに「義昭にも仕えていた」と書いたことによって光秀が同時に信長と義昭の二人に仕えていたことが確固たる定説になってしまいました。
　しかし、高柳氏が根拠とした史料はやはり『綿考輯録』です。『綿考輯録』が『明智軍記』の記事を引用して義昭上洛前に光秀は信長に仕えたと書いているのです。ここでも『明智軍記』の記事を引用してしまったのです。

【怨恨説＋野望説】

本能寺の変から四ヵ月後に羽柴秀吉が自分の家臣に本能寺の変の顚末書といえる『惟任退治記』を書かせました。その中に「光秀が自分を怨んで殺す」と信長が言ったことや「時は今あめが下しる五月かな」と天下取りの野望を愛宕百韻と呼ばれる連歌に詠んだと書かれています。これが怨恨説、野望説のもとであり、後世の軍記物がこれをもとにあれこれエピソードを創作して話を膨らませたのです。

怨恨説を否定して野望説を打ち出した高柳光寿著『明智光秀』によって歴史学界に論争が起き、それが両説併記の「定説」に落ち着いたことは前述のとおりです。しかし、新聞の三面記事に載るような事件ならいざ知らず、天下統一を進める信長を支えてきた光秀が怨みで殺人事件を起こすでしょうか。また、「信長は天下が欲しかった。秀吉も天下が欲しかった。光秀も天下が欲しかったのである」という高柳氏の野望説の根拠説明に説得力があるでしょうか。

四百年以上に渡って言われ続けてきたのでそう思い込んでしまっていますが、随分子供じみた幼稚な動機とは思いませんか。

怨恨説も野望説もその根拠は「あの羽柴秀吉が書かせた」ということに尽きます。でも、「あの羽柴秀吉が書かせた」が故に鵜呑みにはできないのです。勝者である秀吉が自分に都合のよい話を作ったと考えるのが当然でしょう。

【単独犯行説+謀反秘匿説】

『惟任退治記』に「光秀は密かに謀反をたくらむ」と書かれたことが始まりです。これをもとに軍記物が「重臣に謀反の決意を初めて明かしたのは前日の夜」といかにもそれらしく話を作り、それを『明智光秀』で高柳氏が肯定したことにより「定説」として固まりました。謀反の秘密の漏えい防止のため、誰にも事前に相談するわけがないとしたのです。これも、「あの羽柴秀吉が書かせた」が故にそのまま信ずるわけにはいきません。

目的は謀反の「成功」です。「秘匿」は「成功」のための一手段に過ぎません。謀反成功のために協力者が必要ならば、秘密が漏れないようにして何としても協力者を確保します。実業界における目的と手段の関係論はこのようなものであり、戦国に生き残りをかけて常に決断に迫られていた武将たちにも当たり前の論理だったでしょう。

【油断説+偶発説】

信長が油断して生じた偶然のチャンスに光秀は謀反を起こしたことが定説となっています。現に本能寺の変は成功し、誰も「どのようにして成功したか」を問うこともなかったので、具体的にどのように実行されたのか解析されていません。

たとえば、本能寺の変の当日、徳川家康は信長に会うために本能寺へ向かっていました。信長は家康を本能寺へ呼び出して何かするつもりだったのです。一体何をするつもりだったのでしょうか。

また、光秀は信長を本能寺で討ったあと、信長嫡男の信忠（のぶただ）が二条御所に立て籠もったのを知って信忠を討ちに向かいました。光秀はなぜ信長と信忠を同時に襲撃しなかったのでしょうか。本能寺の変の勃発を知って信忠が京都を脱出していたら、謀反は失敗していたはずです。

誰も失敗してよいと思って謀反を起こすわけがありません。謀反を行なうのであれば万全の準備をするのが当たり前です。その前提で本能寺の変の当日に起きたことの説明が付かなければなりません。油断説+偶発説はこの説明を回避するためのものといえます。


【伊賀越え危機説】

東京大学史料編纂所が編纂した『大日本史料』という膨大な資料があります。これは年月日順に出来事に関連した諸史料の記事を集めたダイジェスト資料で、研究者の誰もがまず初めに参考にするものです。その天正十年六月四日の項には、百頁以上に渡って徳川家康の伊賀越えにかかわる六十件ほどの記事がダイジェストされています。ダイジェストした記事の多くが一揆に襲われて命からがら三河に逃げ帰った話を書いており、同行していた穴山梅雪（あなやまばいせつ）は一揆に襲われて殺されたと書かれています。穴山梅雪は武田勝頼の重臣でしたが織田方に寝返った人物です。

それだけ多くの史料が書いていることだからという理由で動かしがたい定説となっていますが、ダイジェストされている史料の信憑性（しんぴょう）の評価は書かれていません。ほとんどの史料が後世の人の書いたものです。

ところが一人だけ三河の岡崎に逃げ帰ってきたばかりの家康一行に会った人物がいます。彼は会ったその当日の日記に「梅雪は切腹なり」と書いています。一揆に殺されたのではないのです。状況からみれば家康に切腹させられたということでしょう。しかし、この証言は無視されてきました。証言の信憑性では「勝ち」にもかかわらず多数決で「負け」だからです。

高柳氏は『明智光秀』に「梅雪はたびたび一揆に襲われて殺された。これは恐らく事実であったろう。家康は岡崎に帰ると翌五日すぐに光秀に対して敵対行動に出た」と書き、その裏付け史料の一つとしてこの人物の書いた日記『家忠日記』（いえただ）を挙げています。

ところが、この日記には梅雪が一揆に殺されたことも、翌五日に家康が光秀に対して敵対行動に出たことも書かれていません。むしろ逆のことが書かれているのです。

【中国大返し神業説】

本能寺の変の翌日の六月三日夜、信長・信忠の死の知らせを受けた秀吉は翌四日に毛利氏と緊急に和睦し、定説では六日に備中(びっちゅう)高松の陣を引き払い、台風の中を一日で八十キロ進む強行軍で七日に姫路城にたどりついたことになっています。高柳氏の『明智光秀』にもこの行程が書かれています。

実は、この行程を最初に書いたのも『惟任退治記』です。秀吉が都合よく書かせた記事を無条件に正しいと信じ込んでしまっているに過ぎません。これも、「あの羽柴秀吉が書かせた」が故に鵜呑みにはできないと考えるのが当然ではないでしょうか。

「定説」の根拠は確かに怪しくていろいろな疑問もあろうが、歴史の真実はタイムマシンでもなければわからない、とおっしゃる方もいらっしゃるでしょう。「絶対真実」といったものはそのとおりかもしれません。しかし、現実世界の真実は四百年前に起きたことも今日起きたことと同じように捉えることができます。それが蓋然性(がいぜんせい)(確からしさの度合)です。

たとえば、一九九八年に起きた和歌山毒物カレー事件。町内会の夏祭りで販売されたカレーライスに砒素が混入されていて死者が出た事件です。容疑者の主婦がカレー鍋に砒素を投入する決定的瞬間を見た人は誰もいません。決定的な目撃証言がなくても容疑者に有罪判決が下されたのは「蓋然性」です。様々な証拠から容疑者が砒素を投入した蓋然性が高いと判断されたのです。

歴史の真実も全く同様です。直接そのことを書き残した史料がなくても、犯罪捜査と同様に様々な証拠から蓋然性の高い真実を復元することができます。大事なことは答に到るこの手順です。思い込みの前提条件から答を先に作って、それに合いそうな証拠を探すというのは本末転倒であり、犯罪捜査であれば冤罪作りです。

私は信憑性ある当時の史料から徹底して証拠を洗い直し、根底から本能寺の変の研究をやり直しました。洗い出された証拠のすべての辻褄の合う真実を復元したところ、ことごとく「定説」とは異なる答が出ました。その答には私自身も驚きました。そこで、私の採用した証拠と推理をすべて見直して誤りのないことを確認し、さらに、別の答の可能性がないかを様々な観点で検証して、ようやく納得できたのです。私は自分のこのやり方を「歴史捜査」と名付けました。一般的な歴史研究とは明らかに次元が異なるからです。

私の復元した答だけを聞いた方は間違いなく「あり得ない！」「奇説！」と叫ぶと思います。なぜならば、四百三十年に渡って誰からも聞いたことがない答だからです。

捜査内容（証拠と推理）の妥当性を虚心坦懐に評価していただければ「あり得る！」「正論！」とご理解いただけます。是非、お読みいただいてお確かめください。

歴史の真実を信憑性ある史料の記述から復元する実証主義史学の基本姿勢は肯定すべきものです。しかし、歴史の真実について確定的な事実を直接的に書き残した史料が存在しないケースは多々あります。書かれていない史実を推理して埋める必要があります。この事情は現代に起きている犯罪でも同じです。確定的な証拠のない事件も多く、最高裁は確定的な証拠がなく、状況証拠のみで有罪と判断する基準を次のように設定しています。「被告人が犯人とすると矛盾なく説明することができ、かつ被告人が犯人でないとすると矛盾なく説明することができない」。私はこの考え方を歴史の真実解明に適用しました。それは論理学で用いられる仮説的推論法（アブダクション）という手法と同じです。

仮説的推論法は、関連する証拠を最もよく説明する仮説を選択する推論法です。仮説的推論法は観察された事実の集合（証拠群）から出発し、それらの事実についての最も辻褄の合う、ないしは最良の説明へと推論する手法です。これは不確かな根拠をもとに推測する「憶測」とは根本的に異なるものです。

私はまず証拠を洗い出し、その証拠のすべてに辻褄の合う答を出しました。ですから、私の出した答だけを見て云々するのは意味がありません。私自身、出てきた答に初めは「あり得ない！」と思いました。私の採用した証拠群とそれを用いた推論について論じてください。既存の諸説についても同様のやり方で論じて、比較してください。歴然たる違いを実感すると思います。

なお、本書はご好評いただいた『本能寺の変　四二七年目の真実』（プレジデント社、二〇〇九年）や『本能寺の変　431年目の真実』（文芸社文庫、二〇一三年）に、その後の追跡捜査結果を加筆・修正して、改題の上で改めて文庫化したものです。これまでの書籍の集大成となる「完全版」に仕上がりました。より深まり、より広がった歴史捜査の成果をお楽しみください。

ちなみに二〇一四年六月に岡山県の林原美術館所蔵の『石谷家文書』から長宗我部元親の書状などが発見されて話題になりました（百三十頁注記参照）。同年十月には熊本市の旧家で足利義昭の書状など十四通が発見され、義昭・信長の上洛（永禄十一年）の三年前に二人の上洛計画が存在したことが立証されました。二つの発見はいずれも本書の記した真実（第五章と四十九頁）の裏付けをさらに強化するものです。このような発見が続いたことに驚きもし、喜びもし、さらなる期待もしております。

なお、本書の推論を補強するものとして、以下の本を出版しています。合わせてお読みいただけると、より理解が進むものと思います。

『「本能寺の変」は変だ！　435年目の再審請求』文芸社文庫・二〇一八年一月

「本能寺の変」の定説・通説の変な話、及びその成立経緯を解説しました。入門編としてこの本から読むことをお勧めします。

『織田信長　435年目の真実』幻冬舎文庫・二〇一八年四月

織田信長がどのような知識・論理から重要な決断をしたのかを解説しました。桶狭間で今川の大軍に正面攻撃でなぜ信長が勝てたのか信長の全作戦を解明しました。「本能寺の変」よりもはるかに単純な信長の勝利ですら、従来は何も解明できず、「偶然・幸運」とされてきた事実に驚かれることでしょう。これらの理解なくして信長の「本能寺の変」の企てを理解するのは難しいので、二番目に読むことをお勧めします。

『光秀からの遺言　本能寺の変436年後の発見』河出書房新社・二〇一八年九月

史料が存在せず不明とされてきた光秀の系譜と前半生について、発見した新史料をもとに蓋然性の高い真実を復元し、明智氏の全歴史と光秀の全生涯を明らかにした。

併せて光秀に関係する全史料を網羅した明智光秀全史料年表を整理した。これこそがアブダクションで「観察された事実の集合（証拠群）」と呼ぶものです。この年表は明智光秀研究の促進を図るべく、WEBで公開・提供しています（光秀プロジェクト特設サイト）。

平成三十年十二月

著者

目次

プロローグ——問題だらけの本能寺の変の定説——

【第一部｜作り上げられた定説】

第1章｜誰の手で定説は作られたか……25
勝者が流布した偽りの真実／秀吉の宣伝の書『惟任退治記』
改竄された愛宕百韻／改竄の動かぬ証拠／宣伝書に込めた秀吉の意図
秀吉伝説を作った『太閤記』／光秀伝説を作った『明智軍記』
権威付けた細川家記（かき）／定説を固めた高柳光寿神話

第2章｜定説とは異なる光秀の経歴……60
将軍・義昭の足軽衆／細川藤孝の中間（ちゅうげん）／フロイス証言の信憑性
幕府奉公衆としての出世／義昭を離れ信長のもとへ

第3章｜作られた信長との不仲説……82

史料が記す親密な関係／『甫庵信長記』が作った相克
矮小化された二人の人物像

【第二部　謀反を決意した真の動機】

第4章　土岐氏再興の悲願……97
愛宕百韻に込めた祈願／土岐氏の栄枯盛衰／愛宕百韻を完全解読
太田牛一が書き換えた愛宕百韻／なぜ脇句・第三も改竄されたのか

第5章　盟友・長宗我部の危機……118
利三兄弟と長宗我部の絆／長宗我部氏と土岐氏
四国問題の鍵を握る石谷頼辰／畿内・四国同盟に訪れた危機

第6章　信長が着手した大改革……132
織田家の長期政権構想／信長の「唐入り」

信長のコンキスタドール／これが謀反の真の動機

【第三部　解明された謀反の全貌】

第7章　本能寺の変はこう仕組まれた……149
六月二日の未解明の謎／光秀の兵が出した答
家康・順慶呼び出しの謎解き／織田信忠見落としの謎解き
安土城進軍の謎解き／信長の油断の謎解き

第8章　織田信長の企て……170
天正十年の作戦発動／家康領の軍事視察／なぜ「家康討ち」なのか
信長の最期の言葉／本能寺から脱出した黒人小姓
彌介が伝えた信長の最期／安土城の密室での証人

第9章　明智光秀の企て……197

謀反の決意と模索／光秀の決断「時は今」／吉田兼見の偽証
光秀が奏上した「家康との談合」／談合にいたもう一人の人物
藤孝が発した警告／成就するかに見えた謀反／狂いだした歯車
山崎の敗北、そして滅亡

第10章―徳川家康の企て……231
作られた伊賀越えの苦難／謀殺された穴山梅雪／天正壬午の乱の策動
動かさなかった西陣／手間取った光秀援軍／注目すべき津嶋への陣替
山岡兄弟の奇妙な行動／イスパニア商人が残した証言
安土城放火の真犯人

第11章―羽柴秀吉の企て……266
早過ぎる中国大返し／準備されていた和睦／秀吉が待望した光秀決起
謎の「杉原殿」／破格の論功行賞／細川藤孝の決断
秀吉の巧みな情報操作／三者による秘密の封印

【第四部―叶わなかった二つの祈願】

第12章―祈願「時は今あめが下なる五月かな」……297

明智氏による土岐氏再興／春日局の異例の取り立て
落ち延びた光秀の子供／時を継ぐもの

第13章―祈願「国々は猶のどかなるとき」……314

豊臣秀吉の唐入り／千利休切腹の真実／関白秀次切腹の真実

エピローグ――本能寺の変の定説を固めた国策――

巻末資料【本能寺の変「日表」／光秀「年表」】

参考文献

完全版

本能寺の変

431年目の真実

第一部 作り上げられた定説

第1章　誰の手で定説は作られたか

勝者が流布した偽りの真実

天正(てんしょう)十年(一五八二)六月二日の早朝、京都本能寺は明智光秀の軍勢に包囲された。短い戦闘の後、本能寺は猛火に包まれ、その炎の中、全国統一の夢を果たさぬまま織田信長は四十九歳の生涯を終えた。続いて光秀軍は信長の嫡男・信忠(のぶただ)の立て籠もる二条御所を攻撃し、信忠も自害して果て、ここに光秀は「本能寺の変」に成功した。

しかし、そのわずか十一日後の六月十三日、光秀は「山崎の合戦」で羽柴秀吉と戦って敗れ、居城である近江(おうみ)(現在の滋賀県)の坂本城を目指して落ち延びる途中、落命した――これが本能寺の変と、それに続く山崎の合戦の大筋だ。

以上は間違いのない事実だが、この事件にまつわる話は、いわば歴史の常識として誰もがいろいろなことを知っている。

たとえば、信長は光秀に事あるごとに辛く当たり、光秀はこれを怨んで謀反を起こした。その決意を「時は今あめが下しる五月(さつき)かな」と詠んで天下を取る宣言をした。

光秀は単独で謀反を企て、重臣たちに直前になって打ち明け、「敵は本能寺にあり」と号令して本能寺へ向かった。羽柴秀吉は備中高松の陣で信長が討たれたことを知って号泣し、主君の恩に報いるため仇討ちを決意した——等々。

ところが、これらはすべて作られた話だった。本能寺の変から数十年以上経った江戸時代に書かれた軍記物と呼ばれる物語が創作した話にすぎない。

ではどうして本能寺の変から数十年、あるいは百年も経ってから書かれた軍記物がみな同じような話を書いたのだろうか。やはり、それが真実に近かったからか。

実はこれらは「真実として流布された」ものだったのだ。ある人物が、本能寺の変から四ヵ月後に、本能寺の変は明智光秀が信長に対する怨みと天下取りの野望から起こした、そして光秀の単独犯行である、と公式に発表したのだ。現代のような自由なマスメディアなどない時代のこと、誰かが強い力で「真実はこうだ」と流布すれば、それが「真実」となったのである。

軍記物はこれにあれこれと尾ヒレを付けて話を膨らませた。

たとえば「光秀は安土城での徳川家康の饗応役を取り上げられて信長を怨んだ」「光秀は信長に難クセをつけられて殴られたので怨んだ」「自分の大切な領地を取り上げる命令を受けて信長を怨んだ」「信長のせいで光秀の母親が殺されたので怨んだ」——こうして話はどんどん膨らんでいった。

今日でも、光秀が信長に嫌われた原因や信長を怨んだ理由について、あれこれと推理して新たな尾ヒレを付けたがる人たちがいる。なかには、光秀は近眼だったので目つきが悪く、そのために信長に嫌われていたなどといった新説まで出てくる始末だ。面白おかしければ何でもよいということだ。

秀吉の宣伝の書『惟任退治記』

では、これらを最初に「真実」として流布したのは一体誰だったのか。

それが実は羽柴秀吉、後の豊臣秀吉だったのだ。不思議なことに、この事実はほとんど世に知られていない。

「時は今あめが下しる五月かな」

これは光秀が謀反の決意を詠んだものとして広く知られている句だ。この句は本能寺の変の三日前に光秀の居城の丹波（たんば）亀山に近い愛宕（あたご）山で興行された愛宕百韻（あたごひゃくいん）といわれる連歌（れんが）の会で詠まれたとされる発句（ほっく）、つまり最初の句だ。

それでは、どうしてこの句が世に知れ渡ったのだろう。現代であれば大事件にまつわる出来事は報道機関が一斉に調べ上げ、周辺情報が瞬（また）く間に知れ渡る。当時はそのような報道機関などあるはずもない。事件にかかわる事柄が広く人々に知れ渡ることなど不可能だったはずだ。ところが「光秀の詠んだ句」だけは、光秀がそこに詠み込んだとされる心情まで含めて知れ渡った。

これをやってのけたのが『惟任退治記』という書物だ。

『惟任退治記』とは、本能寺の変からわずか四ヵ月後の天正十年（一五八二）十月に羽柴秀吉が召し抱えていた御伽衆の大村由己に書かせた二十頁程度の短い書物で、本能寺の変の発端から結末までをコンパクトに描いた、いわば事件報告書だ。御伽衆とは主君の話し相手を務める側近のことだが、由己は文筆の才を買われて、現代の広報官のような役割を務めていたのである。

「惟任」とは光秀が朝廷から賜った名字で、それを退治したという題名が示すとおり、光秀を山崎の合戦で滅ぼした秀吉の宣伝書である。この書が事件後、最も早く世に出た本能寺の変の顛末記であり、秀吉による本能寺の変の公式発表だった。

この書で秀吉は、本能寺の変は光秀の単独犯行であったこと、謀反の動機は個人的怨みによること、そして光秀は天下取りの野望を抱いていたことを公式化した。

秀吉が、光秀の天下取りの野望を示す証拠として持ち出したのが「光秀の詠んだ発句」だ。『惟任退治記』には次のように書かれている。

「光秀発句にいわく、

時は今あめが下しる五月かな

今、これを思惟すれば、則ち、誠に謀反の先兆なり。何人や兼ねてこれを悟らんや」

光秀の句を文字どおりに解釈すれば、「今降っている五月雨の下で季節が五月であることを知る」となる。つまり五月雨の情景を詠んだものだ。しかし秀吉は『惟任退治記』で、この句はそういう表向きの意味ではなく、「時」を「土岐」、「あめが下」を「天下」、「しる」を「統べる（治める）」と読み替え、「土岐氏である自分が天下を治めるべき季節の五月になった、と謀反の決意を詠んだことが今になって分かった」としたのだ。

「時」を「土岐」に読み替える例としては三十六歌仙の一人、源重之が旅の途中に土岐郡で詠んだ和歌「旅人のわびしきときは草枕　雪降る時の氷（土岐の郡）なりけり」（『夫木抄』）がよく知られている。

ところが、光秀の発句とされるものはこれ一つではなかった。

実は、愛宕百韻の写本は十数本伝わっており、そのうち京都大学附属図書館所蔵の写本には「下しる」の部分が「下なる」となっている句が載っている。それが次の句だ。

「時は今あめが下なる五月かな」

この句は「今は五月雨が降りしきる五月である」という意味になる。

光秀が詠んだのが「あめが下なる」であれば、文字どおり「雨の下にいる」という意味になって、『惟任退治記』に言うような「自分が天下を治めるべき五月になった」などという意味には読み取れなくなる。

では、光秀が詠んだ本当の句はどちらだろうか。四百年以上に渡って「下しる」が定説となっていることを、いったん白紙にして考えてみるとどうであろうか。

結論から言えば、光秀は間違いなく「あめが下なる五月」と詠んだ。なぜなら『惟任退治記』の言う「下しる五月」では決定的な矛盾が生じるからだ。

もし『惟任退治記』が言うように「土岐氏である自分が天下を治めるべき季節の五月になった」と詠んだとしよう。では、本能寺の変が起きたのは何月だったか。本能寺の変が起きたのは六月二日。五月ではなく、六月なのだ。

本能寺の変が起きたのが六月である以上、「土岐氏である自分が天下を治めるべき季節の五月になった」という解釈では、月が合わない。一見些細なことのようだが、歴史捜査では些細な齟齬（そご）も見逃してはならない。これは現代の犯罪捜査と同じだ。愛宕百韻が戦勝祈願として興行されて愛宕神社の神前に奉納されたものであるが故に、このようないい加減な祈願はあり得ない。これは無理矢理、句を書き換えたことによって生じた矛盾とみるべきである。

改竄された愛宕百韻

秀吉が光秀の天下取りの野望を演出するために『惟任退治記』の中で大村由己に命じて「あめが下しる」と書き換えさせたのはこれで明らかだが、その証拠は月の矛盾だけではない。光秀が「あめが下なる」と詠んだことを証明するもう一つ確かな証拠がある。

それは、秀吉の手による改竄（かいざん）は「下しる」の文字だけではなかったということだ。愛宕百韻の詠まれた「日付」も改竄されていたのである。

京都大学附属図書館所蔵の写本などの多くは、愛宕百韻の興行を五月二十四日としている。ところが『惟任退治記』では五月二十八日と書いている。

このような日付の違いに着眼したのも歴史捜査だからだ。そこに何らかの意図があったとみるからである。従来の研究ではこのようなことに着眼して掘り下げることはなかった。「研究」であって「捜査」ではないからである。

歴史捜査の結果は「天下を取ったのは六月（本能寺の変は六月二日）で、五月ではない」という誰もが気付く矛盾を少しでもカムフラージュするために意図的に二十八日にずらした、ということになる。「五月二十四日」では明らかに月が合わないと誰もが思う。ところが二十八日にすれば随分感じが違う。というのは、天正十年のこの年の五月は二十九日までしかない。したがって「二十八日」であれば、六月まで「わずか二日の差」と誤魔化すことができるのだ。

このような狙いで日付が改竄されたという推理は、この改竄が見事に効果を発揮したことによって証明される。月が違うという単純な矛盾を誰からも指摘されることもなく、四百年以上に渡って誤魔化しが見破られずに通用してきたのだ。誰もが光秀の句は「あめが下しる」だったと信じ込んできたのだ。

こう信じられてきた理由の一つに、信長の家臣だった太田牛一が著した『信長公記』の記述がある。『信長公記』は、当時の書物としては最も信憑性の高い一級の史料とされている。ところがその『信長公記』に、「光秀は五月二十八日に、あめが下知る五月哉と詠んだ」と、秀吉が書かせた『惟任退治記』と同じように書かれているのだ。これはどういうことなのだろうか。

『信長公記』は、信長の家臣の太田牛一がそのつど日記のように書き溜めていた原稿を後に編集して一冊の書物にしたものだ。軍記物とは明らかに異なるのはその書き方で、一見して新聞記事のように出来事の描写に徹している。信長礼讃の文もなければ、光秀を誹るような記述も一切ない。したがって『信長公記』こそ信憑性の高い第一級の史料と認めることができる。

ただ、記述対象によって信憑性のレベルは大きく異なる。史料として第一級だからといって、すべての記述の信憑性が第一級とはいえないのである。個々の記述の信憑性を評価する必要がある。

太田牛一は信長の側近の家臣だった。したがって多くの信長周辺の情報については自分で直接体験したものや信頼できる取材源からのもので、当然、信憑性が高い。よく知られている本能寺の変での信長の最期の様子も、そこにいた当事者から直接話を聞いているので間違いない。ところが信長周辺の情報以外は、誰かからの伝聞ということになる。信憑性のレベルが格段に落ちるのである。愛宕百韻も信長周辺の情報ではない。

改竄の動かぬ証拠

秀吉による日付の改竄を立証する動かぬ証拠がないものか。歴史捜査としてはもっと確たる証拠を固める必要がある。愛宕百韻には光秀の他に著名な連歌の宗匠(そうしょう)である紹巴(じょうは)やその弟子たちなど十名ほどが同座していた。この内の誰かが二十八日に別の場所にいた記録が見付かればアリバイ崩しができる。

しかし、光秀や紹巴が度々登場する堺の商人・天王寺屋（津田）宗及(そうぎゅう)の茶会の記録や光秀と付き合いの深かった公家の日記などを調べてみても、二十八日に光秀らが書かれた記事は見付からなかった。もちろん二十四日も同様であった。

諦めかけて、ふと気付いた。もう一つアリバイ崩しのできる証拠があった。うまくすれば『惟任退治記』がいう五月二十八日には詠むことができず、二十四日なら詠むことができたことを証明できるかもしれない。

それが当日の天気だ。

連歌とは式目(しきもく)と称する一定の規則に従って句を詠み継いでいくもので、百韻は五・七・五の上句(かみのく)と七・七の下句(しものく)とを交互に詠んで、それを五十組、百句で作り上げるものである。いろいろ守らねばならない規則があるが、その一つとして「発句はその場の風情(ふぜい)を看取(かんしゅ)して詠むべき」とされている。

光秀の発句は「あめが下」と詠まれており、光秀は眼前に広がる愛宕山の雨の風情を看取して詠んだのである。つまり、その日の愛宕山には雨が降っていなければならない。もし二十四日には雨が降っており、二十八日には雨が降っていなければ、秀吉の改竄が証明されたことになる。これは極めて科学的な証明方法だ。

当時の天気を書いた史料がないか調べてみた。幸いなことに、日記に天気を記録していた人物がいた。その一人が愛宕山に近い京都に住んでいた公家の山科言経(やましなときつね)だ。実に几帳面に日々の天気を記録している。

愛宕百韻の頃（天正10年5月下旬）の天気

日記名・人物・地域	『言経卿記』山科言経【京都】	『多聞院日記』英俊【奈良】	『家忠日記』松平家忠【三河】
二十一日	天晴		夕立、かミなり
二十二日	天晴		
二十三日	天晴		
二十四日	**晴陰、下末**	**少々降始**	**雨降**
二十五日	下末	一日降雨	雨降
二十六日	晴、下末、晩大雨	雨下、入夜大雨	雨降
二十七日	小雨、天晴		
二十八日	**天霽**（てんせい）		
二十九日	下末	夜大雨	雨降

彼の日記『言経卿記(ときつねきょうき)』を見ると、二十四日の天気は「晴陰、下未」と書かれている。「晴陰」は「晴れたり曇ったり」の意味だが、「下未」はどういう意味なのか、古語辞典にも載っていない。

『言経卿記』の二十一日から二十九日までの記述を見ると、「下未」は晴でも大雨でも小雨でもないことがわかる。この間の日記に「天晴」「大雨」「小雨」という言葉が使われているからだ。このいずれの意味でもない「下未」の意味を確認するために、他の人物の書いた日記も調べてみた。

京都から南に約四十キロ離れた奈良の興福寺多聞院(たもんいん)の院主である英俊(えいしゅん)の書いた『多聞院日記』と、京都から東へ約百二十キロ離れた三河(現在の愛知県)の岡崎に近い深溝(ふこうず)にいた松平家忠(いえただ)の書いた『家忠日記』だ。二人は雨の日だけ天気を書いている。「下未」の書かれた四日間を二人の日記と対比してみると、「下未」は「雨降」であることがわかる。大雨でもないが小雨でもない、「本格的な雨」ということだ。

これで、問題の二十四日は『言経卿記』の記述から京都は「晴れたり曇ったり、のち雨」だったことがわかる。愛宕山は京都市中から西北に約十五キロのところにあり、比叡山よりも高い標高九百メートルを超える山だ。現在でも京都駅から五十分ほどバスに乗り、さらに参道の急坂を三時間歩いてようやく頂上の神社にたどり着けるほどの山だ。京都市内が「雨降」であれば、それより西寄りの山岳地である愛宕山は京都市内より早い時刻から雨が降っていたに違いない。五月二十四日の愛宕山には間違いなく五月雨が降っていた。

では一方、『惟任退治記』のいう二十八日の天気はどうであろうか。『言経卿記』を見ると、五月二十四日から二十六日までは雨だが、雨は二十七日には止んでいる。そして二十八日の天気は「天霽（てんせい）」。「霽」は「晴」と同じ。つまり二十八日の天気は「晴」だ。

その二十八日の『多聞院日記』と『家忠日記』には天気が書かれていない。二人は雨の日だけ日記に天気を記す習慣なので、少なくとも「雨降りではなかった」ことになる。二十八日は近畿・中部地方の広範に渡って晴れていたとみてよいであろう。

愛宕山に二十八日に雨が降っていなければ、光秀は「あめが下」とは詠むことはできない。つまり「二十八日」はでっち上げた偽りの日ということになる。

これで愛宕百韻の改竄が動かせない事実であることが証明された。誰も疑わずに四百年以上に渡って信じ込んできた「時は今あめが下しる五月かな」という句は、光秀の天下取りの野望を喧伝（けんでん）するために、秀吉が意図的に言葉と日付を改竄した虚偽の証拠だったのだ。

宣伝書に込めた秀吉の意図

秀吉が公式化したのは「野望説」だけではなかった。秀吉は『惟任退治記』を使って、光秀は「密に謀反をたくらむ。しかしながら、当座の存念に非ず。年来の逆意」と、前々から謀反の心を持っていたとした。そして、信長が最期の言葉で「怨みを以って恩に報ずるのいわれ、ためし（前例）なきに非ず」と言ったと書いて、光秀の行動が信長への怨みから発していたことを信長自身も認めたとした。これが現代に伝わる「怨恨説」の元となっている。

しかし、この『惟任退治記』が言う「怨恨」には何も根拠がない。秀吉が勝手に光秀の心の中を解釈したものに過ぎない。光秀が前々から謀反の心を持っていたかどうか、信長を怨んでいたのかどうか、さらには、愛宕百韻の発句に天下取りの決意を詠み込んだのかどうかも、すべて秀吉だけが一方的に言っている話に過ぎない。

そもそも信長の最期の言葉というのが実に怪しげな話だ。現に、信憑性が高い太田牛一の『信長公記』には、全く別の言葉が書かれている。

秀吉にはこう決めつけなければならない理由があって、自分に都合の良いこと、アピールしたいことを『惟任退治記』に書き込ませただけのことである。秀吉は作者の大村由己に命じて親王や公家たちに何度もこの書を読んで聞かせたといわれる。秀吉は『惟任退治記』を使って徹底した世の中の常識づくりをしたのだ。

一つはっきりしていることは、秀吉という人物は伝わっているイメージとは違い、信長の忠実な家臣でも、信長を慕っていたわけでもないということだ。事実は全く違うことが『惟任退治記』の記述ではからずも明らかになった。

『惟任退治記』を読み通して気付くことは、信長を崇め奉るような記述が一切ないことだ。それどころか、信長に可愛がられたと伝えられている秀吉の印象からはほど遠いものがある。

書の冒頭の安土城での信長の栄華についての記述の中では、信長は夜な夜な美女と楽しみに耽っていたと書かれている。最期の本能寺の夜も、信長は同様の振舞いで、さらに襲撃を受け自分の死を前にしては、信長はその女性たちを「ことごとく刺し殺した」とまで書かれている。実際の文章はこうだ。

「将軍（信長）頃、春の花か穐（秋）の月かと、翫び給ふ紅紫粉黛（美人）、悉く皆、指し殺し、御殿に手自ら火を懸け、御腹を召されおはんぬ」

一方、太田牛一の『信長公記』には、信長が「女はくるしからず、急ぎ罷り出でよ」と言って、女性たちを逃したと書かれている。牛一はこのことを本能寺から逃れ出た女性本人から取材して書いているので間違いない。信長は自分の死に直面しても他人を思いやる心の持ち主だったのだ。

ところが、秀吉は明らかに一つの意図のもとに粉飾した。信長は淫乱で残忍な人間だったと。そして、光秀は怨恨・野望という個人的な理由で謀反を起こした。他の武将は一切誰も謀反には関係がなかった。本能寺の変の事後処理はこれで終結だ。各武将は私を信任して私の下へ集まれ。こう宣言して政権奪取に向かうという筋書きを立てたのだ。この筋書きどおりに織田家からの政権簒奪に成功したことは歴史が示すとおりである。

このように秀吉の政治的な意図に従って書かれた宣伝書が存在し、そこに定説のもとが書かれているという重要事項が今まですっかり見落とされてきた。本能寺の変研究の根本がそもそも曲がっているのだ。

秀吉伝説を作った『太閤記』

『惟任退治記』が作り出した話を面白おかしく脚色したのが、江戸時代になって書かれた物語である軍記物だ。特に秀吉礼讃の書である一連の『太閤記(たいこうき)』が強い影響を与えた。

大坂夏の陣で豊臣家を滅ぼした家康は、秀吉の祀(まつ)られた京都の豊国(とよくに)神社を廃絶するなど秀吉の事績をことごとく一掃した。ところが、その家康が没してから十年もたたないうちに『太閤記』が出版された。『川角太閤記』と『甫庵太閤記』である。いずれも秀吉に縁のあった人物が書いたものだ。

この二つの『太閤記』は明らかに物語である。物語としては面白くても、事実を書いたものではない。現場に立ち会わないと知り得ないような内容もふんだんに書かれているが、四十年以上も前に起きた出来事について詳細な事実を取材できたはずがない。

『川角太閤記』の著書は、秀吉家臣の田中吉政に仕えた川角三郎右衛門といわれている。この書では、『惟任退治記』が公式化した「信長への怨み」を裏付けようとして、その怨みのもととなる話をいくつも創作している。

岐阜での三月の節句の折、光秀が大名・公家の面前で面目を失った。武田攻めの際、上諏訪で信長に折檻された。そして、安土を訪問する家康の饗応の準備に手抜かりがあったとして饗応役を罷免され、中国出陣を命じられた。これらがもとで信長を怨み、謀反に至ったというものだ。

このほか本能寺の変の後、光秀が毛利への書状を持たせた使者が誤って秀吉の陣へ迷い込んだため秀吉が信長の死を知ったという話や、「明智左馬助の琵琶湖渡り」として有名な左馬助（正しくは弥平次秀満）が、光秀の敗死を知って占拠していた安土城を脱出し、馬で琵琶湖を渡って居城の坂本城へ帰り着いた話などが臨場感あふれる筆致で書かれている。

読み通してみれば全編に渡って「神の目」で書かれていることがわかる。すなわち、すべての場面を鳥瞰(ちょうかん)して一貫して見ていた人物の目で書かれているのだ。現実にはそのような人物が存在しないのは明らかである。

歴史研究者がこのような書の記事を史実の如くに扱っているのはまことに不思議である。理工学の分野の研究論文にSF(サイエンス・フィクション)の記述が科学的な事実として引用されているようなものだが、そのようなことはあり得ない。歴史研究者自身が歴史学は科学ではないと主張しているようなものだ。

もう一つの『甫庵太閤記』の著者は、羽柴秀次(ひでつぐ)や秀吉家臣の堀尾吉晴(よしはる)に仕えた小瀬(おぜ)甫庵である。甫庵が太田牛一の『信長公記』を下敷きにして『甫庵信長記(しんちょうき)』を書き、ひどい潤色を施したことは後段で紹介するが、『甫庵太閤記』でも『惟任退治記』をネタ本にしていろいろな追記を行なった。

謀反の理由を、安土での家康饗応役を取り上げられ、秀吉の援軍として備中出陣を命令されたことにしている。また今日の常識となっている山崎の合戦の天王山攻防戦が勝敗を分けたことや、光秀が小栗栖(おぐるす)の竹藪で落ち武者狩りの竹槍に刺されて殺されたことも『甫庵太閤記』が創作したものだ。

しかし、秀吉が書かせた『惟任退治記』には、秀吉のもとに届けられた多数の首の中に光秀の首があったとだけ書かれている。新聞やテレビのない時代に庶民が光秀の顔を見分けることなどできるはずもなく、この点は『惟任退治記』の記述どおりだったろう。当時の公家の日記でも、光秀は山科（やましな）や醍醐（だいご）の辺りで殺されたという記述が多く、その辺りで討ち取られた首の中に光秀の首があったとみるべきである。

その後も、いろいろな『太閤記』が作られた。なかには『絵本太閤記』のように、庶民に読みやすいよう絵入りのものも出て広まり、人形浄瑠璃や歌舞伎にもなり人気を博した。こうして『太閤記』によって秀吉伝説が形づくられ、同時に本能寺の変の常識も作り上げられ、通説として広まっていったのだ。

ついでながら、よく知られる信長の小姓の森蘭丸という名前も『惟任退治記』が作った名前である。『信長公記』など信憑性の高い史料では森乱丸と書かれている。秀吉は信長側近の乱丸を当然よく知っていたはずなので、『惟任退治記』が書き間違えることはあり得ない。美少年をイメージさせる蘭丸という字にして信長の男色を臭わせたのであろう。

そして『惟任退治記』をネタ本にした軍記物はこぞって蘭丸と書いた。これが今日の常識となってしまっている。軍記物の作り話を史実の如くに引用して書かれた本には必ず蘭丸と書かれている。リトマス試験紙のようなもので、「蘭丸」と書いた本に出会ったら軍記物の記述が混入しているとみることができる。

現代人で軍記物の『太閤記』を読んだ人はほとんどいないはずだが、不思議なことに書かれた話は誰もがよく知っている。マスメディアが形を変えて広めたからである。まず、『太閤記』をもとにして書かれた吉川英治『新書太閤記』が一九三九年から新聞に連載され、その後出版されてベストセラーとなった。さらに、一九六五年にこの本を原作としたＮＨＫ大河ドラマが放送された。現代人の秀吉についての知識のほとんどが軍記物の『太閤記』に書かれている物語なのである。

光秀伝説を作った『明智軍記』

作り話を広めたのは『太閤記』だけではない。本能寺の変から百十年ほど経った元禄六年（一六九三）には成立していたとされる『明智軍記』がさらに偽りの光秀伝説を作った。

百十年前といえば、現代からすると日露戦争当時である。そんな昔の事件の新事実を見つけることは現代でも難しい。ところが『明智軍記』にはいろいろな「新事実」が書かれている。いずれも全く根拠のない作り話なのだが、これだけいろいろあれば光秀はさぞや信長を怨んだであろうと思わせる話ばかりだ。

まず、信長が光秀に対し、光秀の重臣の斎藤利三を元の主君の稲葉一鉄に返すように迫り、光秀が断ると握り拳で顔を三つ四つ殴ったという話。安土城での家康への饗応が華美過ぎると怒り、森蘭丸ら小姓数人に扇で光秀の頭を打たせ、饗応役を取り上げた話。さらに、中国に出陣して秀吉の指揮下に入れとの命令を聞いた光秀の家臣たちが激怒した話。そして謀反を決意する決め手となった、毛利領の出雲・石見（現在の島根県）を切り取り次第、領地として与える代わりに光秀の領地の丹波・近江を召し上げる話――などだ。

『明智軍記』の作者は不詳となっているが、徳川幕府が御用学者に作らせたという話もある。幕府に都合の悪い書物は発禁にしていたので、発禁にされなかった『明智軍記』は幕府に都合が悪くなかったのだ。この書は「あれだけ苛められたのだから光秀の謀反はやむを得ない」として光秀の名誉回復を図ったものだ。幕府も何らかの理由で光秀の名誉回復を図りたかったのである。

結果として、『太閤記』が秀吉伝説を作ったように『明智軍記』は光秀伝説をいろいろと作った。『明智軍記』の記述は出鱈目というのが今日の歴史研究では常識なのだが、通説として広まってしまった結果、今や歴史の常識のようになっているものもある。

一つは、光秀の辞世の句だ。

「順逆二門無シ、大道心源ニ徹ス、五十五年ノ夢、覚メ来リテ一元ニ帰ス」
百年以上も経って辞世の句が見つかるのもどうかと思うが、辞世の句に書かれた享年五十五歳というのも根拠のない話だ。しかし、これがどういうわけか歴史の常識のようになってしまっている。

光秀の年齢については、確かに定かではない。信憑性の高い史料には記載がない。『明智軍記』の他には、江戸時代の三代将軍・徳川家光の宿老だった松平忠明が書いたとされる『當代記』に六十七歳と書かれているぐらいだ。

史料の信憑性を比較すると六十七歳の可能性のほうが高いように思える。六十七歳が当時異常に高齢だったかというと決してそうでもない。武将の享年を並べてみると、尼子経久八十三歳、島津義久七十八歳、徳川家康七十四歳、毛利元就七十四歳、伊達政宗六十九歳、松永久秀六十七歳（自害）と、六十七歳以上でも活躍していた武将はいる。

二つ目は、信長に仕える前の光秀の前半生だ。

光秀の前半生は、実は本能寺の変をめぐる人間関係をみるうえで重要なポイントで、次の章で歴史捜査によって判明した真実を明らかにするが、『明智軍記』では、光秀は美濃明智城主の家系で、落城した明智城から脱出し、諸国を放浪した後に朝倉義景に仕えたとしている。

「光秀は斎藤義竜の家臣で土岐氏後裔の東美濃明智城主光安の甥であったが、弘治二年（一五五六）義竜の嫡男竜興が義竜に反旗を翻し、明智城を攻めた。明智城は陥落するが、光安は光秀に息子弥平次光春、甥の次郎光忠を託して逃した。光秀は諸国を遍歴した後、越前に留まり、朝倉義景に五百貫の所領を与えられて仕えた。永禄五年（一五六二）に朝倉領内で一揆が起きると光秀らが活躍して一揆を打ち滅ぼした。永禄八年冬の頃から光秀は朝倉義景に疎んぜられ、永禄九年十月、義景に暇をもらい美濃の岐阜へ行った。信長の正室（濃姫）は光秀の従兄妹だったので、信長は光秀を召抱えることにした。光秀は永禄十年（一五六七）の信長の伊勢平定戦で活躍した」

おおよそこのような話だが、それまで光秀の前半生をこのように詳しく書いたものはなく、光秀の死後百年以上経って初めて出てきた話だ。それだけで十分怪しい話なのだが、致命的なのは書かれている内容に事実でないことが多すぎることだ。

まず斎藤竜興が義竜に叛いたという事実がない。また光秀が諸国を放浪した際に訪れた国々に、当時はいなかったはずの領主が存在していたように書かれている。他にも、永禄五年に朝倉領内で一揆は起きていないし、永禄十年に信長は伊勢を攻めていない。このことはすでに歴史研究では知られていることだ。ついでながら、歴史ドラマなどにたびたび出てくる濃姫が光秀の従兄妹だったという話も作り話とみるべきだ。

信長と光秀とを手っ取り早く関係付けるための作為に違いない。

『明智軍記』に書かれていることが現代人に広く知れ渡っているのは、『太閤記』と同様の理由だ。司馬遼太郎著『国盗り物語』が『明智軍記』を使って書かれてベストセラーとなった。さらに、この『国盗り物語』を原作として大河ドラマが放映されたのが一九七三年。『明智軍記』のストーリーが日本中に広まってしまったのだ。

権威付けた細川家記（かき）

このように、『明智軍記』がいわゆる「俗書・俗説」の典型的なものと位置付けられているにもかかわらず、不思議なことに歴史研究の世界でも「光秀は明智城落城の際に脱出し、朝倉義景に仕えていた」ことになってしまっている。それには、『明智軍記』のさらに五十年ほど後の延享（えんきょう）三年（一七四六）に細川家が編纂（へんさん）した『綿考輯録（めんこうしゅうろく）』が大きな役割を果たしている。

『綿考輯録』とは、熊本藩細川家が細川藤孝（ふじたか）以来代々の領主の事績を記録した正史である。細川家が正史として編纂したものなので、それだけの権威を持っているのだ。

この書にも、光秀は代々美濃に住む土岐氏の後裔で、明智城落城の際に逃れて、その後、朝倉義景に仕えたと、『明智軍記』と同様のことが書かれている。光秀は信長の正室の従兄妹という『明智軍記』と同様の話も書かれ、朝倉義景のもとを離れた光秀はその縁で信長に仕えたことが書かれている。

また『明智軍記』にはなかった話として、足利義昭の越前逗留中に、藤孝は光秀から信長への斡旋の話を持ちかけられ、そこで永禄十一年（一五六八）六月に藤孝が光秀に付いていって信長に会ったという話が書かれている。

ところが、この話は大変おかしなものだ。信長は永禄二年（一五五九）に上洛して十三代将軍・足利義輝に謁見している。このとき藤孝は義輝の側近としてすでに信長に会っている。さらに、永禄八年に近江に逃れた足利義昭は信長に上洛の援助を要請し、信長は藤孝を通じて了承の旨を回答している。どう見ても、藤孝と信長の関係は光秀の紹介など全く必要としない間柄だったのだ。二〇一四年に米田家文書として永禄九年に義昭と信長が上洛する旨を各地の武将へ知らせる書状が発見されたが、定説が書き替る様子はない。

そして『綿考輯録』が嘘を書いているという決定的な証拠は、この書の中の藤孝に関する記事は『明智軍記』を引用し、その記述に手を加えながら書いたと、『綿考輯録』自体の中にはっきりと書かれていることだ。『明智軍記』の記述が出鱈目であるなら、『綿考輯録』も信憑性がないということになる。

このように細川家が、光秀は朝倉に仕えていたとし、また藤孝以上に信長に近い存在だったとわざわざ話を作るのには、それなりの理由があったからだ。本能寺の変に直接関係するところで後ほど詳しく触れるが、藤孝と光秀の真実の関係、その深い絆を隠し偽装しようとする思惑が働いていたとしか考えられない。

ところがこの朝倉仕官説を、東京大学史料編纂所編纂官、國學院大學教授、日本歴史学会会長などを歴任し、戦国史の泰斗とされる高柳光寿氏が事実上公認してしまったのである。

高柳氏は昭和三十三年（一九五八）に書いた『明智光秀』の中で、『綿考輯録』が『明智軍記』を引用していることには一言も触れずに『綿考輯録』の記述を引き合いに出して、光秀が朝倉義景に仕えていたことは「確証はないが、或いはそれは事実であったかも知れないと思われないではない」と、大変微妙な言い回しをしながら肯定してしまったのだ。

これにより明智城落城説も朝倉仕官説も歴史研究の世界では定説となってしまった。しかしその出典は高柳氏が『明智光秀』の中で「この『明智軍記』は誤謬充満の悪書であるから、以下光秀の経歴を述べるところでは引用しないことを断っておく」とわざわざ宣言したその悪書に書かれていることなのだ。

定説を固めた高柳光寿神話

以上見てきたように軍記物の書いたストーリーが広く通説として世の中に広まっている背景には、歴史学界でも定説として公認されていることが大きく影響している。この現象は「高柳光寿神話」とでもいうべきものである。

高柳光寿著『明智光秀』は六十年前に出版された本だ。道徳史観なるものがまだ支配的だった当時には画期的な本だったのだが、いまだに書評では「明智光秀研究の原典の書」「論理的・科学的内容」などと高い評価を得ており、研究者にとってはバイブルのような存在であり続けている。

高柳氏は大正五年（一九一六）から東京帝国大学史料編纂掛に勤め、その後、編纂官として『大日本史料』の安土桃山時代の編纂を担当した。『大日本史料』は年月日順にその日の出来事に関連した史料の記事をダイジェストして編集したもので、研究者にとっては必需品となっている。

高柳氏が『大日本史料』の編纂にたずさわりながら身に付けた当時の編纂所の史観や知識の集大成されたものが『明智光秀』なのだ。つまり、戦国史の研究者が今でも頼りにしている二つの本、『大日本史料』と『明智光秀』とは同一視点で作られた一貫したものだ。現代の研究は百年近く前の「明智光秀像・本能寺の変像」の器の中にいるともいえるのだ。

その頃は昭和十二年（一九三七）に勃発した日中戦争に向けて転がっていった時代だ。この時代の国家の英雄は豊臣秀吉（羽柴秀吉）。中国侵攻のお手本として「唐入（から）り」を実行した人物であり、当時の国策遂行にまことに適した人物だったのである。秀吉神話が作り上げられ、秀吉人気が盛り上がっていた。

おそらく歴史学としての豊臣秀吉研究にも少なからずの影響があったのであろう。神格化された秀吉の粗探し（あら）のような研究はできるはずもない。『惟任退治記』の重要な意味が問われなかったのは、これが影響しているのであろう。

問題は未だに高柳氏の説を鵜呑み（うの）にしている現代の研究にある。たとえば、わずか二十頁程度の『惟任退治記』を読み通してみれば、これが秀吉の宣伝書として書かれたものであること、そこに怨恨説も野望説も単独犯行説も、そのもとが書かれていることが直ちにわかるはずだ。『綿考輯録』に光秀が登場する記事の前後十行程度を広げて読むだけで、『明智軍記』を参考にして書いたことが明記されていることに誰もが気付くはずだ。

この状況をみると、かつて存在した冒してはならない秀吉神話の如くに、今では高柳光寿神話が存在しているように見える。この影響により、明智光秀や本能寺の変についての研究の根本が曲がってしまったままで正されていないのだ。
それでは、これまでの研究にどのような問題があるのかをまとめてみよう。

一、軍記物への依存

江戸時代に書かれた物語に過ぎない軍記物の記述に史実としての信憑性がないことは、歴史学の常識のはずだ。高柳氏も『明智光秀』ではしばしば軍記物の記述の信憑性のなさを指摘している。

ところが、結果として軍記物の書いた記事を史実と認めてしまったり、「誤りが多い」と指摘した軍記物の書いた特定の記事については「よいことも書いている」として信憑性を認めてしまったりしている。明らかにダブル・スタンダード（二重基準）を自分の都合のよいように使い分けている。ところが、無批判に高柳氏の説を踏襲して孫引きしている研究者が多く、『明智軍記』や『川角太閤記』の記事が相変わらず史実としてまかり通ってしまっているのだ。

おそらく、軍記物が「ストーリー」を提供してくれているので自説を裏付けるのに使い易いのであろう。史料の扱いに慎重な研究者でも、こと本能寺の変となると不思議なことに「軍記物依存症」とでも言うべき様相を呈するのである。

その背景として、『明智光秀』や『大日本史料』に採用された記事だけを研究材料とし、もとの史料そのものを通して読んでいないと思われる現実がある。『川角太閤記』を読み通してみれば、この書の記事を引用することが研究者としてどれ程恥ずかしいことであるかわからないはずがない。

『惟任退治記』や『綿考輯録』が読み通されていないことは前述のとおりだが、『言継卿記』『家忠日記』などにも採用されなかった記事に重要な記述がある。このような記事が見落とされたままだ。研究材料として『明智光秀』と『大日本史料』に頼っている限り、これまでの「定説」以外の発見はあり得ない。

二、**出自・前半生の見誤り**

美濃明智城落城の際に脱出して越前に逃れ、朝倉義景に仕官し（明智城落城説＋朝倉仕官説）、その後、織田信長に仕えて足利義昭の上洛を信長に斡旋し、上洛後は信長と義昭の両方に仕えた（信長・義昭両属説）という定説を前提として本能寺の変研究が行なわれている。高柳氏が定説として公認した『明智軍記』の作り話にとらわれているのだ。これによって本能寺の変の真実を解く基本のパズルにも微妙なズレが生じてしまっている。

三、**動機の次元の見誤り**

怨恨説・野望説に代わって「面目がつぶされた」「出世の見込みが立たなくなった」「発作的・衝動的に」「そそのかされて」「ロマンに賭けた」「忠義心のため」といった動機が唱えられている。いずれも光秀の個人的な感情の次元である。新聞記事にたとえればいずれも三面記事である。

一族の生存と繁栄に責任を負った武将がこのような次元で謀反を決断するはずがないのだが、秀吉が政治事件を新聞の三面記事に書かれるような刑事事件にすり替えてしまい、怨みや野望で謀反を決意し、成功の目算もなく闇雲に謀反の実行に踏み切ってしまったことにした。それを高柳氏が定説として公認してしまったため、研究者は相変わらず三面記事の次元でとらえ続けているのだ。「三面記事史観」とでもいえるだろう。

たとえば、最近、謀反の原因として四国問題が研究者の間で取り上げられるようになってきた。光秀が仲立ちとなって信長が友好関係を結んでいた四国の長宗我部（ちょうそかべ）氏との関係が悪化し、信長が長宗我部征伐に政策転換したことが光秀の「面目をつぶした」というのである。

実はこの四国問題も高柳氏が『明智光秀』の中ですでに書いている。高柳氏はこの件で光秀は「前途を輝かしいものと思えなくなった」、つまり出世の望みがなくなったとしている。六十年前も今も研究者のとらえる動機の次元は変わっていない。「三面記事史観」なのだ。

謀反に失敗したら一族滅亡だ。その悲惨な事例はいくらでもある。そのような謀反に踏み切るには必要条件が二つある。一つ目は謀反を起こさずにいれば一族が滅亡してしまうという危機認識があることだ。その認識がなければ、一族が滅亡するリスクを負った謀反など行なわないからだ。二つ目は謀反を成功させる目算が立つことだ。謀反が成功しなければ、謀反を起こす意味が全くないからである。

このことは重大な投資の決断に迫られる企業経営者にはよく理解できるはずだ。企業という組織の生き残りと繁栄のためには、事業の投資効果と実行計画の妥当性を厳しく評価しながら経営を行なうものだからである。この当たり前の視点がこれまでの研究には明らかに欠落している。

四、謀反実行プロセス研究の手抜き

動機については様々な説が唱えられるが、一方で謀反の実行プロセスについては何も解明がされていない。犯罪捜査が犯行動機と犯行プロセスの両方を解明しなければならないのと同じで、動機論だけでは謀反の全貌を解いたことにはならない。

ところが、油断説、偶発説には実行プロセスの説明が一切ない。すべてを偶然で片付けてしまって実行プロセスの説明を回避しているともいえる。

その結果、光秀は「無策」で敗れたという結論にされてしまっている。勝負に負けた側を「無策」と決めつけるのは短絡的な論理であろう。謀反を起こすのであれば必ず成功させられる目算を立てるという、当たり前の前提条件が忘れられている。「様々な状況があったが光秀は発作的に謀反へとジャンプした」と書いた研究者がいたが、ジャンプしたのは光秀のほうではなく、様々考えてみたが辻褄の合う答を見つけられなかった研究者自身の論理のほうである。このような形で研究者自身の論理破綻を光秀の破綻に押し付けている例がいくらもある。

五、政治的意図への無頓着

『惟任退治記』を書かせた人物が羽柴秀吉であることからして、この書の内容は彼の政治的な意図によって都合よく書かれていると考えるべきである。書かれていることをそのまま史実とみてしまうのは、余りに「人が好い」とも「政治に疎い」ともいえる。

秀吉が書かせた宣伝書に書かれている愛宕百韻の発句「時は今あめが下しる五月かな」が改竄されたものだとは、今まで誰も疑わなかった。『綿考輯録』の意図的な記述にも誰も気付かなかった。武将の書いた書状なども同様であり、宛先と書かれた状況によっては嘘を書いている可能性もあり得る。それを見抜いていく視点、武将の政治的意図を読み取る視点が欠けている。

武将は厳しい戦国の世に生き残るために戦場で総力を懸けて戦ったが、それ以上に調略に総智を傾けたのである。これを謀略と呼ぶのであれば、武将は謀略の限りを尽くしたといえよう。「本能寺の変に謀略はなかった」と主張する研究者もいるが、厳しい時代を生き抜いてきた戦国武将がお人好しで済むはずがない。

武将の頭脳のデータベースには戦国を生き抜くための膨大な経験・知識・論理が蓄積されていたはずだ。そこからどのような解が導き出されるかについて、現代人の乏しい戦国データベースから推測するのはとても無理がある。武将が何を考えていたかについて、現代人が軽々に決め付けてしまうのははなはだ武将にも歴史にも不遜なことではなかろうか。

たとえば、武田信玄の旗印「風林火山」で有名な「孫子の兵法」は、当時の武将には戦国を生き抜くための必須の知識であった。この兵法は十三篇、約七十項目の兵法を説いている。単に戦場での戦法についてだけではなく、作戦篇では「国力を考えて戦争は極力短期に収束させよ」とか、用間(ようかん)篇では様々な形態の用間(スパイ)の活用策を述べている。始計篇「兵とは詭道(きどう)なり」(戦とは敵をだますことである)、謀攻篇「百戦百勝は善の善なる者に非ざるなり。戦わずして人の兵を屈するは善の善なる者なり」(百戦百勝することが最善ではない。戦わずして勝つことが最善である)、軍形篇「勝を見ること衆人の知る所に過ぎざるは、善の善なる者に非ざるなり」（誰もが勝利を予測できるような作戦は最善ではない）、地形篇「天を知り地を知らば、勝、乃ち全かるべし」（気象を知り、地形を知れば勝利を完全なものにできる）、九地篇「能く士卒の耳目を愚にし、之をして知ること無からしむ」（作戦は部下将兵にも秘匿せよ）といった、様々な知識が武将の頭脳には詰まっていたのである。「戦かう前に勝てる作戦を立てよ」とも説いている。幸運に頼って戦って勝つ、などということは考えられないことだ。詳しくは『織田信長　435年目の真実』（幻冬舎文庫、二〇一八年）を参照願いたい。

第2章 定説とは異なる光秀の経歴

将軍・義昭の足軽衆

光秀がどうして謀反に至ったのかを解明するためには、光秀の人生がどのようなものであったかを理解しておく必要がある。ところが、光秀の経歴についての定説がことごとく間違っているのだ。間違った人物像に基づいて推理してみても、正しい答が得られるわけがない。

それでは、光秀の本当の経歴はどうだったのだろうか。信憑性の高い史料で事実と認定できる範囲に絞って解明することにしよう。

『群書類従（ぐんしょるいじゅう）』に所収されている『永禄六年諸役人附（しょやくにんつき）』という足利幕府の役人の名簿がある。永禄六年（一五六三）というと将軍は十三代将軍・義輝の代なので、この『諸役人附』は義輝に仕えた役人の名簿ということになる。

この中の足軽（あしがる）衆に「明智」という名が書かれている。これをもって「光秀は足利義輝に仕えていた」「義輝が暗殺された後、越前へ行って朝倉義景に仕えた」とする研究者もいるが、話はそう単純ではない。この役人名簿は継ぎ足して書かれているのだ。御供衆（おとも）、御部屋衆（おへや）、申次（もうしつぎ）に始まり足軽衆で終わる前半部の後に、改めて御供衆から始まり関東衆で終わる後半部が継ぎ足されている。「明智」と書かれているのは後半部の足軽衆だ。

　前半部が将軍・義輝時代に書かれた名簿であることはすぐに確認できる。前述の『言経卿記』という日記に几帳面に天気を書き残した山科言経の父・大納言山科言継（ときつぐ）が書いた『言継卿記』の永禄八年（一五六五）の記事に、将軍・義輝の家臣として書かれている人物がこの名簿の前半部にも書かれているからだ。完全に名前の一致する人物が十四名いる。

　では、名簿の後半部はいつ書かれたものであろうか。後半部が書かれた日付は書かれていないが手がかりはある。もし名簿の前半部に書かれていた十四名の人物が一人でも後半部に書かれていれば、後半部も間違いなく義輝時代のものとなる。逆に、一人も書かれていなければ、義輝より後の時代とすることができる。なぜなら、『言継卿記』の永禄八年の記事は義輝が三好三人衆に暗殺されたことを書いたものであり、そこに記された十四名は義輝とともに討死した家臣の名前だからだ。

　そこで役人名簿の後半部を調べてみると、義輝の家臣として討死した人物は誰一人として書かれていない。ということは、後半部は間違いなく義輝の死後に書かれたものということになる。

では後半部は義輝の後に十四代将軍となった義栄(よしひで)の役人名簿か、というとそうではない。義栄は義輝を暗殺した三好三人衆らが担ぎ出した将軍で、名簿は義栄には引き継がれなかった。名簿は十五代将軍となった義昭に引き継がれたのだ。

義昭は義輝の弟で、義輝が暗殺されたときには覚慶(かくけい)と名乗る奈良興福寺一乗院の僧侶だった。覚慶は義輝の側近だった細川藤孝に救出され、その後還俗(げんぞく)・元服(げんぷく)して義昭と名乗り、織田信長と上洛して十五代将軍になった。

『永禄六年諸役人附』が十三代・義輝から十五代・義昭に引き継がれたことを裏付ける何よりの証拠は、前半部、後半部ともに細川兵部大輔(ひょうぶのたいふ)藤孝の名が将軍側近の御供衆として書かれていることだ。義栄・三好には与(くみ)しなかった藤孝の名があることによって名簿の後半部は義昭の家臣名簿ということは明白で、その足軽衆に「明智」の名があるということは、光秀は足利義昭に仕える幕府の役人だったということになる。

足軽とは騎馬武者ではない歩いて戦う武士のことで、光秀はその部隊長のような存在といえる。幕府の役人の中では軽輩で、御供衆の細川兵部大輔藤孝とでは、会社の役員と平社員ほどの違いがあったろう。

では「明智」と名字しか書かれていない人物を、光秀と断定してよいであろうか。

光秀の名が初めて信憑性の高い史料に出てくるのが、『信長公記』の本圀寺(ほんこくじ)の防衛戦とされている。この戦いは永禄十二年（一五六九）一月四日に本圀寺に宿泊する足利義昭を三好三人衆らが襲撃した事件だが、『信長公記』には、本圀寺に立て籠もって戦った人物として明智十兵衛ら十三名の名が出てくる。明智十兵衛とは光秀のことだが、この十三名のうちの一人として、『永禄六年諸役人附』の足軽衆に書かれている野村越中守の名もある。

山科言継は『言継卿記』に、本圀寺襲撃により「武家御足軽衆以下二十余人討死」と書いている。このときの義昭方の主戦力が武家（幕府）の足軽衆であり、光秀はその一人として『信長公記』に登場しているというわけだ。

これにより足軽衆の「明智」が光秀である蓋然性が高まったが、さらに「光秀は足軽だった」とはっきり書き残した人物がいた。イエズス会宣教師のルイス・フロイスだ。

フロイスは足利義輝時代の永禄六年（一五六三）に来日し、キリシタン大名などと親交があったが、特に信長とは親交が深く、信長周辺の情報には明るかった。

そのフロイスが本能寺の変の四ヵ月後の天正十年十月にイエズス会本部宛に発信した『一五八二年日本年報追加』の中に次の記述がある（村上直次郎訳『イエズス会日本年報　上』）。

「（光秀は）賤しき歩卒であった」

「歩卒」とはフロイスが日本語をポルトガル語に訳し、それを改めて訳者の村上氏が日本語に翻訳した言葉だが、足軽は「歩いて戦う武者」であるからして、「歩卒」の元の日本語は意味から考えて「足軽」ということになる。

フロイスは永禄八年（一五六五）から天正四年（一五七六）までの十一年間は畿内で布教活動を行なっていた。初めは足利義輝に布教を許され、義輝暗殺に伴って京都から避難し、義昭上洛に伴って再び布教を許されている。義輝・義昭の側近だった藤孝など幕府の役人とはいろいろ接触があったはずで、光秀のこともそのときに知ったと考えられる。

細川藤孝の中間（ちゅうげん）

それでは足利義昭に仕える前の光秀はどうしていたのだろうか。

永禄六年（一五六三）の幕府役人名簿の前半部に名前がないということは、義輝には仕えていなかったことになる。

信憑性のある史料を総ざらいすると、光秀が仕えていた人物名を証言した人物が二人だけいた。二人とも同じ人物に仕えていたと証言している。一人は興福寺多聞院の院主・英俊。光秀滅亡直後の天正十年（一五八二）六月十七日の『多聞院日記』に次のように書かれている。

「光秀は細川兵部太夫の中間だったのを信長に引き立てられた」光秀は細川兵部大輔藤孝に身分の低い中間として仕えていたと証言しているのだ。

中間とは足軽と小者（雑用・使い走り）の中間の者を指す。

もう一人はルイス・フロイス。フロイスは日本で体験・見聞したことを書いた『日本史』の中で次のように書いている（松田毅一・川崎桃太訳『完訳フロイス日本史』）。

「彼はもとより高貴の出ではなく、信長の治世の初期には、公方様の邸の一貴人兵部太輔と称する人に奉仕していたのである」

フロイスも「初めは将軍の邸の兵部大輔、すなわち細川藤孝に仕えていた」と言っている。

英俊とフロイスの言っていることを総合すると、「光秀は細川藤孝に中間として仕えていて、その後に足軽になった」ということだ。

本能寺の変当時は少年で、寛文四年（一六六四）に百歳で没した江村専齋という医者が語った話を聞き書きした『老人雑話』にも、「光秀は初め藤孝の家臣だった」と書かれている。また、元禄九年（一六九六）に肥前平戸藩主・松浦鎮信が編纂した『武功雑記』にも、「明智は細川藤孝の家臣だった」と書かれている。おそらく江村専齋や松浦鎮信の生きた一六〇〇年代までは、光秀が藤孝に仕えていたことはよく知られた世の常識だったのだ。

光秀が藤孝に仕える軽輩の家臣だったという事実は、今までの定説にはない話だ。そのわけは、細川家がある意図のもとに徹底してそれを封印してきたからだ。前述した細川家記、すなわち『綿考輯録』の記述が何よりの証拠である。

元禄六年（一六九三）に成立して出版され広く読まれた『明智軍記』と、延享三年（一七四六）に成立した熊本藩細川家の正史として権威のある『綿考輯録』によって、それまでの世の常識が変えられたのだ。

しかし、同時代の人物が同様に「藤孝に仕えていた」と証言しているこの事実は、後に本能寺の変の際の光秀と藤孝の関係に極めて重要な意味を持ってくる。このことを見落としては、本能寺の変の真実に行き着かないのも当然といえば当然である。

それでは、光秀はなぜ藤孝の中間から幕府の足軽衆になったのだろうか。

光秀の運命を左右する事件が永禄八年（一五六五）五月に起きた。松永久秀と三好三人衆による将軍・義輝の暗殺である。幕臣の多くが討死するとともに、仕えるべき主君を失った。近江で藤孝らが義昭を担いで義輝を継承すべく旗揚げをしたが、将軍職は空位のままで、義昭が将軍職を継げるかどうか全く見込みが立たない状況だった。

そこで幕臣は、義昭に従って近江へ向かう者とそのまま京都に残る者とに分かれた。義昭は近江に逃れると早々に七月には上杉謙信、武田信玄、朝倉義景、織田信長など各地の武将に幕府継承の支援要請を行ない、十月には内書や禁制を発するなど幕府機能を発揮した。しかし、旧幕臣の一部しか引き連れてくることができなかった義昭の自称「幕府」は、甚だしい人材不足だった。

これを補うために大量の人材登用を行なったことを示すのが、先の『永禄六年諸役人附』の後半部だ。後半部には前半部に名前のない人物が多数入っている。御供衆では十三人中十人、御部屋衆では十五人中十一人、申次では六人中二人、足軽衆では十四人中十人が新顔だ。これらはみな新規採用された人物ということになる。

藤孝の中間だった光秀も、このとき足軽衆に採用されたと考えられる。欠員を穴埋めするために藤孝が自分の家臣だった光秀を押し込んだのだ。

フロイス証言の信憑性

『永禄六年諸役人附』の後半部の作成時期について黒嶋敏氏は研究論文『「光源院殿御代当参衆幷足軽以下衆覚」を読む』で「永禄十年二月～十一年五月」が妥当と結論付けている。名簿の外様衆に「織田尾張守信長」と「三好左京太夫義継」が書かれており、信長が尾張守を名乗った時期と三好義継が足利義昭に与した時期からの推定である。

足利義昭は永禄九年（一五六六）八月に妹婿の武田義統（よしずみ）を頼って若狭（わかさ）へ下り、九月には朝倉義景を頼って越前へ移っている。永禄十一年七月、上洛のために美濃へ移るまでは越前にいたので、この名簿の後半部は越前にいる間に作成されたことになる。前半部は名簿に記載された全員の人名が姓名を揃えて書かれているのに対して、後半部の足軽衆は十四名中、光秀も含めて姓しか書かれていない人物が六人もいる。いかにも慌ただしく書かれた印象を受ける。信長との上洛の見込みが立った永禄十一年五月に近い時期に、幕府の体裁を整えるために急いで作成したのではなかろうか。いずれにせよ、名簿は上洛以前に書かれたものなので、光秀は上洛前に新幕府の足軽衆に採用されていたことになる。

ところが、フロイスの『日本史』を読み直すと、フロイスは「信長の治世の初期には」細川藤孝に仕えていたと書いている。「信長の治世」とは当然、上洛後のことを指す。上洛後の初めの頃にも光秀はまだ藤孝に仕えていたことになる。これはフロイスの記憶違いだろうか。

そうだとすると、「細川藤孝に仕えていた」という証言自体が記憶違いの可能性も出てくる。些細なことにこだわるようだが、証拠の信憑性が歴史捜査の鍵を握る。そこで、この証言の信憑性を確認してみた。

まず、日本語への誤訳の可能性を確認した。「信長の治世の初期」ではなく、ポルトガル語の原文には「信長の治世より前」と書かれているのではないのかと考えたのである。この日本語訳本の訳者に問い合わせたところ、ポルトガル語の原文も添えて回答をいただき、間違いなく「信長の治世の初期」であると確認できた。誤訳ではないとなると、やはり、フロイスの記憶違いだろうか。

ふと、前述の黒嶋敏氏の研究論文の表題を思い出した。『永禄六年諸役人附』ではなくて、長い表題が書かれている。黒嶋氏は『永禄六年諸役人附』の諸本を調べた結果、名簿の正式の名称はこの長い題であると突き止めたのである。この名簿には数行の頭書きがあり、その末文に確かに「光源院殿御代当参衆并足軽以下衆覚」と書かれている。『永禄六年諸役人附』という名称は、『群書類従』に所収する際に編者が付けた名称のようだ。

光源院は足利義輝の戒名なので、正式名称は「義輝将軍時代の当参衆と足軽以下衆の名簿」という意味になる。幕府直勤の御家人を奉公衆と呼ぶが、当参奉公人とも呼ばれていたので、当参衆は奉公衆と同義とみられる。そうすると奉公衆と足軽以下衆とは何か扱いが違うということをこの名称は意味していることになる。奉公衆とは名簿の前半部に書かれている順に御供衆、御部屋衆、申次、外様詰衆、御小袖御番衆、奉行衆、同朋衆、御末之男までであって、足軽衆は含まないということだ。

実はそれが雇われ方の違いにあった。鎌倉時代に確立した「御恩と奉公」の関係は、主君から土地を給付されて主従関係を結んだ武士がその御恩に報いるために奉公するという関係だ。「一所懸命」という言葉は給付された土地の維持に命を懸けることを表したもので、武士が領地の土地の名を名字にしたのもその現れだ。

一方、足軽は応仁の乱（一四六七〜七七年）を契機として活躍した新しい形態の戦闘集団であり、西股総生（ふさお）氏は『戦国の軍隊』に「彼らは金品で雇用され、軽装で戦場を疾駆し、放火や略奪に任じたのである。非武士身分によって構成される非正規部隊——これが傭兵的性格の強い集団としての、足軽の本質であったろう」と書いている。つまり、足軽は土地の給付を受けずに金品で雇われているのだ。フロイスが、光秀は「賤しき歩卒」であったと書いたが、「賤しき」という表現はこのような雇われ方を意味していたのである。

足利義昭から土地を給付されたわけではなく、細川藤孝に仕えていて陪臣（ばいしん）として幕府の足軽衆となっていたとすると、確かに「信長の治世の初期には」細川藤孝に仕えていたことになる。これであれば役人名簿とフロイスの証言には矛盾がない。

このように当時の主従関係を土地の給付関係で厳密にとらえると、後述する光秀が義昭・信長との主従関係を結んだ時期についても定説と異なる答が出てくる。

さて、伝存する連歌の目録を編集した『連歌総目録』には、上洛からわずか二ヵ月後の永禄十一年（一五六八）十一月十五日に藤孝、光秀、連歌師の紹巴らが親王や公家と連歌を詠んだ記録がある。従来、光秀の史料での初見は『信長公記』の永禄十二年（一五六九）一月の本圀寺合戦とされてきたが、それよりも二ヵ月遡る史料である。

親王の参加する連歌の会に足軽衆の光秀が同座できたのは、やはり奉公衆の藤孝の家臣という立場があったからであろう。また、この時点で藤孝は光秀の教養を高く評価していたことを示している。単なる足軽衆を超える評価だったに違いない。

幕府奉公衆としての出世

永禄十一年（一五六八）九月の上洛時点では細川藤孝に仕える足軽衆に過ぎなかった光秀であるが、その後、幕府の役人として急速に出世した。

それを示す記録がある。一年半後の永禄十三年（一五七〇）一月二十六日に公家の山科言継は幕府奉公衆へ年頭の礼に回った（『言継卿記』）。その中に光秀の名も出てくる。足軽衆から幕府直勤の奉公衆に出世していたのである。

「路次次第」つまり道の順に訪問したということで、「竹内治部少輔、三淵大和守、同彌四郎、一色式部少輔、曾我兵庫頭、明智十兵衛、摂津守、大和治部少輔、朽木刑部少輔、竹田法印、同治部卿、荒川與三……」と、『言継卿記』に書かれている。

光秀以外は『永禄六年諸役人附』に御供衆や御部屋衆として書かれている人物で、すでに光秀は彼らと同列に扱われる高い地位に昇進しており、住居も公家や幕府の要人が住む一等地にあったことがわかる。大和治部少輔と朽木刑部少輔には「下京」と注記されているので、光秀は上京に住んでいたのだ。平社員どころか派遣社員だった光秀が一挙に役員レベルに昇格していたわけだ。

また、この記述からも『永禄六年諸役人附』にあった足軽衆の「明智」は光秀であることが改めて裏付けられる。わずか一年半の間に同じ幕府内に別人の明智がいたとは考えにくいからである。

このように明確に幕府奉公衆であった証拠があるにもかかわらず、定説ではこの点が無視され、光秀は信長に仕えており義昭の家臣でもあった、つまり「両属」とされてきた。

それは細川家の家記『綿考輯録』と、その元となった『明智軍記』が「義昭・信長の上洛時点で光秀はすでに信長の家臣であった」と書き、そして、高柳氏がこの記述にこだわって『明智光秀』の中で次のように書いて定説にしてしまったからである。

「義昭が（永禄十一年の上洛の直前に）美濃へ移った当時、光秀はすでに信長の部下になっていたことは事実と見てよい」

『大日本史料』のこの時期の記事には「織田信長の将明智光秀」とわざわざ注記され

ている。一方で、前述の『言継卿記』の永禄十三年一月の奉公衆巡回の記事は掲載されていない。九十年前の『大日本史料』の編者の思い込みが明智光秀研究を狂わせているのだ（このような事例を『「本能寺の変」は変だ！　435年目の再審請求』に整理した）。

信長が義昭を担いで上洛し、樹立した政権は、義昭・信長の二重政権で、何事も幕府と信長が共同統治する形をとっていた。この二重政権において、光秀は幕府方の行政官として信長方と共同して執務を行なっていたのだ。先入観を排して史料を読めばそれが見えてくる。

まず、本圀寺事件の三ヵ月後の永禄十二年（一五六九）四月には、早くも秀吉・光秀の連署した賀茂荘中宛文書、秀吉・丹羽長秀・中川重政・光秀の連署した公家の立入左京亮宛文書、宇津頼重宛文書が発行されている（奥野高廣著『増訂織田信長文書の研究』）。

信長家臣と連署した連署状の存在で、光秀を信長の家臣とみるのは誤りである。信長と幕府が共に承認していることを保証するために、信長家臣と幕府奉公衆の両方が連署した文書は多い。『大日本史料』にも、永禄十二年三月二日多田院文書（信長家臣の佐久間信盛・森可成・蜂屋頼隆・柴田勝家・竹内秀勝らと幕府奉公衆の和田惟政の連署）、十月九日阿彌陀寺文書（奉公衆の細川藤孝と信長家臣の明院良政・木下秀吉の連署）などが掲載されている。光秀の連署状も奉公衆としての連署とみることができる。

『言継卿記』には、永禄十二年六月と七月に信長方の朝山日乗と光秀が対になって朝廷方と対応していることが書かれている。永禄十二年七月六日の『言継卿記』に日乗が信長から伊勢に知行をもらったことが書かれており、この時点で日乗が信長の家臣になっていたことは間違いない。公家の九条家と縁のある日乗を朝廷との対応業務のために信長がスカウトしたのであろう。

光秀も朝廷との縁を買われての起用だったはずだ。永禄十一年（一五六八）十一月に光秀が親王や公家と連歌を詠んだ記録があるということは、連歌を通じて光秀が朝廷にかなり名も顔も売れた人物だったことを示しているのかもしれない。

六月二十日には言継が日乗を訪問し、東寺に関する依頼事項について質問したところ、「光秀に度々申し入れているが返事がない」と日乗が答えている。七月十二日に言継は、日乗と光秀に立入左京亮に関する件を書状で申し入れている。これらから、この時期、光秀が幕府方、日乗が信長方を代表して朝廷と対応する役割を担っていたことがわかる。

そう解釈すると、翌永禄十三年（一五七〇）一月二十三日の信長の条書の宛先が日乗と光秀であった理由がはっきりする。この条書は五ヵ条から成るもので信長が義昭を諫めたものだ。義昭が諸国へ御内書を以て命ずる場合には信長に相談し信長が書状を添えること、これまでに出した命令は破棄し考え直すこと、忠節を尽くす人物に与える恩賞や褒美がない場合には信長の所領から義昭の命令どおりに分け与えること、天下の儀を信長に任せ置いたからには誰に寄らず義昭の許可を得ずに信長の分別で処分すること、禁中のことは何事も油断なく対応すべきことが書かれている。

この条書には義昭の印も押されており、義昭が承認した形になっている。宛先がなぜ家臣である日乗と光秀なのか釈然としないものがあったのだ。

しかし、二人が幕府と信長の朝廷への窓口であったことと、条書の最後の五条目が朝廷に対して義昭が万全の対応を行なうことを誓ったものであることを考えると、これが信長・義昭連名で朝廷へ提出されたものであるとわかる。宛先が日乗と光秀になっているのは、天皇なり朝廷の高位者を直接の宛先にするのを憚ったためであろう。

こうして見ると遅くとも秀吉との連署状の出された永禄十二年四月には光秀は幕府直勤の奉公衆に出世しており、したがって、それまでに義昭から所領を給付されていたと考えられる。それを裏付ける史料が存在していた。

『大日本史料』では元亀元年（一五七〇）に比定されている四月十日付の『東寺百合文書』に、光秀が幕府の命と称して八幡宮領山城下久世荘を押領しているのを止めさせるように東寺が要求した幕府宛の文書がある。『大日本史料』が年の比定を間違えており、一年前の永禄十二年四月のものとみると辻褄が合う。

義昭は永禄十二年一月の本圀寺合戦で手柄を立てた光秀を早々に奉公衆に取り立て、下久世荘を給付したのであろう。藤孝の家臣から義昭の直臣に出世したのだ。これに対して東寺が自分の領地であると主張した文書とみることができる。そして、この問題は『言継卿記』に書かれた言継が日乗に申し入れて、光秀が回答を保留している六月の東寺についての依頼事項につながったのであろう。東寺は朝廷にも働きかけたのだ。

さらに、この問題によって朝廷と幕府に反目が生ずる結果となり、翌年一月、信長の五ヵ条の条書へと発展する一因となったとみられる。三条目の「忠節を尽くした人物に与える恩賞がなければ信長の所領から分かち与える」という文は、光秀への恩賞として義昭が給付した下久世荘の問題で朝廷との関係が悪化したことを踏まえたものと考えられるからである。

なお、『大日本史料』には永禄十三年三月二十二日付の秀吉・長秀・重政・光秀の連署状が掲載されている(『曇華院殿古文書』)が、これは同じ四名が連署した永禄十二年(一五六九)四月付の賀茂荘中宛文書と同じ永禄十二年のもの、つまり、奉公衆として光秀が連署した初見のものとみるべきであろう。

この時期に信長の武将三名と光秀が組んで集中的に事務処理を片付け、六月からは信長に行政官として採用された日乗と光秀が組み直したとみることができる。当時の文書には年を書いていないものが多いので、年の比定には誤りも多い。光秀の立場を見直すことにより、この時期の光秀関係の文書の年比定は変わってくる。二〇一八年に年次比定を全面的に見直した。その結果、年次比定を変更したものが三十三件あった。詳しくは『光秀からの遺言　本能寺の変436年後の発見』（河出書房新社、二〇一八年）参照。WEBの「光秀プロジェクト特設サイト」に明智光秀に関する史料の年次比定を見直した年表を掲載した。

義昭を離れ信長のもとへ

では、光秀はいつ将軍・義昭のもとを去り、信長の家臣になったのであろうか。

永禄十三年（一五七〇）一月、信長は義昭への五ヵ条の条書で義昭の行動を厳しく諫めた。その後も義昭と信長の亀裂は深まり、三年半後の元亀四年（一五七三）七月、ついに義昭追放によって両者の関係は終焉を迎えた。この三年半のどこかの時点で光秀は信長に仕えるようになったのである。

これまでの定説では、永禄十一年（一五六八）の義昭・信長の上洛時点ですでに光秀は信長の家臣だったと片付けてしまっているため、このような事実認識はないが、裏付けのためにこの時期を確認してみよう。

元亀二年（一五七一）七月五日、信長から義昭側近の上野秀政と光秀に対して、義昭へ申し入れを依頼した書状がある（『曇華院文書』）。したがって、ここまでは明らかに光秀は義昭に仕えていたことになる。

その後、幕府軍は摂津で松永久秀や三好三人衆と合戦を繰り広げ、八月二十八日には大敗を喫し和田惟政が討死する事態に陥った（『言継卿記』）。一方、信長は八月十八日に近江へ出陣し、九月十二日に比叡山焼討を行なっている（『言継卿記』）。光秀は信長軍の一員として比叡山焼討に参陣している（『信長公記』）。この幕府軍大敗と比叡山焼討の二つの出来事が信長に仕えるきっかけになった可能性がある。

信長が近江へ出陣する四日前の八月十四日付で細川藤孝へ宛てた信長の書状には、「義昭から指示された条々を諒承し、その条書の頭書きも熟考して光秀に申し含めた。この旨を義昭に披露願いたい」と書かれている。光秀の身柄がこの時点で幕府側から離れて信長側にあること、光秀に対して義昭から何らかの注文がつけられていたことがわかる。幕府軍は摂津攻め、信長軍は比叡山攻めという分担でありながら、光秀だけが信長軍に加わったことに何か経緯があって義昭と光秀の関係が悪化したのではなかろうか。

光秀が義昭側近の曾我助乗に宛てた書状がある（『神田孝平氏所蔵文書』）。日付が書かれていないが、そこには「行く末成り難い身上につき直ちに暇をもらいたいので義昭にとりなしてくれ」と書かれている。これは明らかに辞意の表明だ。光秀は辞職を余儀なくされて義昭のもとを離れたのだ。この光秀の書状はおそらくこの時期に書かれたものとみることができる。

何らかの理由で光秀は幕府軍の摂津攻めには加わらず、織田軍の比叡山攻めに加わったが、その経緯に義昭は不満を抱き、さらに幕府軍が大敗して和田惟政が討死したことで、光秀は責任を問われることになったのではなかろうか。

そして、行き場を失った光秀を信長が早速召し抱えたのであろう。『信長公記』には、比叡山焼討後、信長が近江志賀（しが）郡を光秀に与えたことが書かれている。土地を給付するということは主従関係を結ぶということなので、この時点で光秀は正式に信長に仕えたのだ。

このような経緯をみると、光秀はその知られざる前半生において近江坂本や比叡山と何らかの関係があったのではないかと考えられる。

九月二十四日に光秀は摂津高槻（たかつき）へ出陣している。翌日、幕府奉公衆の一色式部少輔らが出陣しているが、これは比叡山焼討を終えた光秀が摂津の幕府軍の援軍として出陣したものとみられる。幕府奉公衆とは別行動をとっているので、すでに信長に仕えていた可能性が高い。

また、九月三十日付で寺社などに米の徴収を命じた光秀、島田秀満、塙（ばん）直政、松田主計大夫（かずえのだいぶ）秀雄連署の通達が出されていることが『言継卿記』に書かれている。島田、塙は信長の武将であり、松田は『永禄六年諸役人附』の諸大名御相伴衆以下に書かれている幕府の奉公衆である。それまでの連署状の署名の順をみると信長側が先、幕府側があとという例が多く、信長側と幕府側の順が入り乱れて連署している例はない。したがって、この連署状は光秀が信長家臣として最初に署名したものとみることができる。

『言継卿記』に、十二月十日付で信長宛に朝廷から綸旨（りんじ）が出され、光秀が横領した諸門跡（もんぜき）領を返還するよう命じたことが書かれている。信長宛に綸旨で命じたということは、光秀が信長の家臣であることを朝廷が認めていたことに他ならない。信長が光秀に給付した所領の中に門跡領が含まれていたということだ。義昭が光秀に給付した所領に東寺の所領が含まれていたのと同じ話だ。戦国の戦乱の中で寺社の荘園は武士に押領され、その所有権の管理が混乱した状態にあったのである。

以上からすると、光秀が信長に仕えるようになったのは元亀二年（一五七一）九月十二日の比叡山焼討の直後とみられる。すなわち、義昭が追放される元亀四年七月の二年ほど前ということになる。

足利幕府の役人としては、おそらく光秀が真っ先に信長に仕えることになったのであろう。義昭の第一の側近・細川藤孝が義昭を見限って信長に仕えたのが、光秀より一年半後の元亀四年三月。この差は光秀と藤孝の義昭に対する縁と忠誠心の差といえよう。

本能寺の変の動機として、光秀が足利幕府の再興を目指したという説があるが、事実を見るかぎりあり得ない話だ。足利義輝・義昭を側近として支えてきた細川藤孝ならいざ知らず、藤孝の中間から幕府の足軽衆に取り立てられ、真っ先に義昭から離れた光秀にそこまでの強い忠誠心や義理はなかったはずだ。

光秀が先頭を切って信長に仕えたことは、その後の信長政権下での光秀の地位を決めることになったと思われる。光秀に従って義昭のもとから離れる者や義昭追放に伴って光秀の配下となった幕臣は、千秋刑部少輔輝季（せんしゅうぎょうぶしょうゆうてるすえ）、伊勢貞興（さだおき）をはじめ少なくない。信長政権に取り込まれた旧幕臣たちは光秀家臣団の一翼を担った。

義昭のもとでは、義昭側近の細川藤孝が幕臣たちのリーダーだったが、織田政権下では光秀が旧幕臣を糾合する地位に立ったのである。藤孝の中間から幕臣に取り立てられて大きく開けた光秀の運命は、ここでまた急展開をみせることになったのだ。

第3章　作られた信長との不仲説

史料が記す親密な関係

信長に仕えてからの光秀の活躍は一層目覚しいものがあった。石山本願寺攻め、紀州雑賀攻め、丹波平定など、信長の天下布武の戦いを中心で支えていたことがわかる。信長も光秀を高く評価し、丹波平定後は単なる武将というより腹心として重要な行事を取り仕切らせている。琵琶湖をはさんで安土城と近距離にある坂本城を本拠とした光秀は、武将の中でも信長との交流が緊密で、最も信頼の厚い存在だったろう。そして腹心として様々な相談にも乗っていたとみられる。

ところが通説では、信長と光秀は相性が悪く、信長は光秀を事あるごとにいじめたとされ、そのため光秀は信長を激しく怨んでいたことになっている。その話のもとが『惟任退治記』に書かれた信長の最期の言葉「怨みを以って恩に報ずるのいわれ、ためし（前例）なきに非ず」にあったことは前述したとおりだ。

ところが、太田牛一が書いた『信長公記』には、実はそのような記述は一切ない。

それどころか、次のように『信長公記』の各場面の記述から、信長が光秀を常に高く評価していたことがよくわかる。

まず天正三年（一五七五）に信長は、仕えてわずか三年ほどで光秀を惟任日向守に昇進させるよう朝廷に取り計らったことが書かれている。このとき、同じく重臣の丹羽長秀は惟住という名字のみ、秀吉は筑前守という官職のみをもらっただけだ。光秀はその両方をもらっているのである。

天正四年（一五七六）の石山本願寺攻めの際には、光秀も派遣されたものの大苦戦に陥り、原田備中守（＝塙直政）は討死、光秀は天王寺城に逃げ込んで包囲されてしまった。これを聞いた信長は自ら出馬して激戦を切り抜け、天王寺城の包囲を破って光秀を救出したことが書かれている。このときの信長の奮戦はすさまじいものがあり、光秀救出にいかに必死であったかを物語っている。

天正七年（一五七九）の丹後・丹波平定では、信長は光秀に感状（手柄を認めて発給した文書）を与えてその働きを称賛し、長年の丹波での戦いを収束させたことに対して最大級の褒め言葉を書いている。

天正八年（一五八〇）、天下平定の目処を立てた信長は家臣団の再編制を断行し、佐久間信盛父子、林秀貞、丹羽右近、安藤守就らの古参の重臣を追放したが、このとき、佐久間信盛に対しては十九条に及ぶ折檻状を自筆で書き、第一条、第二条で信盛の無策を責める一方、第三条では「丹波国、日向守（光秀）働き、天下の面目をほどこし候。次に、羽柴藤吉郎、数カ国比類なし。云々」と書き、明らかに光秀の戦功を第一と評価している。そして光秀は丹波を拝領し、近江坂本と合わせて畿内に勢力範囲を大きく広げることとなった。

さらには、天正九年（一五八一）二月の京都での馬揃えの奉行や、天正十年（一五八二）三月の武田攻めへの随行、五月の安土城での家康饗応役を光秀に命じたことなど、まさに腹心として最大級の信頼を寄せていた感がある。

そして何よりも二人の関係を物語るのは、これらの『信長公記』における太田牛一の筆致だ。全体を通して光秀に対する好意的な記述が目立つ。

太田牛一が信長に近い存在であり、かつ出来事をそのつど書き溜めていたことを考えると、この好意的な態度は信長自身の態度であったろうと想像される。信長が常日頃から光秀に好感を持ち、話題にも出していたということだ。それが牛一の筆に伝わったのである。つまり信長と光秀との間には今日伝えられているような緊張関係はなく、むしろその逆で、はるかに友好的な信頼関係にあったことがうかがえる。

二人の良好な関係を示す例は『信長公記』の記述だけではない。

天正四年（一五七六）石山本願寺攻めの後、光秀は長らく風痢（赤痢）を患った。『言継卿記』には、六月十二日に「明智十兵衛尉、久風痢ヲ煩、明暁死去」と書かれている。「死去」は全くの誤報だったが、それだけ重病だったということだ。

この病気に関して、細川藤孝の従兄弟で光秀とも親交の深かった吉田兼見は『兼見卿記』に、六月二十三日に光秀が京都で名医・曲直瀬道三の治療を受けたこと、二十四日に光秀の正室の依頼で祈禱を行なったこと、そして二十六日に信長の使いが光秀を見舞ったことを書いている。信長も光秀の身を気遣っていたのだ。

また『多聞院日記』には、天正九年（一五八一）八月二十一日に「惟任（光秀）ノ妹ノ御ツマキ（妻木）死了、信長一段ノキヨシ也、向州（光秀）無比類力落也」と書かれている。

この意味は「光秀の妹（正室の妻木氏の妹）が死去した。信長の格別のお気に入りであった。光秀の落胆は比類なし」ということだ。「キヨシ」の意味はおそらく「気好し」であろう。両者の縁戚も含めた良好な関係を示している。

信長が最後まで光秀を信頼していたことを示す証拠が、皮肉なことに『惟任退治記』に書かれている。

光秀の中国出陣について『惟任退治記』には、光秀を軍師として派遣するので秀吉と相談して作戦を立てて報告せよと信長が指示した、という意味のことが書かれている。信長が中国へ出陣するかどうかは、その作戦次第とも書いている。すなわち、光秀の派遣は軍監（目付）としてであって、信長は秀吉から中国出陣要請を受けても秀吉を信用しておらず、信頼している光秀にその妥当性を確認させようとしたということだ。

通説では、光秀は秀吉の指揮下に入るよう命じられたことが気に食わず、信長を怨んだとされているが、秀吉自身が書かせた『惟任退治記』の記述はそれを否定するものである。後世に中国出陣に関してそのような光秀の怨念話が作られようとは、秀吉も予想だにしていなかったのだろう。

『甫庵信長記』が作った相克

光秀と信長の仲が悪かったという通説を定着させたのは軍記物である。怨恨説を裏付けるためには仲が悪くなければならなかったからだ。

最初にそれを演出したのは、軍記物の中でも最も早く出版された『甫庵信長記』だ。これが『太閤記』に先んじて秀吉の作った話を広めることにまず貢献した。

『甫庵信長記』は、後に『甫庵太閤記』を書いた小瀬甫庵が慶長(けいちょう)十七年(一六一二)に出版したものだが、実はこの書は、太田牛一の未出版の『信長公記』を盗作したうえで大幅に潤色したものだった。

太田牛一は信長の死後、秀吉に召し抱えられ、『大かうさまくんきのうち』(太閤様軍記の内）などの著述を残した。そして慶長三年（一五九八）に秀吉が没すると、これを待っていたかのように『信長公記』を完成させている。牛一は信長のもとで日記のごとく書き溜めていた原稿を編集して、『信長公記』を完成させたが刊行はされなかった。牛一の自筆の原本やそれを写し書きした写本が読まれたのである。

牛一が『信長公記』を秀吉の生前に完成させなかったのは、もちろん秀吉を恐れてのことであろう。秀吉は『惟任退治記』以外の書物が書かれることを許すはずもなかったのだ。実際、秀吉の生前に本能寺の変や信長について書かれた書物は『惟任退治記』のみであった。

その太田牛一に死期が迫っていた頃（慶長十八年没といわれる）、小瀬甫庵は『信長公記』をネタ本に使って大幅な潤色を加え、『甫庵信長記』を書いたのである。すでに本能寺の変から三十年近くが経っていた。

甫庵は、『信長公記』では短い事実関係のみの記述だったものを、登場人物の活躍ぶりを書き加えるなどして記述を大幅に膨らませて物語にした。それも、甫庵が羽柴秀次に仕えた儒医であり、儒学者の林羅山が序文を書いていることからも想像できるように、儒教思想の道徳観を説くための物語としたのである。

甫庵は羽柴秀次に仕え、秀次が秀吉の命で自害させられた後は秀吉家臣の堀尾吉晴に仕えた人物である。この経歴からすれば、信長周辺の出来事について独自の情報を持っていたとは考えられない。甫庵は『信長公記』を盗作・改竄して『甫庵信長記』を出版したのであり、現代であれば著作権侵害で訴えられて有罪になることは間違いない。

一方、ネタ本である太田牛一の『信長公記』は出版されず、その代わりに『甫庵信長記』が出版されてベストセラーとなった。このため、信長、光秀、本能寺の変についての常識の多くが『甫庵信長記』によって世の中に浸透してしまった。

『甫庵信長記』の記述が『信長公記』と異なる大きな点は、まず光秀の合戦での活躍や光秀と信長との交流についての記述がことごとく削られていることだ。これは二人の良好な関係を消し去る効果をもたらした。

次に「信長公早世の評」という章を最後に追加し、信長が亡びた理由を儒教思想に基づいて説明し、光秀の謀反の理由もここに求めたことだ。

信長は守役（もりやく）の平手中務大輔（ひらてなかつかさたいふ）の諌言（かんげん）を聞かずに孝行をせず礼を欠いたこと、信長は鬼神を敬い神を祀（まつ）らなかったこと、武道のみに力を入れ文道をないがしろにしたこと、など七項目を挙げて、志半ばで亡びた理由としている。

一方、光秀が謀反に至った理由は『惟任退治記』のように怨みとは書いておらず、信長の信賞必罰の態度がいずれ自分に厳しい罰を下すと恐れてのものだとしている。光秀がノイローゼになって発作的に謀反に及んだという説の元ネタである。

光秀に関する記事の削除と同様に、信長に関しても『信長公記』に記された、信長が道端の乞食に慈悲を掛けたといった話が丸々削除されている。信長にそのような話があると、「信長公早世の評」の説得力が薄れるためである。

こうして秀吉が『惟任退治記』で誇張した信長の残忍・苛烈な性格を、小瀬甫庵がさらに膨らませたのである。

ついでに言えば、光秀が謀反の決意を本能寺の変前日の六月一日夜、初めて家臣に明かすまで光秀一人の秘密にしていた、という通説も、この『甫庵信長記』が作り出したものだ。甫庵は、この夜に光秀が明智左馬助、明智次右衛門、藤田伝五、斎藤内蔵助(くらのすけ)、溝尾勝兵衛に謀反の決意を初めて告げて起請文(きしょうもん)を書かせ、人質を取ったと書いている。この話は『惟任退治記』の「光秀は密に謀反をたくらんだ」という記述を膨らませたものなのだが、これにより光秀の「単独犯行」が一層印象付けられてしまったのは確かである。

矮小化された二人の人物像

『惟任退治記』によって秀吉は信長と光秀が苛めや怨みで殺しあうような人物と印象付けた。江戸時代に書かれた軍記物がこれに沿っていろいろなエピソードを創作して通説として広め、現代の小説家や研究者も同じ視点で彼らを取り扱ってきた。そこにあるのは信長も光秀も考えが足りずに油断したり、無策で謀反に踏み切ったりする人物といった矮小化された人物像だ。まさに「三面記事史観」である。

それでは、同時代の人は彼らをどうみていたのだろうか。イエズス会宣教師・ルイス・フロイスの『日本史』の中に二人の人物像が描かれている。武将の人物像が書き残されたものは珍しく、貴重な情報である。

フロイスは信長とは度々顔を合わせて話をしているので、自分で直接得た情報や受けた印象が書かれているはずだ。一方、フロイスが光秀と会った記録はないので、会っていたとしても直接得た情報は少なかったと思われる。親交のあった高山右近などのキリシタン大名から得た間接的な情報が多かったのではなかろうか。

信長については要約・編集すると次のように書かれている。

「極度に戦を好み、軍事的訓練にいそしみ、名誉心に富み、正義において厳格であった。自分に加えられた侮辱に対しては懲罰せずにはおかなかったが、幾つかのことでは人情味と慈愛を示した。貪欲でなく、非常に性急であり、激昂するが、平素はそうでもなかった。

善き理性と明断な判断力を有し、はなはだ決断を秘め、戦術にきわめて老練で、戦運が己に背いても心気広闊、忍耐強かった。困難な企てに着手するに当たってはなはだ大胆不敵であった。

神や仏への礼拝、占いや迷信的習慣を軽蔑した。霊魂の不滅や来世の賞罰などはないとみなした。対談の際に遅延することやだらだらした前置きを嫌い、ごく卑賤（ひせん）の家来とも親しく話した。

睡眠時間は短く早朝に起床した。酒を飲まず、食を節し、人の扱いにはきわめて率直で、自らの見解には尊大であった。自邸においてきわめて清潔で自分のあらゆることを丹念に仕上げた。

ほとんど家臣の忠言に従わず、一同からきわめて畏敬されていた。万事において人々は彼の言葉に服従した」

信長はイエズス会を大いに庇護した人物なので好意的な書き方になることを差し引いても、家臣だけでなく自分も厳しく律し、軍事力を強化し、何事も合理的に判断し、大胆かつ忍耐強く行動するたくましい人物像が浮かび上がってくる。現代でいえば大国の政治指導者や世界的な企業の経営者の人物像と共通するものを感じる。

一方で、光秀についてはイエズス会が頼りにしていた信長を殺した人物なので、かなり悪意のこもった言葉で書かれている。要約・編集すると次のとおりである。

「裏切りや密会を好み、刑を科するに残酷で、独裁的でもあったが、己を偽装するに抜け目がなかった。

戦争においては謀略を得意とし、忍耐力に富み、計略と策謀の達人であった。築城に造詣が深く、優れた建築手腕の持ち主であった。戦いに熟練の士を使いこなしていた。人を欺くための七十二の方法を深く体得し、かつ学習したと吹聴していた。

その才略、深慮、狡猾さにより信長の寵愛を受けた。主君とその恩恵を利することをわきまえていた。自らが受けている寵愛を保持し増大するために、不思議な器用さを身に備えていた。絶えず信長に贈与することを怠らず、その親愛の情を得るためには、彼を喜ばせることを万事につけて調べているほどであり、彼の嗜好や希望に関しては、いささかもこれに逆らうことがないように心掛けた。信長は奇妙なばかりに親しく彼を用いた。

殿内にあって彼は余所者であり、外来の身であったので、ほとんどすべての者から快く思われていなかった」

「人を欺くための七十二の方法」とは「兵とは詭道なり（戦は欺くことにあり）」と説く孫子の兵法であろう。フロイスの悪意を除いて読むと、優れた軍事戦略家で非凡な才覚の持ち主であること、信長に能力を買われて重用され、信長に対しては細かな気遣いをしていたことが読み取れる。まさに優れた参謀、腹心の家臣として信長の天下統一事業を支えていたのだ。

そして二人の関係は「信長は奇妙なばかりに親しく光秀を用いる」と周囲が思うほ

どに親密だったのだ。新参者が驚異的なスピードで出世し、信長の寵愛を受けたのだから、織田家中からは冷たい目で見られていたのであろう。

本能寺の変が起こるちょうど一年前の天正九年（一五八一）六月二日に、光秀は『明智光秀家中軍法（かちゅうぐんぽう）』を定めた。この軍法は丹波福知山にある光秀を祀る御霊（ごりょう）神社に伝わっている。光秀は所領の丹波で治水工事や税金の免除などの善政を行なって領民に慕われ、この神社に祀られたと伝えられている。

この十八ヵ条に及ぶ家中軍法の最後に光秀は、「武勇無功の族（やから）は国家の費（ついえ）である。だから粉骨砕身に忠節を勤めよ」と書いている。光秀は頭脳明晰なタイプとみられているが、同時に、その実績からみるときっちり成果を出す人物だった。それゆえ合理的な成果主義者である信長とは気が合ったのだ。「武勇無功の族は国家の費である。だから粉骨砕身に忠節を勤めよ」という言葉は、まさに成果主義に徹した光秀の真髄を表すものと言ってよい。

通説では、光秀は保守的で情緒的だったとされているが、これは革新的・合理的な信長を討ったのだから、その反対の考え方を持っていたに違いないという推測から生まれたものだ。また保守的で情緒的な人間だったので、保守勢力の復活を図るため謀反を起こした、という説も唱えられている。

しかし、革新的で合理的な信長に取り立てられ、信頼されたという事実からすると、光秀も革新的で合理的だったと考えるべきであろう。現代の企業経営でも、創業社長とそれを支える副社長とは得意分野が違うという組み合わせであっても、やはり考え方や思いは共通しているものだ。これが違っていれば、手と手を取り合って何かをやっていくという関係はそもそも生まれないものだ。

第二部　謀反を決意した真の動機

第4章　土岐氏再興の悲願

愛宕百韻に込めた祈願

明智光秀についての定説の根拠の脆弱性と定説に代わる蓋然性の高い真実を述べてきたが、いよいよ本能寺の変の真実に切り込むことにする。まず、初めの謎解きは、やはり光秀の謀反の動機だ。

謀反の動機が怨恨でも野望でもないとすると、では黒幕説でいわれる、信長によって圧迫されていた朝廷や足利幕府を救済するためだったのか。

しかし、光秀の経歴を見ても、朝廷や足利幕府にそれほど忠誠を尽くさなければならない理由は見えてこない。歴史ロマン好きの向きには「朝廷の忠臣・光秀」、あるいは「足利幕府の忠臣・光秀」というストーリーが受けるのかもしれないが、それを裏付けるような明確な史実は見付からない。光秀が朝廷や義昭を担ぎ出すような言動をしていたとしても、それは目的ではなく手段に過ぎない。自分の政権確立のため、政治的に必要だったからだ。

では、天下取りのロマンに光秀は賭けたのか。これも、愛する家族や一族郎党を犠牲にして自分のロマンに衝動的に賭けるような行動をとるとはとても考えられない。家族や一族を救うために自分一人の命を懸けることはあったとしてもだ。ましてや戦国の世の厳しい環境のもとで鍛え抜かれた氏族長の光秀が、そのような子供じみた論理で自分の行動を決めるはずがない。

光秀には、間違いなく守らなければならない多くの生命や幸せがあり、それを守り抜こうとして悩み、考えた末に決断したのだ。それが戦国の世の氏族長の誰しもが背負っていた責任だった。

光秀は、その思いを愛宕百韻（あたごひゃくいん）の発句（ほっく）に詠み込んだ。「時は今あめが下なる五月（さつき）かな」と。そこには、光秀のどのような真の祈願が込められていたのだろうか。それを解読できれば謀反の動機が見えてくるはずだ。

そもそも謀反の直前に、謀反を察知されるような危険のある句を詠むはずがないと言う研究者もいる。そうであれば、光秀は単に「今は五月雨（さみだれ）が降りしきる五月だなあ」と、五月雨が降りしきる愛宕山西之坊（あたごにしのぼう）の情景を詠んだだけということになる。

しかし、決してそんなことはあり得ない。光秀はこの句に一つの祈願を込めていたのだ。なぜならば、愛宕百韻は戦勝祈願として詠まれたものだったからだ。愛宕神社には勝軍地蔵があり、出陣する武将たちが戦勝祈願に詣でる習わしだった。光秀も百韻興行の前日には愛宕神社に詣でて戦勝を祈願している。愛宕百韻も戦勝祈願のために催されたものだった。したがって、その中に祈願を込めないはずがないのだ。

連歌（れんが）は前の句を受けて次の句を詠む。したがって、前の句の制約を受けるため自由に句を詠むことはできない。ところが発句は、前の句の制約を受けずに自由に詠める。光秀は間違いなく発句にこそ祈願を込めたはずだ。

これまで「あめが下しる」と詠まれたとして様々な裏の意味の解釈が行なわれてきたが、「あめが下なる」を解釈した例はない。では「あめが下なる」を解釈してみよう。「時」を、やはり「土岐（とき）」と読み替えることで、光秀は次のような祈願を詠み込んだと解釈できる。

「土岐氏は今、この降り注ぐ五月雨に叩かれているような苦境にいる五月である（六月にはこの苦境から脱したい）」

五月雨は芭蕉の俳句に「五月雨を集めてはやし最上川」とあるように強い雨だ。その下にいるということは強い雨に叩かれている状態、つまり苦しい様を表している。

光秀は、土岐氏である一族が遭遇している苦境から脱することを神仏に祈願したのだ。同座した紹巴（じょうは）や行祐（ぎょうゆう）も、この祈願を理解できたであろう。二人は連歌を通じて光秀と親交があり、光秀の置かれた状況もよく知っていたはずだからだ。ただ、この祈願が謀反を意味するとは思わなかったはずだ。一族の無事を願う戦勝祈願として当然の祈願だからである。

そして注目すべき句がもう一句ある。それはこの日、光秀の嫡男・光慶（みつよし）が唯一詠んだ最後の百句目、つまり挙句（あげく）だ。挙句は締めくくりの祝言（しゅうげん）の句として前の句にとらわれずに、自分の思いを詠み込むことができるのだ。

「国々は猶（なお）のどかなるとき」

この挙句は、光秀が発句に詠み込んだ「土岐氏である自分の苦境からの脱出」の結果、領国に安寧（あんねい）がもたらされることを祈願したものに他ならない。

光秀自身ではなく子の光慶が詠んだことも、大きな意味を持っていたはずだ。光秀は自分の子供から子孫へと続く安寧を願ったのだ。挙句は連歌の作法として「あらかじめ用意しておくべき句」とされている。あらかじめ光慶にこの句を教え込み、挙句として詠ませるために同座させたのだ。この句の意味、そしてこの句の詠み手にこそ、氏族長としての光秀の祈願が込められていたのだ。

これまでの研究では、発句を「あめが下しる」としたうえで、いろいろ複雑な解釈を行なってきたが、説得力のある解釈はできなかった。発句が「あめが下なる」ということであれば、愛宕百韻を素直に読み解くことにより、謎とされてきた光秀の祈願の解釈ができるのである。光秀は今の苦境から脱し、百年も続く戦国の世を終わらせて子孫の代へと続く安寧を得たいと祈願したのだ。

土岐氏の栄枯盛衰

それでは一体、光秀はどのような苦境に追い込まれていたのであろうか。それがわかれば動機を解明したことになる。

『惟任退治記』で秀吉は「時は今あめが下しる五月かな」が光秀の天下取りの野望を示す句だと公表したが、それ以上の解説はつけていない。それは、当時の人々にはそれで十分意味が通じると判断したからである。つまり、誰もが「時」を「土岐」に読み替えると考えたのだ。それほど光秀が土岐氏であること、そして土岐氏が天下を取るために立ち上がる可能性があることは、広く知られたことだったのだ。

では、土岐氏とは何であったのか、まずそれを理解しなければならない。これまでの研究では光秀が土岐氏であることの重要性が見逃されてきたが、土岐氏を抜きにしては本能寺の変の真実には踏み込めないのだ。

光秀が土岐一族であったことは、光秀と交流のあった公家の立入宗継が『立入左京亮入道隆佐記』で光秀のことを「美濃国住人ときの随分衆なり」、つまり土岐氏の位の高い人と書いていることでも裏付けられる。

もう一つは家紋だ。光秀の紋所として有名な桔梗紋は土岐氏の家紋である。花びら

土岐桔梗紋

が普通の桔梗の紋様よりも幅広で「土岐桔梗紋」といわれる。
歴史上の人物では室町時代、足利尊氏に仕えた婆娑羅大名の土岐頼遠がいる。婆娑羅とは当時の社会思想や美意識を示す流行語で、華美な服装や破天荒な行動を意味し、高師直や佐々木導誉らも婆娑羅大名と呼ばれていた。特に土岐頼遠は破天荒な行動で知られ、笠懸（馬上から弓を射る稽古）から帰る途中に酒に酔って上皇の行列に乱暴を働き、上皇の乗る牛車に弓矢を射たため六条河原で首を刎ねられたとされる。そのほかでは、斎藤道三に追放されて滅びた美濃の守護大名・土岐頼芸などが土岐氏として知られる程度であろう。
谷口研語氏の著書『美濃・土岐一族』から、土岐氏について要約しておく。
「土岐氏の発生は、八百数十年前、源頼光の子孫光衡が美濃の土岐川流域の土岐郡に土着して土岐氏を名乗ったところから始まる。以後、美濃を基盤に発展し、南北朝動乱の初め、四代頼貞が美濃守護となってからは歴代美濃守護を継承して戦国時代に至った。頼貞の孫で三代守護の頼康は尾張・伊勢の守護も兼ね、このとき土岐氏は最盛期を迎えた。頼康の守護在任は美濃四十六年間、尾張三十七年間、伊勢十六年間続いた。

その間、土岐一族はそれぞれ拠った地名を名字に冠し、新しい家を興しながら濃尾平野一帯に分派し、分出した一族は百余家になる。分出した家は明智荘に拠った明智氏のように新しい名字を名乗りながらも『土岐明智』とも称し、土岐の名字を捨てなかった。土岐一族として共通の基盤を持っていたこと、それが社会的にも認知されていたことを示している。

一族の発展は強固な結束によるところが大きく、それが具体化されたものが『土岐桔梗一揆』である。一揆とは『揆を一にする』、つまり、一つの目的のために団結するという意味で、武士たちの一つの戦闘単位も一揆といい、『太平記』には頼康率いる軍勢を土岐桔梗一揆と呼んでいる。土岐氏の家紋を冠した戦闘集団、それが土岐桔梗一揆であった。

しかし頼康没後、土岐氏の勢力を恐れた三代将軍足利義満の画策によって一族の内紛が起き、室町幕府への反乱『土岐康行の乱』へと発展した。明徳元年（一三九〇）に四代守護康行が幕府の追討を受けて没落する。これにより土岐一族の結束は崩壊し、一族の分裂や主家を捨てて幕府奉公衆となる有力庶家も多く、明智氏も幕府奉公衆となっている。土岐一族の池田氏が引き継ぐことによって唯一土岐氏が継承した美濃守護職も、その実権が斎藤氏に移った段階では、もはや一族としてのまとまりはなくなった。天文二十一年（一五五二）、土岐氏最後の守護頼芸が斎藤道三によって美濃を追われ、これにより頼貞以来二百年間継承されてきた美濃守護土岐家は没落した」

このように、土岐氏は足利幕府において一大勢力を築いた名門だった。一族の結束の象徴として「土岐桔梗一揆」という言葉を伝えてきたということは、その結束の強さが尋常でなかったことを意味している。そして一族の結束意識は美濃守護土岐家が没落してもなお引き継がれていった。ちょうどユダヤの民がイスラエルの地を失って各地に散った後も、ますます強固な民族意識を持ち続け、「シオンの丘に帰る」という悲願のスローガンを掲げ続けたように、土岐一族には「土岐桔梗一揆」という帰るべき心の拠り所があったのだ。

一族の結束の象徴として「土岐桔梗一揆」という言葉を伝えてきた一族の思い入れは深かった。一時は将軍家にも匹敵するような一大勢力を築き、守護職を二百年に及び維持しながら、没落した土岐氏。最後の守護頼芸の追放は、本能寺の変のわずか三十年前。没落したあとの土岐一族には過去の栄華に対する思いが強かったことは想像に難くない。

それを物語る逸話が『岐阜県の百年』に書かれている。横浜の本牧にある三溪園を造成した明治期の実業家原富太郎（三溪）は横浜を本拠として絹の貿易で財をなし、富岡製糸場の経営にもかかわった。この富太郎は守護頼芸の弟の頼香の子孫。頼香は斎藤道三に暗殺された人物である。富太郎の父が明治四十五年（一九一二）一月、死病の床に富太郎を招いて告げた言葉が次のものである。

名こそ惜しめ　汝は国つかさ　土岐の家の　遠き孫ぞ

「国司（守護）の土岐氏の子孫として名を惜しめ」と遺言したのだ。二百年に及んだ守護職土岐氏の誇りと気概が守護職を失ってから実に三百六十年経っても、脈々と引き継がれてきている。

だから秀吉が解説をつけなくても、当時の人々は「時は今あめが下しる」とくれば、それが光秀の天下取りを示すものだとわかったのだ。一時は将軍家にも匹敵するような一大勢力を築き、没落した土岐氏の再興は一族の悲願であり、当時、光秀がその悲願を背負った人物であったことを人々はよく知っていたのである。

愛宕百韻の挙句で詠われた「国々は猶のどかなるとき」とは、かつて隆盛を誇った、平和で安寧な時代への回帰を願う、まさに土岐一族の悲願実現をも祈願したものでもあったのだ。

発句は「時」に始まり、挙句は「とき」に終わっている。連歌の規則では挙句に発句と同じ語を使うことは避けるべきとされている。敢えて挙句を「とき」で締めくくったのは、光秀の「土岐氏」に対する強いこだわりを示しているのであろう。

愛宕百韻を完全解読

光秀にとっての土岐氏がいかなるものであったかを理解できたところで、愛宕百韻を完全解読しておこう。そこには百韻に同座した人物の重要なメッセージが込められているのだ。それを解読することによって光秀の祈願の蓋然性をさらに高めることができる。

百韻は百句で構成される連歌であるが、初めの三つの句、つまり発句・脇句・第三は「三つ物(みつもの)」と称してその百韻を代表する特別な句とされる。これに対して、四句目から九十九句目までは平句(ひらく)と呼ばれる。連歌は前の句(前句)だけでなく、さらに前句の前の句からの制約を受けて詠まねばならない規則があるため、平句に自在に裏の意味を詠み込むなどは難しくてできない。

詠み人が裏の意図を込めて詠むとしたら発句・脇句・第三の三つ物に挙句を加えた四つの句しかあり得ないのだ。したがって、この四つの句の裏の意味が矛盾なく解読できれば、愛宕百韻を完全解読したことになる。すでに発句と挙句は解読できているので、残る脇句と第三を解読してみよう。

脇句はホスト役である亭主が詠むべきとされ、西之坊、すなわち百韻の興行された愛宕山威徳院の院主行祐、第三は正客の相伴役が詠むべきとされ、当代一流の連歌師で光秀とも親交の深かった紹巴が詠んでいる。

行祐も紹巴も連歌を通じて光秀とは親交が深く、行祐は天正五年（一五七七）から、紹巴は永禄十一年（一五六八）から、光秀と連歌に同座した記録が残っている（『連歌総目録』）。

それだけではなく、行祐の威徳院へは光秀が天正三年（一五七五）の書状で綿十把を奉納して祈念を依頼しており（奥野高廣著『増訂織田信長文書の研究』）、常々戦勝祈願を依頼していて接触があったものと思われる。紹巴は天正九年（一五八一）四月に光秀が丹後の細川藤孝を訪ねる旅に、堺の商人であり茶人でもある天王寺屋宗及らと同行するなど極めて親密な関係にあった。

当然、光秀の置かれた状況も、光秀が土岐氏であることの意味もよく知り尽くしていた行祐と紹巴は光秀の発句に詠み込んだ祈願を理解し、脇句・第三にそれに応える自分の思いを詠み込んだはずだ。

それでは彼らは何と詠んだであろうか。

愛宕神社に奉納された愛宕百韻の原本は江戸期の火災で焼失したと伝わるが、写本十四本が伝存している。その内の九本の写本を調べたところ、発句に「下なる」と書いたのは続群書類従所収本、京都大学附属図書館所蔵平松本、大阪天満宮所蔵本の三本であったが、脇句・第三は発句が「下なる」でも「下しる」でも九本ともに同じ句が書かれていた。したがって、正しい愛宕百韻の三つ物は次の句と確定できる。

発句　時は今あめが下なる五月かな　光秀
脇句　水上まさる庭の夏山　行祐
第三　花落つる池の流をせきとめて　紹巴

それぞれの句の表向きの意味は次のようになる（島津忠夫校注『連歌集』）。

発句　時は今、雨の下にいる五月だ
脇句　折しも五月雨が降りしきり、川上から流れてくる水音が高く聞こえる夏の築山
第三　花が散っている池の流れをせきとめて

これに対して、裏に詠み込まれた光秀の祈願とそれに対応した句の意味は次のよう

に解釈できる。もちろん、土岐氏の歴史を理解していなければこのように解釈することはできない。

発句　土岐氏は今、五月雨にたたかれているような苦境にある五月である（六月になれば、この苦境から脱したいという祈願）

脇句　土岐氏の先祖（水上）よりも勢いの盛んな（夏山のような）光秀様（そうであるから祈願は叶（かな）うという激励）

第三　美濃守護職を失った（花落つる）池田氏の系統（池の流）をせきとめて（明智氏が代わって土岐氏棟梁を引き継げばよいという激励）

光秀の発句に対して、行祐と紹巴は光秀が陥っている苦境をどう理解したかといえば、まさに出陣して直面することになる毛利との合戦と考えるのが自然だ。さらに、土岐氏の栄枯盛衰の歴史をこれに重ね合わせたであろう。

したがって、行祐は脇句で、勢力の盛んな光秀を眼前の夏山にたとえ、土岐氏の先祖の誰よりも今の光秀ははるかに勢力があると激励したわけだ。紹巴は第三で、斎藤道三に美濃守護職を追われて没落した池田氏に成り代わって土岐氏の棟梁として光秀が立って土岐氏再興を果たせばよいと激励したのである。

太田牛一が書き換えた愛宕百韻

愛宕百韻の発句を最初に書いたのが『惟任退治記』であるにもかかわらず、愛宕百韻の定説の根拠とされているのが『信長公記』の記述だ。それだけ『信長公記』の史料としての信憑性に信頼がおかれているのだ。

その『信長公記』に改竄された発句「下しる」が書かれていることは前に述べた。ところが、発句だけでなく脇句・第三も改竄されたものが書かれているのだ。なぜ脇句・第三も改竄されたのか、そして、誰が太田牛一に改竄した脇句・第三を教えたのか。その謎を解くことにより愛宕百韻の「定説」に止めを刺しておこう。

『信長公記』は印刷出版されずに手書きで書き写されて広まった。牛一の自筆の原本は複数存在したので、微妙に内容の異なる原本から写本がいくつも作られた。加えて、誤写もある写本からさらに写本が作られていったため、『信長公記』には様々な写本が存在することになった。

写本の一つである町田本を底本とした桑田忠親校注『新訂信長公記』に書かれている愛宕百韻に関する記述は次のとおりであり、これが『信長公記』の記述として広く知られている。愛宕百韻の定説の根拠とされる記述だ。

廿七日に、亀山より愛宕山へ仏詣（ぶつけい）、一宿参籠（さんろう）致し、惟任日向守心持御座候や、神前へ参り、太郎坊の御前にて、二度三度まで鬮（くじ）を取りたる由、申し候。廿八日、西坊にて連歌興行。

発句　惟任日向守（ひゅうがのかみ）

ときは今あめが下知る五月哉　光秀
水上まさる庭のまつ山　西坊
花落つる流れの末を関とめて　紹巴

か様に、百韵（いん）仕り、神前に籠（こめ）置き、五月廿八日、丹波国亀山へ帰城。

牛一は通例に従って百韻を代表する三つ物を書いたのであるが、発句だけでなく脇句・第三も先に書いた正しい句と違っている。脇句では「夏山」が「まつ山」、第三では「池の流」が「流れの末」となっている。

なぜ、『信長公記』のほうが誤りで、「夏山」「池の流」が正しいと明快に言い切れるのかといえば、『信長公記』に書かれている句は連歌の規則に反しているからである。連歌の規則では「脇句は発句と同じ季を詠むべき」とされている。発句には「五月」とあり季は夏。脇句が「まつ山」では季を表しておらず、「夏山」でなければならない。

これを裏付けるものとして、実は正しい三つ物を書いた『信長公記』も存在していたのだ。それが岡山大学附属図書館池田家文庫に所蔵されている太田牛一自筆の原本だ。以下これを「池田家本」と記す。この本は一九七五年に岡山大学池田家文庫等刊行会によって原本の写真複製が出版されている。それには次のように書かれている。

発句惟任日向守光秀

ときは今あめが下なる五月哉

水上まさる庭のなつ山　　脇西之坊

花落る池のながれをせきとめて　第三紹巴

漢字・かなの表記の違いと送り仮名の違いがあるが、発句、脇句、第三ともに紛うことなき正しい句が書かれているのだ。池田家本の存在により、「下しる」は「『信長公記』に書かれているので信憑性が高い」とする根拠は完全に崩れたことになる。

出版されてから四十年近くに渡って池田家本のこの記述が注目されなかったことは残念だが、近年の『信長公記』の研究プロジェクトで池田家本には文字を擦り消して牛一自身が書き換えた箇所があることが確認されている（金子拓著『織田信長という歴史』)。

その具体的な箇所の一つとして金子拓氏はインターネット・サイトで、池田家本には「下なる」「なつ山」「池のながれ」の句が擦り消し修正して書かれており、修正前の文字は発句が「下しる」、第三が「流れの末」と確認できたことを明らかにした。

つまり、牛一は初め「下しる」「まつ山」「流れの末」と書かれた三つ物を入手して池田家本を書いたのだが、後になって本当は「下なる」「なつ山」「池のながれ」であったことを知り、これに書き改めたということだ。すでに写本がいくつも作られてしまっていたが、後に入手した句のほうが正しいという確信を得て、牛一は手元にあった池田家本を敢えて書き直したのだ。記録者としての牛一の律義な態度が後世に重要な証拠を残してくれた。

なぜ脇句・第三も改竄されたのか

それでは、脇句・第三が誰の手によって、なぜ改竄されたのかを推理してみよう。

もう一度、牛一の『信長公記』の記述をみてみよう。『惟任退治記』の記述と比べると、興行日の五月二十八日と「下しる」は一致しているが、「謀反の心の現れである」といった解説は書かれていない。

一方で、かなり多くの情報が追記されている。三つ物の他にも籤を引いたなどの光秀の行動の記述も追記されている。これらは牛一が現場に立ち会った人物から入手した情報だ。この情報を牛一が誰から入手したのかを摑めれば改竄者に近付けるはずだ。

まず、百韻の参加者、すなわち行祐、紹巴、紹巴の弟子の昌叱、兼如、心前らから直接話を聞いた可能性が考えられる。ところが牛一と彼らとの交流を示す史料は見付からない。

実は彼らよりはるかに可能性の高い人物がいる。それが『惟任退治記』の作者大村由己だ。なぜならば、由己は牛一とは秀吉に仕えた同僚であり、かつ紹巴とも深い親交があったからだ。由己が紹巴から得た情報を牛一へ伝えた可能性が極めて高いのである。

秀吉は自分の業績を次々と書物に書かせて天下取りや統治に利用した。書かれた一連の書物が『天正記』十二巻であり、書いた人物が大村由己だ。『惟任退治記』は『天正記』の第二巻にあたる。

由己は文筆に長けていたが連歌にも通じており、本能寺の変の起きた天正十年（一五八二）には大坂天満宮連歌会所の別当（統轄者）に任じられている。もちろん秀吉からの褒美であろう。紹巴との親交は連歌を通じてかなり以前からあり、弘治二年（一五五六）を初めとして連歌に同座した記録が多数残っている。

一方で、牛一は本能寺の変後に丹羽長秀に仕え、その後秀吉に招かれて遅くとも天正十七年（一五八九）には秀吉に仕えている。由己とは同僚となっていたわけだ。

牛一が愛宕百韻の詳しい情報を得ようとしたら、『惟任退治記』にその記事を書いた張本人であり、同僚でもあり、連歌会所別当でもある由己に真っ先に相談しないわけがない。そこに由己による情報操作の余地が生まれたのだ。

『惟任退治記』を秀吉の意を受けて書いていた由己は親交のある紹巴から愛宕百韻の情報を得て、発句の改竄を思い付いたに違いない。連歌は由己の得意中の得意とするものだったからだ。由己に諭されて紹巴も改竄を否応なく了承させられたのだろう。

しかし、問題が一つあった。それは、光秀の発句が「謀反の先兆」とすると、愛宕百韻に参加した紹巴たちに謀反共謀、少なくとも光秀謀反の心を知りながら通報しなかったとの嫌疑がかけられることだ。そうなれば紹巴は身を守るために「下しる」は改竄されたものだと騒ぎ立てるやもしれない。

そこで、由己は『惟任退治記』の「謀反の先兆」の記述の後にわざわざ一文を追加した。それが「何人か兼ねてこれを悟らんや」という文だ。「謀反の心が詠み込まれているとは、誰もわかるわけがなかった」と書くことによって、紹巴たちに嫌疑が及ばないように配慮したのだ。

大村由己の才覚で一件落着していた改竄問題だったが、太田牛一が秀吉に召し抱えられてから新たな問題が生じた。『信長公記』を編纂していた牛一から、愛宕百韻についで由己はいろいろ尋ねられたのだ。

由己は紹巴から聞き込んだ情報を提供したが、脇句と第三をそのまま提供することだけはできない。なぜならば、脇句も第三も発句に込められた光秀の祈願に対する激励文になっているからだ。発句が「下しる」であれば行祐も紹巴も光秀の謀反を激励したことになってしまう。彼らに謀反共謀の嫌疑がかかってしまうのだ。

そこで、二つのキーワードを消すことにした。脇句では光秀をたとえた「夏山」、第三では池田氏の系統をたとえた「池の流」がキーワードになっている。このキーワードを消せば脇句からも第三からも激励の思いを読み取ることはできなくなる。そこで、由己は「夏山」を「まつ山」、「池の流」を「流れの末」に書き換えて牛一に教えたのだ。こうして愛宕百韻は発句と興行日だけでなく、脇句と第三も改竄されて流布されることになった。

ところが、牛一は由己の説明に釈然としないものを感じていたのであろう。『信長公記』には、光秀の発句が謀反の先兆だとする記述が書かれていない。事実のみを書き残したいという記録者としての牛一の信念がそうさせたのではなかろうか。

『信長公記』が成立した慶長三年（一五九八）には秀吉が没し、由己は二年前にすでに没している。紹巴が四年後の慶長七年に没すると、牛一の「下しる」への遠慮は無用となった。そんなときに牛一が本当の句の存在を知ったのであろう。偶然に知ったのかもしれないが、牛一の記録者としての律義さを考えると、年来の疑念を晴らすために愛宕神社に奉納されている原本を調べて確認したのかもしれない。

こうして脇句・第三の改竄理由と改竄者が解明できたということは、その前提とした愛宕百韻の完全解読の結果が正しいことを裏付けている。それは同時に光秀が土岐氏の盟主として土岐氏再興を果たそうとしていたことを本人も当時の人々も認識していたことをも裏付けたことになる。

第5章

盟友・長宗我部の危機

利三兄弟と長宗我部の絆（きずな）

さて、光秀は愛宕山の戦勝祈願に「土岐氏は今、この降り注ぐ五月雨に叩かれているような苦境にいる五月である」と詠んだ。その苦境は一族にとってとてつもなく重大で、「一族が滅亡する」とまで思いつめるような危機だったはずだ。そうでなければ、失敗すれば一族が滅亡するとわかっている謀反に踏み切る決断などできないからだ。

その原因となりそうな事態が明らかに進行していた。四国の長宗我部（ちょうそかべ）氏の征伐である。

天正三年（一五七五）七月に土佐（現在の高知県）を統一した長宗我部元親（もとちか）は、四国全土の制覇を狙って三好勢が押さえる阿波（あわ）（徳島県）へ侵攻を開始し、これに先立って信長との同盟を結んだ。この同盟の仲立ちをしたのが光秀である。

そもそも四国の三好勢というのは将軍義輝（よしてる）を討った三好三人衆で、義輝の弟・義昭（よしあき）

を将軍に担いだ信長とは敵対関係にあった。三好という共通の敵のため信長と元親の両者の同盟は成立し、元親は本能寺の変の起きる前年の天正九年（一五八一）までに阿波・讃岐・伊予（徳島・香川・愛媛県）に勢力を伸ばして三好勢を追い詰めていた。ところが、このあたりから信長の政策に変化が現れた。天正三年（一五七五）四月に信長に服属した三好一族の三好康長が四国の三好勢力を影響下に置くようになったことによって、信長は長宗我部と三好の両立を図ろうとしたのだ。

それに抗する元親は、四国制覇に向け信長と敵対し始めた。信長は四国・長宗我部問題の決着を迫られていたのである。

信長は三男の織田信孝を総大将とする長宗我部征伐軍を編制した。信孝に与えた天正十年（一五八二）五月七日付四国仕置の朱印状には、信孝に讃岐（現在の香川県）を、三好康長に阿波（徳島県）をそれぞれ与えるとともに、残りの二ヵ国の土佐・伊予（高知県・愛媛県）は信長が淡路島に到着したときに沙汰すると書かれている。

大坂に集結した長宗我部征伐軍の四国渡海は天正十年六月三日、つまり本能寺の変の翌日に予定されていた。まさに長宗我部氏の命運は風前の灯だったのだ。ところが、この計画は六月二日の本能寺の変により吹き飛び、信孝の率いる長宗我部征伐軍は崩壊してしまった。兵士が次々と脱走してしまったのだ。こうして危機一髪、長宗我部氏は滅亡を免れた。そして、その三年後の天正十三年（一五八五）に元親は四国全土の統一に成功する。

その後、元親は秀吉に攻められて降伏し、土佐一国に封じ込められるのだが、元親が本能寺の変のお陰で滅亡を免れ、いったんは四国統一を果たしたという史実からすると、光秀の謀反は長宗我部征伐の阻止にあったとの見方ができる。事実、四百年近く前にそう証言した人物がいる。

長宗我部元親の側近だった高島孫右衛門という人物で、孫右衛門は元親三十三回忌に当たる寛永八年（一六三一）五月に元親を偲んで『元親記』を書いた。その中で孫右衛門は、信長が四国平定の許可を取り消して伊予・讃岐は辞退せよと言ってきたのに対して元親が従わなかったと書き、その後に次のように書いている（泉淳現代語訳『元親記』）。

「重ねて明智家からも、斎藤内蔵介（助）の兄の石谷兵部少輔を使者として、信長の意向を伝えてきたが、これをも突っぱねてしまった。そこで信長は、火急に四国征伐の手配をした。御子息三七信孝殿に総支配を仰せつけ、先手として三好正厳（康長）が、天正十年五月に阿波勝瑞城に下着、先ず一ノ宮、夷山へ攻撃をかけ、長宗我部の手から、この両城を奪い返した。信孝殿は、すでに岸和田まで出陣していたという。斎藤内蔵介は四国のことを気づかってか、明智謀反の戦いを差し急いだ」

光秀の家臣・斎藤利三が長宗我部征伐の阻止を目論んで謀反を主導したというわけ

だ。

利三が謀反を主導したという証言は、当時の公家の日記にも書かれており、高島孫右衛門の証言を裏付けるかたちになっている。

山科言経の『言経卿記』の天正十年六月十七日には「日向守の内、斎藤内蔵助は、今度の謀反之随一」（光秀の家臣の中で利三が随一の働きをした）と書かれ、勧修寺晴豊の書いた日記『晴豊公記』の一部で『日々記』に集録されている同日の記事にも、「かれなど信長打談合衆也」（利三は信長討ちを談合した一味である）と書かれている。

なぜ光秀の重臣の斎藤利三がそれほどまでに「四国のことを気づかって」長宗我部征伐の阻止に主導的な役割を果たしたというのであろうか。

その答は、先の高島孫右衛門の書いた文章の書き出し部分にある。そこには「斎藤内蔵介の兄の石谷兵部少輔」とある。石谷兵部少輔とは長宗我部元親の正室の兄・石谷頼辰のことだ。頼辰は美濃の豪族・斎藤氏から石谷氏へ養子に入っており、利三はその実弟だ。つまり、利三も元親正室の義理の兄ということになる。

このような深い姻戚関係から、利三が長宗我部征伐を阻止しようとして謀反を主導したというのは一面で頷けるところだ。首謀者の一人とされた利三は山崎の合戦の後、捕らえられ、京都市中を引き回しのうえ首を刎ねられて死骸は光秀の死骸と並んで京都粟田口で磔にされた。ただ、これでは光秀の謀反は家臣の親族を救うために起こした、ということになってしまう。それでは、あまりにも謀反の動機としては弱すぎる。実は、光秀自身にとっても長宗我部氏の存在ははるかに重要な意味を持っていたのだ。

長宗我部氏と土岐氏

長宗我部元親の四国制覇の過程を見ると、そこには光秀の影が色濃くみえる。元親が土佐統一から四国全土の統一へ向かって第一歩を踏み出したのは天正三年（一五七五）だが、その折、信長との同盟を仲介したのが光秀だ。その後も、光秀は取り次ぎ役として元親と信長の間を取り持っている。

信長が取り次ぎ役の光秀をないがしろにして長宗我部征伐を決定したため光秀の面目がつぶれたり、出世の見込みが断たれたりしたことが謀反の原因だと唱える研究者もいるが、これでは新聞の三面記事だ。本能寺の変を政治事件としてとらえて、長宗我部氏と光秀の関係を捜査する必要がある。

光秀と元親の関係は、信長との同盟を取り持った天正三年（一五七五）から始まったように思われているが、実際ははるか以前、信長の上洛前からだったことが『元親記』に書かれている。

「長宗我部氏は、信長公とは御上洛前から交流があった。その取り次ぎは明智光秀殿であった」

信長の上洛は永禄十一年（一五六八）だから、天正三年より七年も前、本能寺の変の十四年も前である。この頃からすでに元親は信長と交流があり、さらにそれ以前から光秀と元親は親交があったことになる。相当深い関係であったことがうかがえる。

それでは、光秀と元親の関係は何によって生まれたのであろうか。

その契機になったのが、永禄六年（一五六三）に元親が都から正室を迎えたことだ。元親はその頃から四国制覇を睨んでいたのであろう。中央との人脈を作ろうとしたのだ。

元親が迎えた正室は幕府奉公衆の石谷兵部大輔光政の娘。光政とその養子・頼辰は前述の『永禄六年諸役人附』の前半部、つまり将軍・義輝時代の名簿に名前がある。石谷氏は代々幕府の高官、奉公衆である。幕府政所代・蜷川氏や美濃豪族・斎藤氏と緊密に姻戚関係を形成しており、朝廷の公家衆との交流も深い名門だ。

元親はこの人脈を活用している。永禄九年（一五六六）八月二十七日に、石谷頼辰が「土佐の長宗我部」からの問い合わせ事項を山科言継に尋ねたことが『言継卿記』に書かれている。何か朝廷や公家にかかわる事項を知る必要ができたのだろう。

天正十年には石谷頼辰は光秀の家臣だったが、頼辰と光秀とはもともと深いつながりがあった。それが土岐氏だ。石谷氏も土岐一族だったのである。

石谷氏も明智氏も土岐氏で、固い結束を誇る一族だ。加えて、明智氏と石谷氏は同じ幕府奉公衆として代々つながりがあった。幕府役人の名簿である番帳には明智氏と石谷氏の人物名が揃って書かれている。幕臣として同僚だったのである。

両氏の関係の深さを示すものとして、谷口研語氏は著書で「上野沼田藩主となった土岐家に伝わる『土岐文書』といわれる一連の土岐氏関係文書の中に、南北朝時代以来の土岐明智氏、土岐石谷氏についてのまとまった古文書群がある」と書いている。明智氏と石谷氏の間には姻戚関係があり、両氏の古文書が一緒に残ることになったともみられる。

このような関係にあった両氏の惣領である光秀と頼辰の関係も当然深かったはずだ。したがって永禄六年（一五六三）の元親の婚姻を機に、元親と光秀の交流も始まった可能性がある。頼辰を介して光秀と元親は親交を深めていき、その後、光秀は上洛前の義昭と信長との交渉にも藤孝の家臣として関与し、信長の知遇を得て元親との間もつないだと考えられる。

四国問題の鍵を握る石谷頼辰

さて、ここに石谷頼辰というキーマン、謎の人物がいる。

頼辰は歴史上では全く無名の人物で、『元親記』に書かれていた「光秀の家臣」「斎藤利三の兄」「元親説得のために光秀から派遣された」という情報しかない。

この頼辰に光を当てたのは、高知県生まれの歴史研究者・朝倉慶景（あさくらよしかげ）氏だ。朝倉氏の研究をもとに石谷頼辰の人物像に迫ってみよう。

頼辰は光秀滅亡後、自分の息子や斎藤利三の息子とともに長宗我部元親を頼って土佐に逃げている。彼らが土佐に住んでいたことは天正十六年（一五八八）に行なわれた検地の結果を記した『長宗我部地検帳』などによっても確認されている。

頼辰は本能寺の変の前に、元親説得のために土佐へ行っている。このとき、謀反の計画や万一それが失敗した場合の脱出方法までも打ち合わせていた可能性がある。元親にとって頼辰は正室の兄だ。万一の場合の身を案じて、土佐へ脱出の手はずを整えて当然である。土佐への脱出は頼辰の手で計画的に行なわれ、明智方のかなりの人数が脱出したと思われる。このとき利三の妻や娘の福（後の春日局（かすがのつぼね））も逃れてきたという話があるが、その可能性は高いとみてよいであろう。

長宗我部氏と石谷氏の関係図

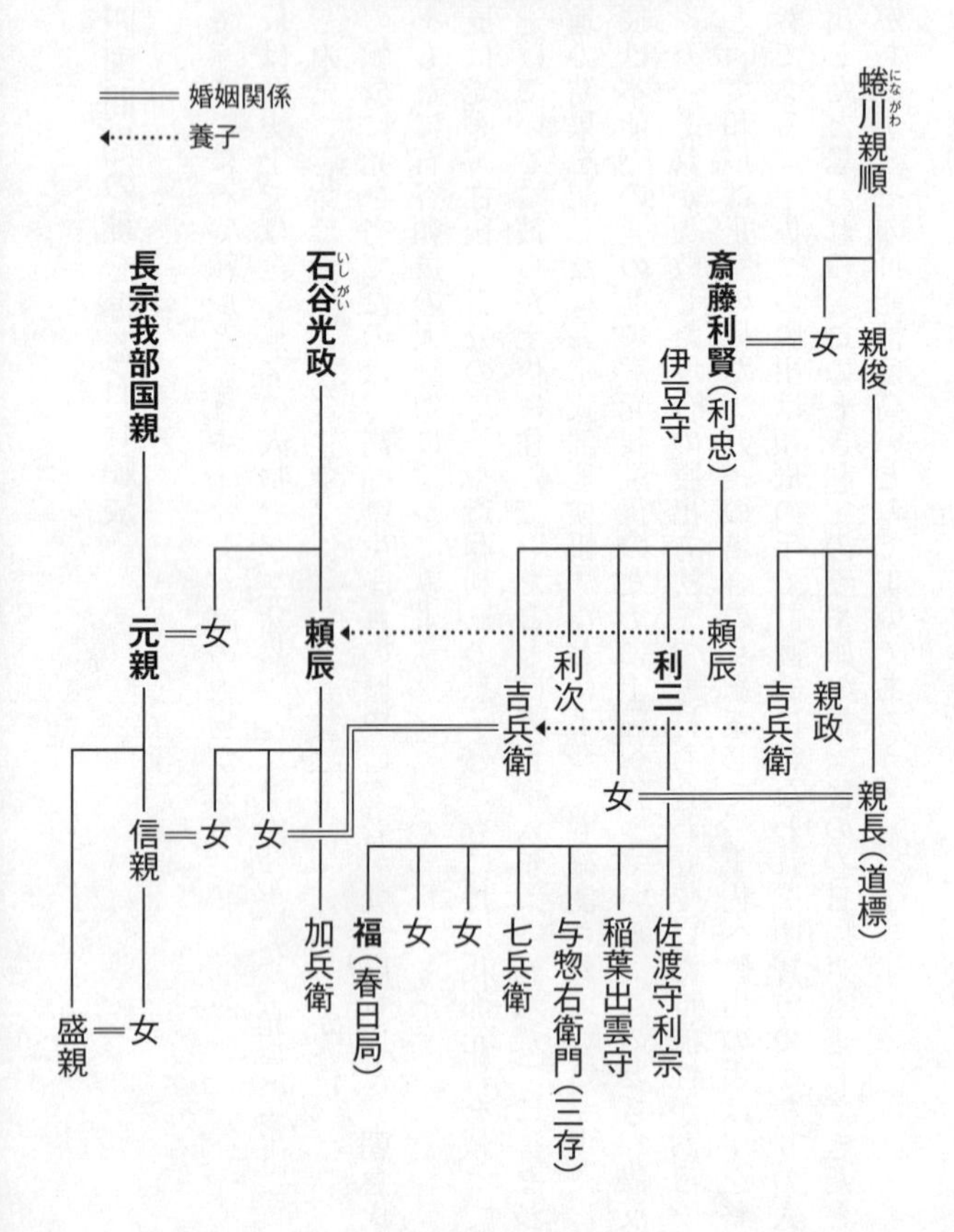

(注)山本大編『長宗我部元親のすべて』収録の朝倉慶景氏作成の系図より編集

土佐に逃れた頼辰は、元親から驚くほどの厚遇を受けた。元親は頼辰を召し抱え、居城・岡豊城下に屋敷を与えた。そして、頼辰の娘を嫡男・信親の正室としたのである。長宗我部氏は二代続けて土岐石谷氏から正室を迎えたのだ。しかも土佐に逃れてきた亡命者に過ぎない人物の娘を、である。

その後、天正十四年（一五八六）に長宗我部氏が秀吉の九州征伐軍の一員として島津氏と戦った折、豊後戸次川の合戦で嫡男・信親とその舅の頼辰が戦死してしまう。元親の嘆き悲しみは尋常でなかったという。

秀吉によって四国統一の夢を奪われたのに続き嫡男まで失うという痛手の中で、元親は四男・盛親を後継者に指名すると共に、盛親に信親の娘を娶らせた。これに反対した家老二人には切腹させている。

元親は長宗我部氏と土岐石谷氏を一体化させようとしていたようにみえる。元親がすでに中央とのパイプ役の価値を失った石谷氏との血縁にそこまでこだわったのは何だったのか。「長宗我部を滅亡から救ってくれたことへの恩義」としか考えられない。それは頼辰だけに留まらず、光秀への恩義でもあったはずだ。

こうしてみると、斎藤利三は確かに謀反の実行者として主導的役割を果したが、謀反の企画者として主導したのはむしろ兄の頼辰だったようにも思える。

畿内・四国同盟に訪れた危機

光秀が長宗我部元親と親交を結んだ当時はまだ藤孝に仕える中間に過ぎなかったが、やがて義昭の幕臣となり、さらに信長に引き立てられて思わぬ出世を遂げていった。元親は土岐石谷氏の人脈から、光秀という登り竜を手に入れたのだ。

光秀にとっても、初めは土佐の一豪族にすぎなかった元親の存在は次第に大きくなっていった。光秀は信長の信頼を得ているといっても、織田家中ではしょせん余所者。その危うい立場を支えるのは代々縁の深い土岐一族や旧幕臣衆だったが、その縁の先に大きな存在として浮かび上がってきたのが長宗我部氏だ。

光秀は大和（現在の奈良県）の筒井順慶、摂津（大阪府・兵庫県の一部）の荒木村重、丹後（京都府北部）の細川藤孝、近江高島（滋賀県西北部）の織田信澄らと姻戚関係を結ぶなどにより連携を強めていった。光秀の本拠・近江坂本（滋賀県南西部）、丹波（京都西部）を中心に畿内を固めていったのだ。

両者はそれぞれ畿内と四国で次第に勢力を拡大し、それに伴って結びつきを深めていき、強固な同盟関係を築いていったと考えられる。

光秀にとって長宗我部氏は単なる同盟者ではなく、土岐石谷氏という縁戚を通じて

「長宗我部氏も土岐一族」という一族意識のもとに同盟を形成していたのではなかろうか。キーマンの石谷頼辰を軸に、光秀と元親は一族としての緊密度を強めていった。

もともと土岐氏と四国とは深い縁があった。鎌倉時代末期の土岐氏三代・光定（みつさだ）が伊予守となって以来、土岐氏が伊予守を継承していた。このため現在でも四国各地、特に伊予（愛媛県）には多く土岐氏末裔（まつえい）が在住している。室町時代初期の土岐氏最盛期に領地であった美濃・尾張・伊勢と並び、四国は土岐氏にとって特別な地だったのだ。

近江、丹波、丹後、大和といった畿内一円を勢力圏とする光秀は、利害の一致する長宗我部元親と連携して、畿内・四国同盟を形成するつもりだったろう。これこそが織田家中での脆弱な自分の立場を将来的に支えてくれると期待していたのだ。

ところが、この同盟構想は信長の四国政策変更により崩壊に向かっていた。そして盟友・長宗我部氏が織田軍により滅亡の危機に直面したのだ。

一領具足（いちりょうぐそく）と呼ばれる半農半兵の長宗我部軍は、専門の戦闘集団である織田軍の前にはひとたまりもないこと、そして信長は敵対勢力をことごとく根絶やしにすることを光秀は十分知っていた。だから光秀は、何としても長宗我部征伐軍の四国渡海を阻止したかったはずだ。

光秀にとって長宗我部氏の滅亡は片腕をもがれるほどに辛いことだった。長宗我部征伐の意味したものは、単に光秀の面目がつぶれるとか、秀吉との出世競争に負けるというような次元の話ではなく、実現に向かっていた光秀と長宗我部の畿内・四国同盟崩壊という、一族にとっての重大問題だったのである。

（注）

「長宗我部」の表記については当時の表記である長曾我部とすべきであろうが、現在は長宗我部の表記が一般化しているため本書もそれに従った。

二〇一四年六月二十三日付の林原美術館プレスリリースによれば、林原美術館（岡山市北区）が所蔵する『石谷家文書』（石谷光政・頼辰父子の書状など四十七通）の中に次の二つの書状が見付かったとのことである。書状Aは頼辰が元親説得に赴いた際に持参したもの、書状Bは元親に依頼されて利三に届けようとしたものとみられる。書状Bは時すでに遅く、頼辰の手元に残ったものと考えられる。

【書状A】天正十年一月十一日付　石谷光政宛の斎藤利三書状

信長の要求に従うのが長宗我部家のためになるし、光秀も努力している旨の書状。

これにより『元親記』の記述の信憑性が裏付けられた。

【書状B】天正十年五月二十一日付 斎藤利三宛の長宗我部元親書状
阿波国中心部の諸城からは退いたことを信長殿に伝えてほしい旨の書状

第6章　信長が着手した大改革

織田家の長期政権構想

　ここで歴史捜査を打ち止めて「長宗我部征伐阻止が謀反の動機」という結論を出す手もあった。しかし、これで果たして光秀が「一族の滅亡」とまで思い詰めるのか疑問が残った。よく考えてみれば長宗我部氏滅亡が光秀の「一族の滅亡」に直結するわけではないのだ。

　しかし、さらなる苦境が迫っていたとしたらどうであろうか。

　天正十年（一五八二）、この年、日本の政治状況は大きく変わろうとしていた。信長が足利義昭を奉じて上洛して以来十四年、信長の目指す天下統一が目前に迫っていたのだ。

　そのわずか十年前には、信長は武田、浅井・朝倉、石山本願寺、伊勢長島一向一揆などを敵に回し、武田信玄の上洛という最大の危機を迎えていた。そこから信長は、天正元年（一五七三）に義昭を追放し、浅井・朝倉を滅ぼし、翌年には長島一向一揆を平定し、さらにその翌年には長篠の合戦で武田勝頼を破り、危機を完全に脱した。天正四年（一五七六）には安土城を築城するとともに石山本願寺攻めを開始し、松永久秀、さらには荒木村重の謀反をしのぎ、天正七年（一五七九）には丹波・丹後を平定して翌年には石山本願寺も降伏させた。そして残る強敵の武田、毛利、上杉のうち、最大の敵・武田氏をついに天正十年（一五八二）三月、天目山に滅ぼしたのだ。

信長にとって武田滅亡がどれだけ重要な意味を持っていたかを示す一つの証言がある。朝廷の重鎮で武家側との連絡・交渉役である武家伝奏であった勧修寺晴豊の『日々記』に集録されている天正十年六月の日記には、「関東打はたされ（討ち果たされ）珍重候間、将軍になさるべきよし」と書かれている。

朝廷は長らく信長の処遇を懸案として抱えていた。信長を征夷大将軍、関白、太政大臣のいずれにするかという「三職推任」問題について結論が出せないでいたのだ。そこで晴豊は「武田を滅ぼして目出度いことだ、征夷大将軍にすべき」と書いたのだ。征夷大将軍とは武家の統領であり、信長が実質的に全国の武家を従えたと認定したのだ。武田氏滅亡で天下の趨勢は決まり、毛利氏や上杉氏の降伏は時間の問題とみたわけである。

それでは、信長自身は己の政権構想をどのように描いていたのであろう。

明らかに信長は強固な「織田家長期政権」を構想していた。この構想に沿って構造改革を断行し、着々と権力と領国の再編制を進めていたのだ。

第一次構造改革は石山本願寺問題が片づいた天正八年（一五八〇）に行なわれている。このとき信長は、譜代の家臣である佐久間信盛、林秀貞、安藤守就、丹羽右近らを追放して大幅な政権・領国の再編を実施した。「譜代から実力派へ」の再編である。これにより譜代家臣を退けて光秀、秀吉、滝川一益ら実力派家臣を織田家臣団の主流に引き上げたのだ。

この事件はしばしば信長の信賞必罰に厳しい冷酷な性格を物語るものとして取り上げられるが、それは経営的な視点を理解しない人の評価に過ぎない。家臣に割り当てる地位や領地が限られている以上、信長が真に必要とする実力派家臣を厚く処遇しようとすれば、その資源は誰かの分を没収して作らざるを得なかったのだ。

これに対して第二次構造改革は、今度は「実力派から織田家直轄へ」の再編だった。信長はすでに二十代半ばとなっていた三人の息子、信忠、信雄、信孝に重要な地位と領地を与える一方、それまで信長を支えてきた武将たちは各方面軍司令官として遠国に派遣し、征服した地に移封し始めた。すでに秀吉を中国へ、柴田勝家を北陸に派遣し、武田氏滅亡後は滝川一益を関東の上野（現在の群馬県）に移封していた。明らかな織田家直轄への再編だ。実力派家臣に与えた領地を織田一族に再集約しようとしていたのだ。

本能寺の変直後の勢力図

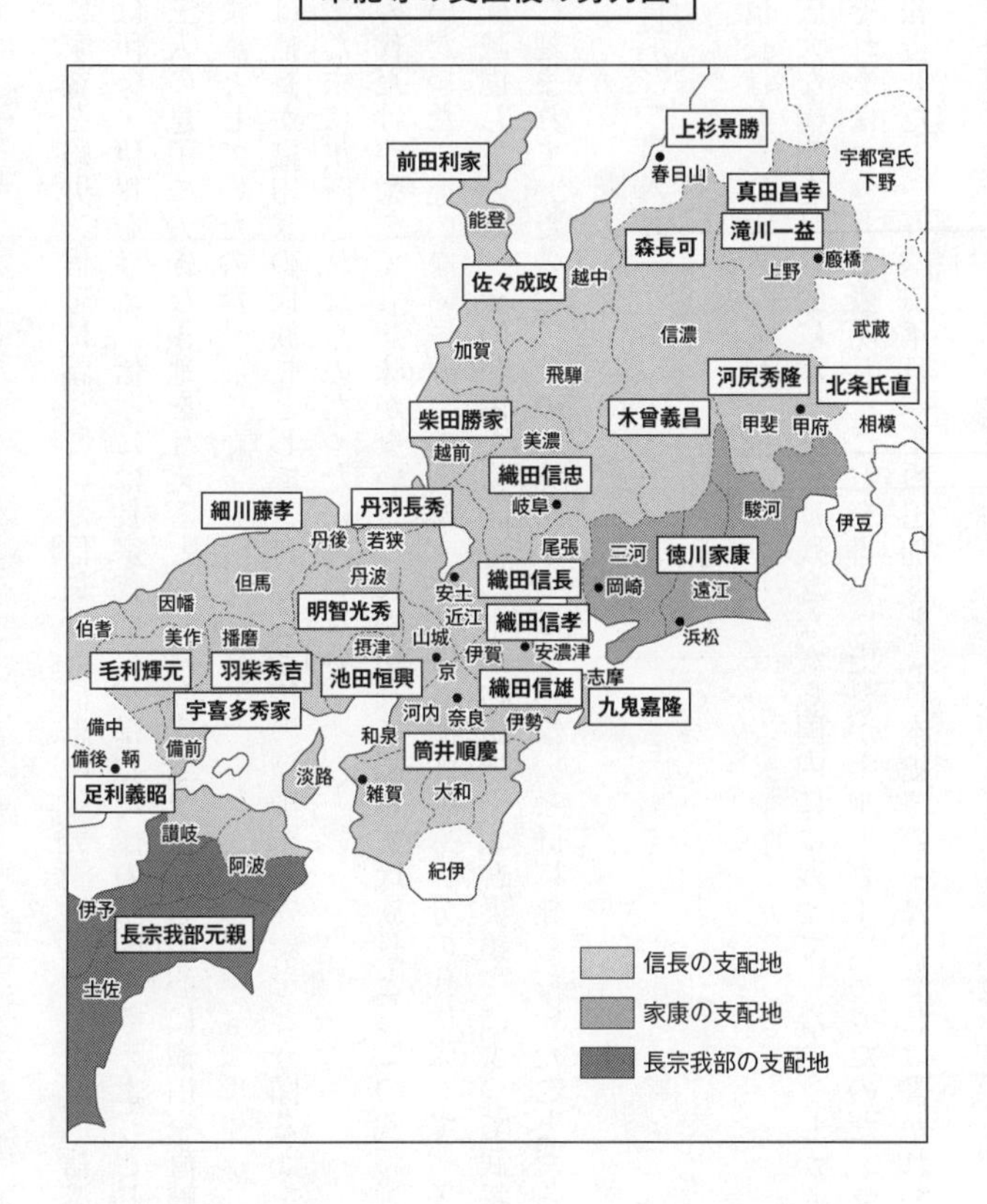

すでに家督を嫡男・信忠に譲っていた信長は、信忠には美濃・尾張・甲斐・信濃を、信雄には伊勢・伊賀を与え、信孝には長宗我部を滅ぼした後の四国を与えようとしていた。三人の息子に大きな領地を与えると同時に、安土・京都を中心に織田家直轄領で固めようとしていたのだ。

これは信長が織田家の氏族長として、自分亡き後の織田家の安泰をどう図るかを周到に考えた末に決断されたものだったに違いない。

自分の代だけが栄えても意味がない。これが信長に限らず氏族長としての武将誰しもの思いだったに違いない。源平の両雄、平清盛も源頼朝も自分の代は栄えて、子の代に一族滅亡している。その悲惨な物語は『平家物語』や『吾妻鏡(あずまかがみ)』によって武将の心の中に刻まれていたのだ。その轍(てつ)を踏んではならないと肝に銘じていたことだろう。

信長の「唐入り」

実は信長はさらに大きな構想を描いていた。

その広大な構想を具体的に示す史料は残念ながら国内には残っていない。しかし、信長がそれをはっきりと表明したことを書いた史料がポルトガルにあったのだ。フロイスが報告した『一五八二年日本年報追加』と『日本史』の中に、それは書かれている。

「信長は、事実行なわれたように、都に赴くことを決め、同所から堺に前進し、毛利を平定し、日本六十六ヵ国の絶対君主となった暁には、一大艦隊を編制してシナを武力で征服し、諸国を自らの子息たちに分ち与える考えであった。

そして後嗣の長男（信忠）には、すでに美濃と尾張両国を与えていたが、今回新たに占領した甲斐国の国主の四ヵ国を加え、御本所と称する次男（信雄）には、伊勢と伊賀両国を与え、都に向かって出発するに先立ち、三七殿と称する三男（信孝）を四国の四ヵ国を平定するために派遣した」

この文の後段に書かれている、信忠が美濃・尾張・甲斐・信濃・上野・飛騨、信雄が伊勢・伊賀、信孝が四国を割り当てられたことは史実と一致している。前段に書かれている「中国の武力征服」の話は荒唐無稽のように見えるが、後年秀吉が実行した「唐入り（から）」の史実から判断すると十分に頷ける話だ。唐入りはもともと信長の描いた構想だったのだ。そうしたことから、この文章の内容には信憑性がある。

信長はゆくゆく国内を三人の息子たちに分割統治させ、有力武将たちは国外征服に派遣し、その地に領地を与える構想を描いていたのだ。いずれ国内には恩賞として与える領地がなくなることを見越し、合理的に判断した結果だったに違いない。さらに、実力派の武将たちを国外へ送り出すことによって、国内で謀反が起きる芽を摘むことも狙っていたかもしれない。

これまでの定説では、国内には一切残っていない話がイエズス会の記録に残るのは不自然であるとして、この話は重要視されなかった。秀吉の唐入りですら誇大妄想で片付けられてきたので、信長の話は絵空事とみられたのであろう。

しかし、肝心なことが忘れられている。日本史の戦国時代は世界史の大航海時代であるということだ。その二つの時代が信長とイエズス会とによってつながったのだ。

永禄十一年（一五六八）に足利義昭と信長が上洛すると、フロイスは翌年四月に義昭、続いて信長を訪問し、信長から布教許可の朱印状を得た。当初から信長の信任を得て、京都に教会を建てる許可を得るなど信長と親密な関係を築いた。

フロイスは天正四年（一五七六）十二月に後任のオルガンティーノに職を譲り、九州へ戻ったが、オルガンティーノも信長と親密な関係を保った。特に天正六年（一五七八）に起きた荒木村重の謀反の際には、村重方のキリシタン大名・高山右近を信長方に寝返らせることに貢献し、信長の信任を一層厚いものにした。

天正八年（一五八〇）にそのオルガンティーノの訪問を受けた信長が彼の持参した地球儀に関心を持ち、いろいろと質問した。オルガンティーノがヨーロッパから日本へどうやって来たのか説明を求め、話を聞いて非常に驚き、その勇気と強い心を称賛したとのことだ（『一五八〇年日本年報』）。

信長は彼の説明にすっかり納得して満足したとのことなので、世界が球体であり広大なものであること、その中で日本の存在が小さなものであること、ヨーロッパ人が海を渡って驚くほど遠くまで来たこと、そして海路を長距離移動できる手段を持っていることをよく理解したのだ。

信長は三時間も話を聞いた後、別の機会に再びオルガンティーノを招いて話を聞き、教会を見に行きたいと申し入れている（『一五八〇年日本年報』）。この日、彼が得た情報がとてつもなく重要なものであったことを示している。信長はイエズス会のさらなる利用価値を見出したに違いない。

信長のコンキスタドール

こうした下地の上にポルトガル本国から派遣された巡察師・ヴァリニャーノが上洛した。ヴァリニャーノは東アジア地区でのイエズス会の布教活動強化のために派遣されてきたのだ。この上洛にフロイスも通訳として同行した。

ヴァリニャーノ一行は天正九年（一五八一）二月に九州から京都に上り、信長に謁見した。ヴァリニャーノは本国から持参した時計や切子硝子などを信長に贈った。信長は大いに喜び、巡察師の身分やヨーロッパからの航路などを長時間に渡って尋ねたとされる。

その三日後、信長はヴァリニャーノ一行を光秀が奉行した馬揃(うまぞろ)えに招待した。正親町(おおぎまち)天皇も臨席する式典に招待するという最大級の歓迎だった。信長は巡察師・ヴァリニャーノが単なる宣教師ではなく、アジア地区の統括責任者であり、イエズス会を代表する大使でもあると認識していたのである。

そして三月に入ると、安土に戻った信長を追うようにヴァリニャーノ一行は安土に向かった。彼らは七月まで安土に滞在して信長から歓待を受け、信長とは少なくとも四回は会った記録が残っている。

このとき、いわばイエズス会の政府高官であるヴァリニャーノと信長は、国家戦略について話し合ったに違いない。なぜなら、それが信長の最大の関心事だったからだ。

一四九二年にイスラム勢力を完全にイベリア半島から追い出してレコンキスタ（国土回復運動）を完成したスペインは、国内に溜まった軍事エネルギーを海外へ吐き出した。コンキスタドール（征服者）と呼ばれる冒険者たちの軍隊を国外へ送り出したのである。

コンキスタドールは続々とアメリカ大陸に上陸し、一五二一年にはコルテスがアステカ王国、一五三三年にはピサロがインカ帝国を滅ぼすなど、征服地を広げていった。そして、さらにアジアにも進出し、一五七一年（元亀(げんき)二年）にはフィリピンをスペイン領に組み込んだ。信長がヴァリニャーノに会うちょうど十年前のことである。
国内には諸将に分与する領地がいずれなくなることに気付いていた信長は、このような話をヴァリニャーノから聴いて、明（みん）を征服して諸将に与えるアイデアを思い付いた。光秀や秀吉らの実力派家臣をコンキスタドールに仕立てるのだ。百年に渡る戦国の世で国内に充満した軍事力と領土拡張熱を、スペインと同じように国外に向けようとしたのだ。

ところが、当時、日本には東シナ海を渡って大軍を中国大陸へ送り込む大型軍船もそれを操れる航海士もいなかった。信長はイエズス会を通じてポルトガルからの支援を期待したのであろう。そして、日本と同様に明においてもイエズス会の布教を許す条件でイエズス会に協力を求めるといった外交を行なったと思われる。現に秀吉は十年後にイエズス会と軍船調達の交渉をして軍船の試乗までしている。

こうして、信長の口から唐入りと国内再編制の構想がヴァリニャーノに話され、フロイスは通訳としてこの話を聞いたのである。

信長がこのアイデアを持っていたことを裏付けるのが、後年、秀吉のとった行動だ。秀吉は朝鮮出兵を決めると「予は多くの国替えや領地替えを行なうであろう。このたびの企（くわだ）てに加わった者には、朝鮮やシナで国土を賞与するであろう」と言ったことが、フロイスの『日本史』に書かれている。また、フロイスは秀吉が朝鮮に侵攻し勝利を重ねていた際の喜びようを評して、「関白の明白で決定的な意向であり、彼が強く望んでいるのは、彼が恐れており、将来なんらかの支障をもたらすかも知れぬすべての君侯なり高位者を、日本から排除し放逐し、それを実現した暁には、日本の諸国をほしいままに自らの家臣、友人、その他の己れが欲する者に分与することであった」とも書いている。秀吉は信長のアイデアを真似て実現しようとしたのだ。

国内にこの記録が残っていないのは、武将たちがこの話を知らなかったからではなかろう。フロイスと親しい高山右近らのキリシタン大名の口を通じて、一部に情報は流れたであろう。彼らには衝撃的な話であり、彼らなりに先々への警戒心を抱いたものと思われる。もちろん光秀とて同様だ。

信長の構想を知った武将たちに動揺が広がったことは、やはり後年、秀吉が朝鮮出兵を決めた際のフロイス『日本史』の記述からも推測できる。人々は死地に追いやられることになる唐入りに加わることを嫌い、強力な武将が謀反を起こすに違いないと思ったと書かれている。それほどの衝撃を人々に与える話だったのだ。

結局、信長のこの構想が本能寺の変を引き起こす一因になったことから、事情を知る人間は逆に書き残すことをしなかったと考えられる。何しろ秀吉が、本能寺の変は光秀の天下取りの野望であり、信長への個人的怨みだと声高に公式発表していたからだ。とにかく天下人・秀吉が次の時代を支配したのだ。

これが謀反の真の動機

光秀はもう若くはない。『當代記』には、光秀の享年は六十七歳と書かれている。一方、嫡男・光慶の年齢はフロイスの書いた『一五八二年日本年報追加』に十三歳と書かれている。これが正確な年齢かどうかははっきりしないが、概ねそのような年齢だったのだろう。本人が高齢で嫡男が幼少だった光秀は、子の代の一族の生き残りと繁栄に人一倍心を砕いていたであろう。

信長が織田家一族の生き残りと繁栄のために構想を描いて実現に向かって着々と手を打つ一方で、光秀は強力な同盟者である長宗我部氏を失おうとしていた。

そしてさらに、遅かれ早かれ安土・京都を中心とする中枢部にある近江・丹波の領地を召し上げられて、遠国へと移封されることも明らかだった。光秀の領地が最後まで中枢部に残っていたということは、光秀がいかに信長の信頼が厚かったかの証明でもあるが、織田家の長期政権構想のもとでは、光秀の領地没収と遠国への移封は既定路線だったのだ。信長の腹心として仕えた光秀にはよくわかっていたことだ。

遠国への移封は光秀が苦労して築き上げてきた家臣団の分断・弱体化を意味する。一族・譜代の家臣は光秀に随行して新しい領地へ移り、先祖伝来の地や親類縁者と切り離されることに動揺するのは明らかだ。一方、旧幕臣衆は京都周辺を離れるかどうか選択を迫られるに違いない。また近江衆や丹波衆は地元に残り、新たな領主に仕えることになる。

光秀自身は丹波領有の経験から、新たな領地の家臣団を自分の家臣団に融合していくことが並大抵なことでないことも知っていた。丹波でも敵として侵略して来た光秀を快く受け入れない人々もいたのだ。果たして弱体化した自分の家臣団を抱えて、新しい領地をうまく治めていくことができるのか。自分の代で乗り越えることの時間不足と、引き継ぎの危うさを重々考えたことであろう。

光秀と信長の間にあった信頼関係を、嫡男・光慶と信長の嫡男・信忠の間に再形成できるかどうかも大きな不安だった。何とか自分の代では信頼を保つことができたとしても、息子の代には危機が訪れるだろう。そのときになってはもう自分では子を助けることができない。自分が生きているうちに何とかしなければと光秀は悩んだであろう。

そんなときに知った信長の唐入り。青天の霹靂だったに違いない。信長を支えて天下統一すれば百年続く戦国が終わり平和な世になると信じて東奔西走、粉骨砕身してきた。もう少しでそれが実現できると思ったのに、まだ戦い続けねばならない。しかも、大海を渡って、見たこともない異国の地で戦うことになる。それは自分ではなく子供たちであろう。子の代には一族は異国に放り出されて滅亡してしまうに違いない。

確実に動き出してしまった信長の天下統一の歯車をどこかで止めないと、いずれ一族が滅亡する。一族の弱体化が始まる前に、できるだけ早く止めねばならない。長宗我部征伐から始まり、遠国への移封が続き、そして最後は中国大陸へ。この流れを何としても止めねばならなかったのである。これが光秀の謀反の動機である。

動き出した歯車をどこかで止めねばならない。しかし、謀反成功のチャンスはほとんどない。光秀はいろいろ考えて悩んだに違いない。

謀反を成功させるためには、まず謀反の初動で信長と嫡男・信忠を確実に討たねばならない。信忠も討たねばならないのは、織田家の家督をすでに信忠が継いでいて、織田家直属の織田軍は信忠の指揮下にあったからだ。続いて、近江・美濃・尾張・伊勢・伊賀に在陣する近国の織田軍を制圧すること、そのためにも安土城を占拠すること。さらに、武田氏を滅ぼして甲斐・信濃・上野に進駐している織田軍も制圧すること。

これだけのことをどうやって短期に実現することができるか。短期に片付けば、初めは様子を見ていた武将たちも必ず味方に付く。長引けば上杉攻めの柴田勝家、毛利攻めの羽柴秀吉が引き返してきて織田軍に合流する。その前に何としても片付けておかねばならない。しかし、名案は見付からなかったに違いない。

ところが、そこに千載一遇のチャンスがやってきたのだ。光秀は謀反成功の目算を立てて謀反へ踏み切った。そうでなければ失敗すれば一族が滅亡する謀反に踏み切ることなどできない。このチャンスを逃したら、もう二度とチャンスはない。まさに「時は今」と光秀は謀反を決断したのだ。

そのようなチャンスとはいったい何であったろうか。これを解明できなければ本能寺の変の全貌を明らかにしたことにはならないのである。

第三部 解明された謀反の全貌

第7章　本能寺の変はこう仕組まれた

六月二日の未解明の謎

本能寺の変の当日、六月二日に起きた出来事で定説では全く説明されていない重要な史実が四つある。定説となっている油断説、偶発説ではこの四つの謎に合理的な説明ができない。定説だけでなく様々に唱えられている黒幕説や冤罪説でも同様である。動機だけでなく、この四つの謎に合理的な説明の付く謀反の実行プロセスが解明されなければ、本能寺の変の全貌が明らかになったとはいえないのだ。

●家康・順慶呼び出しの謎　信長はその日、本能寺で何をしようとしていたのか？

六月二日早朝、徳川家康と重臣合わせて四十人ほどが堺から本能寺へ向かっていた（『茶屋由緒記』）。同じく、大和の武将・筒井順慶も本能寺へ向かっていた（『多聞院日記』）。信長は彼らを本能寺へ呼びだして何をするつもりだったのだろうか。

信長は大量の茶道具を安土から持ってきていた（『完訳フロイス日本史』）。とすると、信長は家康歓待の茶会を本能寺でするつもりで関係者を呼び集めていたのかもしれない。光秀も招待されて茶会の計画を知り、油断ありと判断して謀反に及んだとも考えられる。

茶会には本能寺近くの妙覚寺に宿泊していた織田信忠（のぶただ）も接待役として当然呼ばれていたであろう。だとすると、光秀は信忠・家康が来るのを待って、信長だけでなく信忠・家康も一緒に討ちとるべきだった。なぜそうしなかったのだろうか。

●織田信忠見落としの謎　光秀はなぜ信忠を見落としていたのか？

織田信忠は信長の命令で家康一行に同行していたが、堺へ行く予定を変更して五月二十九日に上洛し、妙覚寺に宿泊していた。六月二日、信忠は本能寺が襲われたことを知って二条御所へ移り、そこに立て籠もった。光秀は信忠が二条御所に立て籠もるまで気付かず、信長を本能寺で討った後にやおら二条御所を包囲した（『信長公記（しんちょうこうき）』）。

光秀が本能寺近くの妙覚寺にいる信忠を見落としていたということは、五月二十九日から六月二日早朝の襲撃まで、光秀は本能寺周辺を全く監視していなかったということだ。絶対に討ちもらしの許されない謀反において、そのような迂闊なことがあり得るだろうか。本能寺への信長や家臣の出入りはもちろんのこと、信長の軍勢の京都への出入りも監視しなければならなかったはずだ。

信忠を同時に討たなかったのは何かの手違いといった偶然で片付けようとする研究者が例によっているが、そのような迂闊な軍事行動があり得るだろうか。光秀はフロイスが「才略、深慮、狡猾さにより信長の寵愛を受け」、「戦争においては謀略を得意とし、忍耐力に富み、計略と策謀の達人であった」と評した人物だ。そのような幼稚なミスを犯すとはとても考えられない。

●安土城進軍の謎　光秀はなぜ安土城に迷わず進軍したのか?

信長は六月四日に西国に出陣すると公家衆に語っていた（『日々記』）。とすると、安土城には出陣準備を整えた織田軍が集結しつつあったはずだ。当然、織田軍は安土城に籠城するか出撃して光秀軍を迎え撃つことができたはずだ。安土城は三方が琵琶湖で囲まれ、唯一陸続きの南面にはもちろん堀があった。籠城して長期戦に持ち込めば、織田軍は必ず勝てたであろう。

ところが六月二日、信長・信忠を討った光秀はその日、迷わずに安土城へと進軍した。安土城の織田軍が籠城せずに退去し、光秀の無血入城を許すという読みがなぜできたのだろうか。

●信長の油断の謎　信長はなぜ無警戒で本能寺にいたのか。

定説では信長は油断したので光秀に討たれたとされている。しかし、フロイスが「戦術にきわめて老練」と評価した信長が、初歩的なミスを犯すとは考えられない。何を考えて信長は無警戒のまま本能寺で六月二日を迎えたのであろうか。

五番目の謎として「本能寺で信長の遺体が見付からなかった謎がある」という指摘があるかもしれないので、横道にそれるが解説しておく。この話は加藤廣著『信長の棺』が設定した謎だ。この本がベストセラーとなって世の中に広まったものだが、この本はあくまで小説である。小説家が話を面白くするために創作した謎に過ぎない。

それを史実と混同して広まった現象は、江戸時代の小説である軍記物の書いた話が世の中に広まり、いつしか歴史学者も認める定説として定着してしまった現実と重なる。ひょっとすると三百年後にはこの謎が定説として定着しているかもしれない。

この「謎」は実に簡単に解ける。答は「物理現象」だ。

新聞やテレビで火事の報道を見れば、たちどころに理解できるはずだ。たとえばA夫さん・B子さん夫婦二人が住んでいる住宅が火事になり、現場から二つの焼死体が見つかったとしよう。この場合「A夫さんとB子さんが焼死体で発見されました」とは決して報道されない。「二人の焼死体が見つかり、身元を確認中です」と報道される。

その家にはA夫さんとB子さんだけが住んでいることがわかりきっていてもである。なぜかといえば、焼死体は損傷が激しくて誰であるか判別がつかず、必ずDNA鑑定を行なうからである。

焼死体を見慣れた戦国時代には、「焼死体の身元は判別できない」ことが人々の常識だったであろう。だから、首を取られたくない武将は自らの死に臨んで城や屋敷に火を放ったのだ。本能寺が炎に包まれた時点で、光秀は信長の首を取ることを諦めたに違いない。「信長の遺体が見付からない」のは戦国時代の常識であり、それを謎とするのは現代の非常識に過ぎない。

さて、いまだに定説や黒幕説・冤罪説などと信じている方は、ここで一呼吸おいて考えてみていただきたい。信じている説でこの四つの謎の説明がどのように付けられるのか。もちろん「偶然に」という答は禁じ手である。もし説明が付けられたならば、これから述べる謎解きと蓋然(がいぜん)性の高さを比べていただきたい。

光秀の兵が出した答

それではこの四つの謎を歴史捜査によって解いてみよう。

光秀の兵が興味深い証言を残している。その兵の証言とは、本城惣右衛門という光秀軍の兵が若い頃の手柄話を覚書として書き残したものだ。最初は丹波の兵卒として明智方を敵に回して戦ったときの手柄話が書かれており、中盤には光秀の兵として本能寺へ討ち入った話、その後には秀吉の兵となって戦った話などが書かれている。

このうち本能寺へ討ち入った記述には、大変重要なことが書かれている。その部分を抜き書きしてみよう（『本城惣右衛門覚書』）。

「あけちむほんいたし、のぶながさまニはら（腹）めされ申候時、ほんのふ寺（本能寺）へ我等よりさきへはい入申候などといふ人候ハバ、それハミな（皆）うそにて候ハん、と存候。其ゆへ（故）ハ、のぶながさまニはら（腹）させ申事ハ、ゆめともしり不申候。其折ふし、たいこ（太閤）さまびつちう（備中）ニ、てるもと（毛利輝元）殿御とり相ニて御入候。それへ、すけ（助）ニ、あけちこ（越）し申候由申候。山さき（山崎）のかたへとこころざし候へバ、おもひ（思い）のほか、京へと申候。我等ハ、其折ふし、いへやす（家康）さま御じやうらく（上洛）にて候まま、いえやすさまとばかり存候」

ここには「信長を討つとは夢にも知らなかった。山崎へ向かっていたところ、思いのほか京都へ行くとのことなので、我々は上洛中の家康を討つものだとばかり思った」と書かれている。惣右衛門だけでなく、兵たちみんなが「信長の命令で家康を討つ」と考えていたことがわかる。

惣右衛門の記述の信憑性を検証しておこう。

山崎へ向かっていたというのは『信長公記』の六月一日の記事に「老の山へ上り、山崎より摂津国の地を出勢すべきの旨、諸卒に申し触れ」と書かれているのと一致する。光秀の兵たちは亀山から東に向かい、山崎（京都府乙訓郡）から摂津へ出陣するという通達を受けて山崎へ向かっていたのだ。

惣右衛門はこの他にもいろいろなことを書いている。惣右衛門が「斎藤利三の息子に従って本能寺へ向かった」こと、「本能寺で捕まえた一人の女を利三へ引き渡した」ことも書き残している。

これは、本能寺の襲撃部隊の指揮を利三が執っていたことを示しており、『言経卿記』六月十七日の「日向守の内、斎藤内蔵助は、今度の謀反之随一」といった記述などと基本的に一致する。また「女性が生き残った」という点は『信長公記』の記述とも一致している。『信長公記』には、信長が「それまで側に付き添っていた女達に『女はくるしからず、急ぎ罷り出でよ』と言って追い出した」ことが書かれている。

さらに本城惣右衛門の言葉を裏付けるかのように、フロイスも『一五八二年日本年報追加』や『日本史』に次のようなことを書いている。

「兵士たちはかような動きがいったい何のためであるか訝り始め、おそらく明智は信長の命に基づいて、その義弟である三河の国王（家康）を殺すつもりであろうと考えた」

フロイスも本城惣右衛門と全く同じことを書いている。

信長が家康を討つなどとは、現代人の誰もが聞いて驚き、思わず「あり得ない」と叫ぶような話を、なぜ、そのとき、現場にいた兵たちは疑いもなく皆そう思ったのであろうか。兵たちには驚いた様子が全く見えない。何らかの予備知識がなければあり得ない話だ。どうやって皆に予備知識を植え付けることができるだろうか。

それはそのような命令が出るかもしれないという話が事前に流れていたからではなかろうか。そうでもなければ皆が驚くこともなく、そう思うことはあり得ないだろう。

一方で、現代人の誰もが聞いて驚くのはなぜか。それは四百三十年間、誰もそのような話を言っていないからだ。光秀の兵たちの間では常識であったことが、あの天正十年六月二日以来、非常識に変わってしまったのだ。真実を知っていた当事者の信長も光秀も死んでしまった。「死人に口なし」である。二人以外の、真実を知っている少数の人間が秘密にすれば、真実を非常識に変えることができるのだ。

「誰も言ったことがない」というのは実は正しくない。一人だけ言った人物がいた。光秀が細川藤孝に仕えていたと語った江村専齋だ。彼の語ったことを聞き書きした『老人雑話』には「信長は長谷川竹に命じて、家康に堺を見せよと同行させ、実は隙を見て殺すつもりだった」と書かれている。信長が長谷川竹を家康に同行させたことは確かに『信長公記』にも書かれている。

専齋が生きた寛文(かんぶん)四年(一六六四)までは、信長が家康を討とうとしたことが非常識でもなんでもなかったのだろう。光秀が細川藤孝に仕えていた話とも併せて、その後の時代に非常識に変えられたのだ。

「あの時点で信長が家康を討つわけがない」と決めつける現代の研究者もいる。果たして現代人が信長の戦略を読むことができるのであろうか。「はなはだ決断を秘め、～困難な企(くわだ)てに着手するに当たってははなはだ大胆不敵」と評された戦国武将である。本因坊の碁や名人の将棋の次の一手を素人が読むよりもはるかに難しいことに思える。

そのような無意味な観念論で思考停止するのではなく、光秀の兵の証言の妥当性を科学的に検証するのが歴史捜査である。光秀の兵の証言どおりだったと仮定したら、四つの謎が解けるのかどうかだ。つまり、仮説の検証だ。解けるのであれば、光秀の兵の証言を採用せざるを得ない。それが現代の常識からみて、いかに非常識なものであったとしてもである。

家康・順慶呼び出しの謎解き

信長はその日、本能寺で何をしようとしていたのか。その答はまさに光秀の兵が証言したとおりである。信長が家康を本能寺に呼び出して光秀に討たせようとしていたとすると辻褄(つじつま)が合うのである。

もし、信長が家康を滅ぼそうとしたら、フロイスが「善き理性と明晰な判断力を有し、はなはだ決断を秘め、戦術にきわめて老練で、〜困難な企てに着手するに当たってははなはだ大胆不敵」と評した信長であればどうしたであろう。

密かに大軍を家康領の三河との国境に集結させ、一挙に侵攻する電撃作戦だろうか。しかし、この方法では全面戦争に突入し、仮に最後は家康を滅ぼすことができたとしても信長軍も多大な損害を受けたであろうし、下手をすれば長期戦化したであろう。上杉や毛利と対峙している信長にとって、そのような軍勢の損傷も合戦の長期化も避けねばならないことだ。

最もよい方法は何か。それは家康と重臣を一堂に集めて一挙に抹殺してから三河へ攻め込み、指揮能力を失った徳川軍を降伏させることだ。これであれば作戦は短期に終結し、味方の損傷もほとんどない。まさに光秀の兵の証言したことが最善の方法なのだ。これは孫子の兵法で最善とされる「戦わずに敵を屈服させる」策である。

信長は、家康主従と武田から寝返った穴山梅雪を安土城へ招いた。家康は駿河を拝領した御礼に、梅雪は本領を安堵された御礼のためと『信長公記』には書かれている。家康は重臣たちを引き連れて五月十四日に安土近くの近江番場に到着し、安土城での饗応の後、五月二十一日に京都、大坂、奈良、堺を見物するために安土を出立した。この見物は信長の上意（命令）であり、案内者として信忠と長谷川竹（秀一）が同行した。これで家康一行は袋の鼠となったのだ。

　そして信長は堺まで遊覧していた家康と重臣ら四十人ほどを六月二日京都本能寺へ呼び寄せ、信長が席を外したすきに光秀の手勢に家康一行を一網打尽に討ち果たさせ、そして直ちに、光秀・筒井順慶の軍勢を徳川領に侵攻させる命令を発したのだ。これが家康一行と順慶が六月二日に本能寺へ呼び出された理由である。

　それでは、なぜ決行場所は本能寺だったのだろうか。信長は家康一行を安土で討つこともできたはずだ。

「戦術にきわめて老練」な信長の考えたことを現代人がすべて見抜くことは難しいことではある。安土で決行するための準備をすると家康に警戒されて事前に察知されるといった軍事的な理由があったのかもしれない。

「あの時点で信長が家康を討つはずがない。そんなことをしたら同盟者や家臣が信長を信用せずに離れてしまう」という研究者がいる。「戦術にきわめて老練」な信長ならば、同盟者や家臣が離れない工夫を当然したはずだ。たとえば、「家康が謀反を起こして自分を討とうとしたから返り討ちにした」と言えばそれで名分が立つ。この説明に説得力をもたせるために、わざわざ「警護手薄な本能寺」での事件を演出したのではないだろうか。警護万全な安土で家康が謀反を起こすわけがないのは誰しもがわかることだからである。この程度の知恵は信長ほどの戦略家でなくても容易に思い付くことである。

織田信忠見落としの謎解き

光秀はなぜ信忠を見落としていたのか。そこにこそ信長の情報漏えい防止対策があったのだ。

「はなはだ決断を秘め、～大胆不敵」な信長は、家康討ちの秘密が絶対に漏(も)れないように工夫したはずだ。そのために家康討ちの秘密を打ち明けて相談して準備させたのは光秀だけだったのだ。そのことを示す証言が、フロイスの書いた「安土城での信長と光秀の諍(いさか)い」の記述の中に隠されている。

その諍いは家康饗応の準備をしていた頃に安土城内で起こった。イエズス会宣教師・ルイス・フロイスはそのときのことを『日本史』（松田毅一・川崎桃太訳）に次のように書き残している。

「これらの催し事の準備について、信長はある密室において明智と語っていたが、元来、逆上しやすく、自らの命令に対して反対意見を言われることに堪えられない性質であったので、人々が語るところによれば、彼（信長）の好みに合わぬ要件で、明智が言葉を返すと、信長は立ち上がり、怒りをこめ、一度か二度、明智を足蹴にしたということである。だが、それは密かになされたことであり、二人だけの間での出来事だったので、後々まで民衆の噂に残ることはなかった」

二人の諍いは光秀の謀反の決断に大きな意味をもっていたが、ここでは「これらの催し事の準備について、信長はある密室において明智と語っていたが……」という記述に注目したい。この文章はとても奇妙である。信長と光秀は家康饗応の催し事の準備をなぜ密室で、しかも二人だけで打ち合わせたのだろうか。

家康歓迎の行事として幸若大夫の舞や梅若大夫の能が催されたが、この演目や演者をどうするかについて信長と光秀は密室で打ち合わせていたというのだろうか。そんな馬鹿げたことはあり得ない。密室で打ち合わせる必要があったとすれば、他人には絶対に聞かれてはまずい話だ。それが、家康討ちの段取りだったのだ。

信長と光秀は、五月十三日までのどこかで家康討ちの計画を二人だけで立てた。信長は最も信頼する腹心であった光秀の手で家康討ちを実行することにし、それを二人だけで秘密裡に計画したのだ。

ところが、信長の手で周到に準備された「家康討ち」の計画を、光秀が熟慮の末に「信長討ち」にすり替えた。その実行は極めて容易なことだった。段取りはすべて信長自身がつけていた。光秀は信長に指示された時刻よりも何時間か早く本能寺に着くだけでよかったのだ。だから、光秀は上洛後の信長周辺の監視をする必要が一切なかった。それでも、間違いなく信長を討てると確信して、謀反に踏み切れたのだ。

そして本能寺襲撃は、光秀の思惑通りに進んだ。ところが、一つだけ計画外のことが京都で起きていたのだ。それは「信長の嫡男・信忠も京にいた」ということだ。

信忠は家康一行に同行して安土から京都、大坂、堺へと向かった。家康一行は五月二十九日に堺へ入ったが、信忠は急に予定を変更して上洛していたのだ。信忠が五月二十七日付で森乱丸に宛てた書状には、「信長が一両日中に安土を進発すると聞き及び、堺見物を取りやめて信長を京都で出迎える」と書かれている。

信忠が上洛するなどということは、信長と光秀が安土城の密室で家康討ちの段取りを打ち合わせたときにはなかった話だ。信忠は家康に同行して一緒に行動しているはずだったのだ。信忠の予定が変わった時点で、丹波亀山城にいた光秀はこの情報をつかむことができなかった。信長もこのことを光秀に敢えて知らせる必要はなかった。

そのため、本能寺で信長を襲った光秀は、妙覚寺にいた信忠が二条御所に移って立て籠もるまでその存在に気付かなかったのだ。これが織田信忠見落としの謎の答だ。

安土城進軍の謎解き

光秀はなぜ安土城に迷わず進軍したのか。その裏には信長のある仕掛けがあったのだ。

信長は五月十五日に安土城を来訪した家康一行を、二十一日に堺までの見物に送り出した。この間に信長は次の手を打った。それは家康一行を討った後に家康領に侵攻する軍勢の出陣準備だ。

その準備は五月十七日に開始された。光秀に対し、秀吉に加勢する中国出陣準備の口実で休暇を与えて坂本城へ帰したのだ。五月十七日には家康はまだ安土にいた。光秀の出陣準備が中国出陣のためであると家康に信じ込ませるために、わざわざ光秀から饗応役を取り上げるという芝居をしたのであろう。

そして、信長は本能寺に先に入り、六月二日に家康一行を本能寺へ招き寄せて、そこで光秀に討ち取らせ、間髪を容れず光秀に順慶の軍勢を合流させてそのまま家康領へ侵攻させる段取りをいよいよ発動した。その合図が『信長公記』に書かれている五月二十九日の信長上洛とともに出された「御上洛の御触れ」だった。

信長の上洛は『信長公記』に次のように書かれている。

「御小姓衆二、三十召し列れられ、御上洛。直ちに中国へ御発向なさるべきの間、御陣用意仕り候て、御一左右（一報）次第、罷りたつべきの旨、御触れにて、今度は、御伴これなし」

「御触れ」ということなので各方面へ広く知らされたはずだ。光秀、順慶はもちろんのこと、家康へも知らされた。そのため御触れには「中国出陣のための一時的な上洛」と、わざわざ断り書きされた。中国出陣は家康に警戒されないためのカムフラージュだったのだ。

信長は六月一日に本能寺でも、公家衆にわざわざ「六月四日に中国へ出陣する」と語っている。これも家康を欺くためのカムフラージュであろう。このとき信長本人は中国に出陣するつもりはなかったのだ。

それを物語るのが、二つの史料に表れた奇妙な食い違いである。現地中国にいて信長からの命令を受けた秀吉が書かせた『惟任退治記』と、信長のそばにいて周辺情報を見聞きしていた太田牛一の『信長公記』との記述が全く異なっているのだ。

『惟任退治記』はこう書いている。

「信長にお伺いを立てると早急な合戦は避けるべきとの命令があり、堀久太郎秀政に池田勝九郎元助、中川瀬兵衛清秀、高山右近重友などを援軍として差し遣わした。信長は信忠を京都に同行し、加えて光秀を軍師として早々に着陣させて秀吉と相談するようにと命じた。その作戦の次第では信長も出陣する旨を厳重に申し渡した」

つまり、信長は毛利との早急な決戦を望んでおらず、信長の出陣も、軍師として派遣する光秀が秀吉と相談して、その報告次第ということであって、決定事項ではない。状況としても、毛利との関係はさほどの緊張関係ではなかったことが読み取れる。

ところが定説では、当時、毛利と織田とは一触即発の緊張関係にあり、信長は毛利との決戦のために中国に出陣しようとしていたとされている。もう一つの史料の『信長公記』にも、信長は「この機会に出陣して毛利を討ち果たすべき」として出陣を決めたと、次のように書かれている。

「秀吉は高松城を取り囲み、水攻めにした。毛利・吉川・小早川の大軍が押し寄せて対陣した。信長はこの話を聞き、この機会に出陣して毛利を討ち果たすべきと堀久太郎を使いとして秀吉へ伝え、光秀、長岡与一郎（細川忠興）、池田勝三郎（恒興）、塩河吉太夫、高山右近、中川瀬兵衛（清秀）を先陣として出陣を命じ、休暇を与えた。五月十七日、光秀は安土から坂本に帰城した」

明らかに二つの史料は食い違っている。実際は、現地で毛利と対峙していた当事者の秀吉が『惟任退治記』に書かせたように、信長自身の中国出陣はまだ決定も準備もされていなかったのだ。

おそらく『惟任退治記』には、秀吉が信長から実際に指示を受けた状況がそのまま書かれているのであろう。つまり、信長が実際に現場の秀吉に発した命令と、信長が家康を欺くために周辺に意図的に流した情報とに違いがあったということだ。そのことが『惟任退治記』と『信長公記』の記述の違いとなったのである。

「信長の中国出陣」が、家康を油断させるためのカムフラージュであることを知っていた光秀は、安土城に中国出陣準備を整えた軍勢などおらず手薄だとわかっていた。だから、光秀は安土城入城が容易にできると踏んで、迷いなく安土城へ進軍することができたのだ。

光秀の動員した軍勢の正確な数は定かではない。『惟任退治記』には二万と書かれているが、本当とは限らない。フロイスの『日本史』には光秀が中国出陣に引き連れた兵は七、八千、本能寺を取り囲んだのは三千と書かれている。いずれにせよ、安土城に集結したであろう近江の信長軍を数で圧倒できるわけでもない手勢で、光秀は安土へ向かったことは間違いない。それでも安土城を占拠できる確信があったということだ。これが安土城進軍の謎の答である。

信長の油断の謎解き

「なぜ信長は無警戒で本能寺にいたのか」。本能寺の変について必ず問われる謎だ。しかし、今まで説得力のある答は見つかっていない。信長が油断したとしても、なぜ油断したのだろうか。「善き理性と明断な判断力を有」する信長が油断するからには何か理由があったはずだ。

まず、基本として光秀への信頼感があったことは間違いがない。加えて、成功の目算の立たない無謀な謀反など合理的な光秀が起こすはずがないという読みもあったろう。ただ、それだけではなさそうだ。

信長は家康一行を本能寺へ呼び込まねばならなかったのだ。そのためには家康に警戒心を持たせてはならない。中国出陣の偽装工作もそのためだが、六月二日の本能寺が絶対に安全だと偽装することが肝心だった。

そこで、信長はわずか二、三十人の小姓しか連れずに本能寺へ入った。

「御小姓衆二、三十召し列れられ、御上洛。（中略）今度は、御伴これなし」

『信長公記』に書かれたこのメッセージが、家康に対して重要な意味をもっていたのだ。家康一行を襲える軍勢は本能寺にいないと宣言したわけである。

加えて、このメッセージが「家康が謀反を起こして自分を討とうとしたから返り討ちにした」という名分を立てる役割をも果たしたのだ。家康一行の人数は穴山梅雪らも加えて四、五十人になる。四、五十人が二、三十人を襲うことはあり得ると誰もが納得したであろう。

つまり、本能寺の変の最大の謎、「信長が無警戒で本能寺にいた」ように見えたのは、無警戒だったわけではなく、「少人数でそこにいる」ことが信長の企てにとっては絶対条件だったからなのだ。

信長には、本能寺に着いた家康一行に悟られることなく、光秀の軍勢に討ち取らせる策も必要だったはずだ。信長は本能寺に自慢の茶道具を安土から大量に携えて行った（『完訳フロイス日本史』）。家康一行にゆっくり時間をかけて鑑賞させ、そのすきに信長が中座し、光秀の軍勢に討ち取らせようとしたのであろう。おそらく、「戦術にきわめて老練」な信長はその他にも様々な工夫を凝らしていたはずだ。

自分の仕掛けた罠の実行に気を取られ、それを逆手に取られることなど思いも及ばなかったのだろう。それほどに光秀と練り上げた家康討ちの成功に神経を注いでいたのだ。これを「信長の油断」と責めることができるであろうか。

以上で六月二日の四つの謎の謎解きができた。光秀の兵の証言を真実とすると、矛盾なく謎が解ける。ということは、光秀の兵の証言が真実である蓋然性が極めて高いということだ。

しかし、これで歴史捜査は終わりではない。ここからが歴史捜査の真骨頂ともいえる。さらに蓋然性を高めるべく、信長と光秀、そして本能寺の変にからんだ様々な人物の行動が信憑性ある史実で矛盾なく説明できるのかどうか、真実のストーリーの復元を行なってみよう。

今まで誰も試みたことのない壮大な作業である。そこに「忍者がいた」といったような逃げは一切行なわず、史実がどのようにつながるのか、書き残された証言がどのような情報の流れで源流から証言者まで届き得たのか、を丁寧に追ってみよう。

歴史捜査としては初めに証拠・史実があり、それを裏付ける推理・ストーリーがあとから付いてくるのであるが、話をわかりやすくするために見出された結論を先に述べている箇所もある。くれぐれも、先に結論があったと誤解しないでいただきたい。

第8章　織田信長の企て

天正十年の作戦発動

信長はなぜ家康を討つと決断したのだろうか。そして、いつ、その決断をしたのか。そこには「善き理性と明晰な判断力を有し、～困難な企てに着手するに当たってはなはだ大胆不敵であった」と評された信長ならではの理由と計画があったはずだ。

天正十年（一五八二）、この年、日本の政治・軍事状況は大きく変わろうとしていた。信長の目指す天下統一が目前に迫っていたのだ。越後の上杉氏は柴田勝家に攻められて滅亡寸前だった。中国の毛利氏も秀吉との間に和睦が調う見込みだった。残る敵対者は武田氏と四国の長宗我部（ちょうそかべ）氏。その総仕上げのための作戦を信長は発動したのだ。

本能寺の変から遡（さかのぼ）ること四ヵ月ほど前、天正十年（一五八二）二月九日、信長は武田領への侵攻を開始するにあたって、諸将に次のようなお触れを出した（『信長公記』要約）。

「武田攻めには信長自身が出馬し、筒井順慶を召し連れていくので準備すること、三好山城守（康長）は四国へ出陣すべきこと、秀吉は中国へ宛て置くこと、細川藤孝は在国し息子与一郎（忠興）が出陣すること、光秀も出陣の準備をすること、遠国につき人数少なく連れて行くこと」

ここに、武田攻めと四国の長宗我部征伐の発動がなされた。しかし、実は家康討ちに向けた準備も発動されていたのだ。長宗我部征伐がその四ヵ月後の六月三日の信孝軍の四国渡海により具体的な姿を現す以前に、家康討ちについての具体的な動きがまず始まろうとしていたのである。

それが武田攻めのために行なった信長の甲州遠征だった。この遠征にこそ、信長の家康討ちの意図が秘められていたのだ。

信長が武田勝頼を滅ぼして甲斐・信濃を制圧するために木曾路へ向けて安土を出立したのは、戦いの勝利がすでに確定した三月五日のことだ。なぜこの時期、信長はわざわざ軍を引き連れて戦いの終わった甲州へ繰り出したのだろうか。

二月に信長が諸将に出した命令には、光秀、筒井順慶、細川忠興といった光秀軍の幹部に信長との同行を指示している。順慶も忠興も光秀の組下大名として軍事行動での指揮を受ける武将である。注目すべきは合戦を意図していない証拠に、わざわざ「遠国につき人数少なく」と指示していることだ。

信長の出陣には、明らかに合戦以外の目的があったのだ。

三月八日付の柴田勝家宛の書状に、信長は「吾々出馬は専無く候へども、連々関東見物の望みに候」と書いている。つまり、今回の出陣の目的は連れ立っての「関東見物」だと信長自身が証言しているのだ。

『惟任退治記』はこれを「富士山見物」と後に書いている。加えて、次のような書き方で富士山見物での信長の喜びようを強調している。

「将軍（信長）年来富士山見物の望みこれあり。此の山、天竺、震旦、扶桑（印度、中国、日本）三国無双の名山なり。是において吾が山となし、これを見て大望を達す。快喜斜ならず。然らば、遠州（遠江）、参州（三河）の主徳川参河守（三河守）家康の館にあり、滞留をなし、御父子（信長・信忠）相伴なひて御馬を納れ給ひぬ」

『信長公記』にも「富士の根かた（麓）を御覧じ、駿河・遠江へ御まわり候て、御帰洛あるべき旨、上意候て」と、信長が富士の麓を見物したいと言ったことや、実際に溶岩洞窟を見物したことなどが書かれている。

しかし、信長の真意は決して富士山見物などではない。狙いは「駿河・遠江を通って帰る」こと、つまり「関東見物」とは「家康領見物」だったのだ。

当時の信長の置かれた状況を考えれば、関東見物が何を意味したかがわかる。まだ毛利氏や上杉氏と戦っていた信長が、光秀ら重臣を引き連れて社員慰安旅行のような

「関東見物」をするはずがない。ましてや政治的・軍事的合理主義に徹していた信長である。「戦術にきわめて老練」と評された何かが隠されていたとみるべきである。

家康討ちとその後の家康領侵攻をすでに決断していた信長に必要なことは、敵地となる家康領の軍事的な情報を十分に把握しておくことである。特に、武田領であった駿河については情報が不足していたはずだ。城の位置や構え、軍勢の移動に必要な道路の状況、川にかかる橋の状況や軍勢が渡河できる浅瀬の位置などは必須の情報である。

光秀、忠興、順慶を同行して出陣した目的は、来る侵攻に備えて彼らと家康領を視察することだったのだ。彼らを同行させたということは、すでに侵攻軍の編制が決まっていたということだ。すなわち光秀を大将として、筒井順慶、細川忠興を副将とする軍勢だ。彼らが同行を命じられた理由はまさにそのためである。

信長の武田攻めに安土から同行して、帰路の同行を拒否された人物がいる。それは公家の近衛前久（このえさきひさ）である。『甲陽軍鑑（こうようぐんかん）』には帰路の同行を求めた前久に対して信長が馬上からきつい言葉で拒絶したことが書かれている。信長の非礼な態度を咎（とが）めるような書き方をしているが、信長とすれば公家の同行は何としても困る。行動を伴にされたら視察の目的を察知されてしまうからだ。そこで思わずきつい言葉が出たのであろう。

この『甲陽軍鑑』という書は明治二十四年（一八九一）に書かれた田中義成著『甲

陽軍鑑考』で偽書と認定され、それが定説となっていた。一九九〇年代から見直しの研究が進み、現在では山本勘助がらみの記述には創作が多いが、それ以外の部分は武田勝頼に仕えた高坂弾正（こうさかだんじょう）の口述を甥（おい）の春日惣次郎らが筆記し、弾正の死後は春日らが書き継いだものとされている。このように再評価されるまでに百年も要したことになる。高柳光寿（みつとし）神話もすでに六十年経っているが、歴史研究の誤謬（ごびゅう）を正すにはそれ程の時間を要するものと覚悟しなければならないのだろう。

家康領の軍事視察

さて、信長は家康に真意を悟られずに家康領へ侵攻するための視察を行なわねばならなかった。そこで、「富士山見物」というカムフラージュを考え出した。富士山見物のついでに家康領の駿河・遠江・三河を、たまたま通って帰るのだと宣伝したのだ。このカムフラージュをさらに強調したのが秀吉だ。秀吉はある意図をもって、信長が富士山見物に単純に有頂天になったことを『惟任退治記』で強調したのだ。秀吉の意図は後ほど明らかにするが、秀吉は自分の謀（はかりごと）が巡（めぐ）りめぐって露見するのを防ぐために、信長と家康との間に存在した軋轢（あつれき）をすべて隠したかったのだ。こうして歴史捜査が暴くまでは誰も関東見物の真の意図に気付かなかったのだ。

それでは、信長の「家康領見物」が実際どのようであったかを見てみよう。『信長公記』にその詳細を太田牛一が書き残している。かなり詳しく書かれているところをみると、牛一も信長に同行していたものとみられる。

信長は、四月十二日に富士山見物をして駿河の大宮へ、十三日・富士川を越えて江尻城、十四日・安倍川を越えて田中城、十五日・懸川（掛川）、十六日・天龍川を越えて浜松、十七日・三河の吉田、十八日・三河の池鯉鮒（知立）、十九日・尾張の清洲、二十日・岐阜に宿泊して、二十一日に安土城に戻っている。

このルートはまさに家康領の東海道メインルートだ。このルートに沿って信長は光秀、順慶、忠興ら光秀軍の幹部と視察したのだ。ルート沿いの主要な城郭や河川の状況は十分視察できたはずだ。『信長公記』に記載されている城郭、河川を拾うと次のように数多くある。

十二日　大宮城
十三日　富士川、天神川、深沢城、久能城、江尻城
十四日　今川の古城、あべ川、持舟城、まりこの川端の山城、田中城、花沢城
十五日　瀬戸川、大井川、真木の城、諏訪原城、きく川、懸川城
十六日　高天神城、小山城、天龍川、浜松城

甲州遠征の帰国ルート

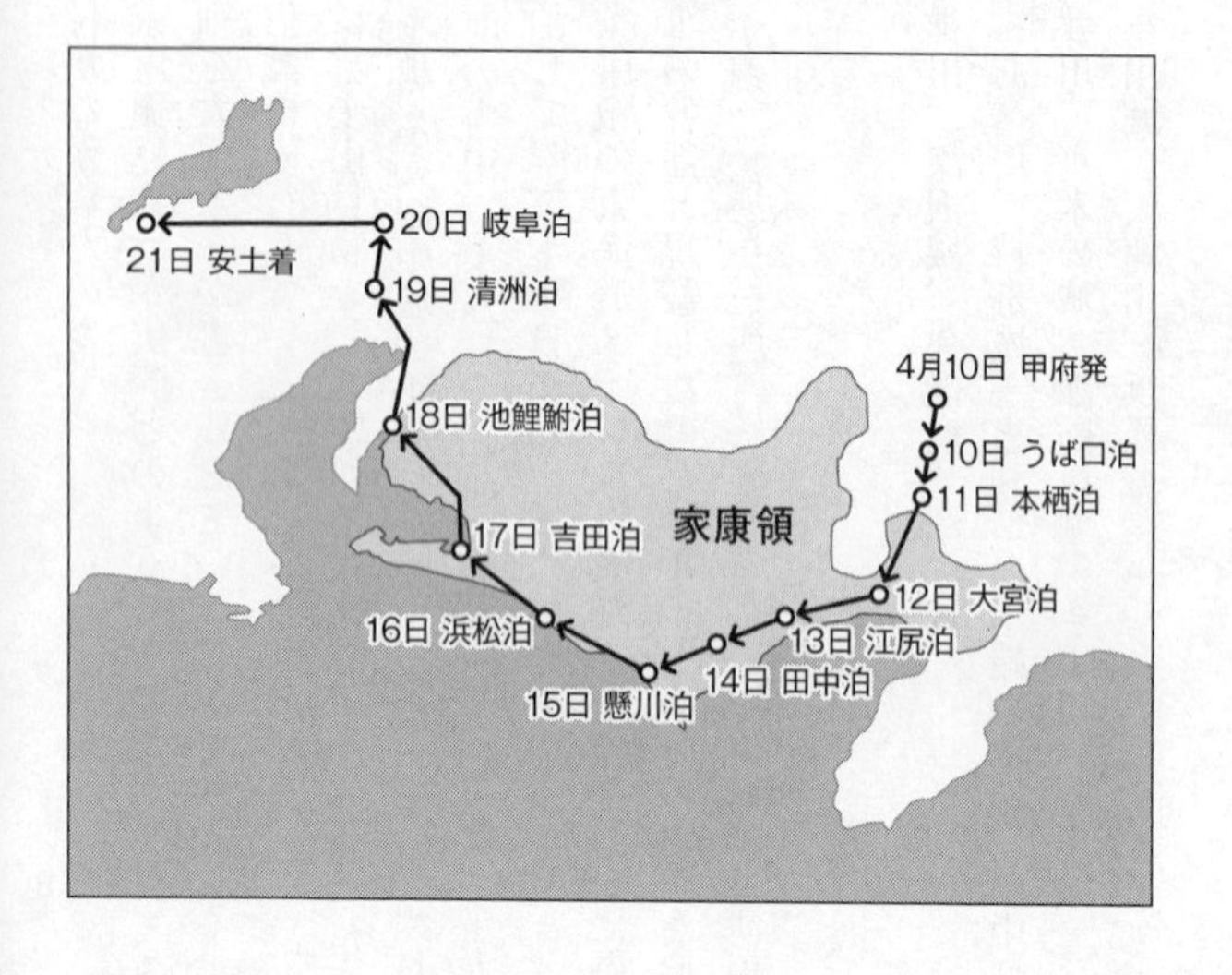

4月10日 甲府発
10日 うば口泊
11日 本栖泊
12日 大宮泊
13日 江尻泊
14日 田中泊
15日 懸川泊
16日 浜松泊
17日 吉田泊
18日 池鯉鮒泊
19日 清洲泊
20日 岐阜泊
21日 安土着
家康領

十七日　浜名湖、吉田城
十八日　吉田川、大比良川、岡崎城、腰むつ田川、矢はぎ川

一方、家康は信長一行を迎えるために道路や橋の補修を各地で行なっている。これも信長の家康領侵攻にとってまことに都合のよい話だ。交通路の整備は軍隊の移動にとって不可欠のものだからだ。おそらく信長はそこまで計算していたのであろう。

軍事視察の結果はその日のうちに整理されて書き留められたことであろう。それを物語るような奇妙な追記が『當代記』の中にある。この追記は同様に書き加えられた「光秀の享年六十七歳」と対で書き加えられたものとみられる。「どこの宿泊でも光秀は老人なので信長の宿舎の近くに宿を仰せ付けられた」と書き込まれている。

徳川方の書いた史料である『當代記』にわざわざ書き加えられた意図が何かあるはずだが、毎夜、信長と光秀が膝突き合わせて視察結果の整理を行なうことができたことは確かである。「孫子の兵法」地形篇で説く「地形を知れば勝」の実践である。

信長にとっては狙いどおりに事が進み、いよいよ家康討ちの機が熟した。

天正十年（一五八二）四月二十一日に安土へ凱旋した信長は、矢継ぎ早に次の手を打った。家康主従と武田から寝返った穴山梅雪を安土城へ招いたのだ。家康は駿河を拝領した御礼に、梅雪は本領を安堵された御礼のためと『信長公記』に書かれている。家康は駿河を信長から給付されたことにより、この時点で名実ともに信長の家臣とな

っていたのである。

家康一行は五月十四日に安土近くの近江番場に到着し、翌日から安土城で饗応役の光秀から饗応を受けた。京都・堺の珍品を調えて「おびただしき結構」と『信長公記』に書かれている。信長は五月十七日に光秀の饗応役を解き、細川忠興、摂津の高山右近、中川秀政らと共に暇を与え、彼らは本国に帰り、出陣準備を始めた。

五月二十日、信長は家康一行をもてなし、自ら家康らの食事の膳を運んで据えた。大変なもてなしようである。そして、二十一日、信長は家康一行を堺見物へと送り出した。『信長公記』には「上意にて」とあるので、命令として発令された。案内者として信忠と長谷川竹が同行を命じられた。

事は信長の思惑どおりに運び、いよいよ五月二十九日の信長の上洛、六月二日の家康一行の本能寺への招待と、一瀉千里に進んだ。このままいけば本能寺の変とは「信長による家康討ち」として歴史に残るはずだったのだ。

なぜ「家康討ち」なのか

なぜ信長は家康を処分しようとしたのか。この根源的な疑問を解くことにしよう。

まず前提として理解しておくべきは、当時の武将たちにとって同盟とはどのようなものだったかだ。現代人の感覚では信義に基づく絶対的なものと思いがちだが、決してそのようなものではない。生き残りのために利があればどのようにも同盟を組み替えた。その中で信長と家康の同盟は異例の長期に渡っていたことは確かである。

信長が家康と同盟を結んだのは、今川義元を桶狭間(おけはざま)に討った翌年の永禄(えいろく)四年（一五六一）。その頃の信長はようやく尾張を統一したばかりで、周囲を敵に囲まれていた。東には甲斐・信濃の武田、義元を失ったとはいえ勢力を保っていた駿河の今川、武蔵・相模には北条がいた。家康との同盟はこれら東側の脅威に対抗するためだった。信長にとってこの同盟の価値は高く、武田信玄に対し家康が三方ヶ原(みかたはら)で大敗を喫したとはいえ、武田氏の上洛阻止に大きな役割を果たし、天正(てんしょう)三年（一五七五）五月には長篠の合戦で武田勝頼に壊滅的な打撃を与え、そして天正十年（一五八二）三月には武田勝頼を天目山(てんもくざん)に滅ぼした。その結果、甲斐・信濃・上野(こうずけ)に跨る広大な土地が織田家の領地となり、河尻秀隆、森長可(ながよし)、滝川一益(かずます)らが進駐した。

　こうして最大の脅威の武田が滅んだことで、信長にとって家康との同盟の価値が消滅したことは確かだ。ただ、同盟の価値がなくなったからといって直ちに家康を滅ぼさねばならないわけではない。明らかに家康が危険な存在という認識があらねばならない。

　信長と家康は同盟したが、織田家と徳川家は祖父の代から敵対関係にあった。家康の祖父・松平清康は三河を統一すると信長の父・信秀と敵対し、尾張に侵攻して守山城を攻めた。その最中に清康は自分の家臣に斬殺され、これによって清康軍は「守山崩れ」と呼ばれる大敗を喫した。清康二十五歳のときである。これがきっかけとなって三河は織田信秀の侵攻を受けることになる。清康斬殺は信秀の策謀ともいわれる。

家康の父・広忠は今川氏の下で信秀との戦いに明け暮れて二十代半ばで死んだ。病死とも、これも織田信秀による謀殺ともいわれる。信長と家康の同盟は、このような経緯を見れば手放しに相互信頼のあるものとはいえなかった。

加えて、同盟後も不穏な動きが起きている。天正三年（一五七五）十二月には家康の伯父・水野信元が武田勝頼に内通した疑いで信長の命により殺害され、天正七年（一五七九）九月には家康嫡男の信康が同様の理由で自害している。両事件とも原因や信長の関与について異説があり、二人の処分には信長よりも家康に主体性があったとの話もある。信長の意思で殺されたのであれば、信長は家康の遺恨を意識したであろうし、逆に家康の意思で殺されたのであれば、家康の身内に武田勝頼への内通者がいたことに信長は不信感を抱いたであろう。

天正九年（一五八一）九月、織田信雄に率いられた織田軍が伊賀に侵攻し、伊賀惣国一揆を壊滅させた（『信長公記』）。このとき、三河に逃れた人々を家康が領内に匿った（『三河物語』）。天正十年の武田滅亡の際も甲斐・信濃からの脱出者を領内に匿い、本能寺の変の後にはその人々を甲斐・信濃に送り込んで武田旧臣を味方に付けるように活動させている。同じように伊賀からの逃亡者も活用しようとして匿っていたのであろう。こういった家康の動きが信長の警戒心を高める一因となった可能性も考えられる。

信長は先を読んでいたのだ。家康を討たねばならない差し迫った危険はなかったかもしれないが、天下統一した後、唐入りに乗り出そうとしたときに謀反が起きる危険を感じていたのではなかろうか。フロイスが書いたように、秀吉の唐入り（から）が知れ渡ると人々は動揺して誰か有力な武将が謀反を起こすと噂したという状況が、信長のときにも起きたはずだ。戦術に極めて老練で明晰な判断力を有した信長であれば予見できたであろう。

信長はさらにその先も読んでいたのではないか。信長は平清盛や源頼朝の失敗の轍（てつ）を踏んでしまってはならないと肝に銘じていたであろう。だから自分が死んで子の代になったときに危険な人物がいれば自分の生きている間に処分するのが戦国武将としての自分の責任と考えたに違いない。その取り除かねばならない人物こそ徳川家康だと信長は判断したのだ。

信長のこの判断の理由を彼に成り代わってすべて説明できるわけではない。しかし、この判断が如何（いか）に的を射た適切なものであったかを歴史が証明している。

豊臣秀吉は自分一代で栄華を極めたが、子の代に一族滅亡してしまった。まさに清盛・頼朝の轍を踏んでしまったのである。秀吉はどのような失敗を犯したのであろうか。いろいろな失敗のもとはあったであろうが、決定的な失敗は一つ。一族を滅亡させた直接原因を取り除いておかなかったことだ。その直接原因とは自分の子や孫を殺した徳川家康に他ならない。彼を殺しておかなかったことが秀吉の犯した決定的な失敗だったのである。

ここに、信長の先見性が理解できる。「善き理性と明晰な判断力を有し、～困難な企てに着手するに当たってはなはだ大胆不敵」な信長の真骨頂が発揮されたのだ。信長は「子の代までもの責任」を果たそうとして徳川家康を討つことにしたのだ。この信長の決断を現代人は理解できない。信長二十歳、家康十二歳まで織田家と松平家(徳川家)は敵国として戦争状態にあった。その中で家康の祖父と父は相い継いで二十代半ばで暗殺されている。このような事実から両者の関係を見直さねばならない(詳しくは『織田信長　435年目の真実』幻冬舎文庫を参照)。

『甲陽軍鑑』には次のような話が書かれている。家康が信長と同盟して今川領の遠江に侵攻していた頃のことだ。信玄の重臣たちが家康の人物評を論じ合った最後に、「信玄が死んだら信長は家康を殺すに違いない」と一人が言うと我も我もと皆が賛同した。彼らには先が読めていたのだ。それができない現代人が「あり得ない」と思うのは当然といえば当然であろう。

なお、この『甲陽軍艦』の記述が決定的な証拠だとしているわけではないことに注目願いたい。「信長が家康を殺そうとしていた」と仮定すると、これから述べるようにすべての辻褄が合うことによって、この仮定が正しいことが裏付けられるのだ。アブダクション（仮説推論法・検証法）と言われる仮説検証の手法である。

信長の最期の言葉

実は信長自身が、自分の計画を逆手に取られたことを表明したとみられる言葉を残している。信長は本能寺で、思わず真相を吐露する言葉を漏らしていたのだ。

信長は本能寺で光秀の謀反と聞くと「是非に及ばず」と言ったと『信長公記』には書かれている。牛一は信長の側にいた女性たちから取材して次のように書いている。

「是れは謀叛か、如何なる者の企てぞと、御諚のところに、森乱（森乱丸）申す様に、明智が者と見え申し候と、言上候へば、是非に及ばずと、上意候」

辞書で調べると、「是非に及ばず」は「仕方ない」と訳される。一見してあきらめの言葉、独り言、独白にとれるが、この場合はそうではない。「上意」、つまり信長の命令として発せられた言葉ととるべきだ。この後に信長は直ちに戦闘態勢に入っている。

「是非に及ばず」を文字どおり解釈すれば「是か非か確かめる必要なし」という意味だ。信長はまず「これは謀反なのか、誰の企てか」と問い、森乱丸が「明智の手の者らしい」と答えるのを聞いて、「光秀の謀反」と確信したのだ。だから「さらに確認する必要はない（是非に及ばず）」と指示を与えた。

信長には「光秀の謀反」と聞いて、自ら思い当たるところがあったのだ。

そのことを示す信長の言葉を聞いた証人がいる。その証人はそれをイエズス会の宣教師たちに語り、それをまた別の人物が書物に書き残した。書き残したのはイスパニア商人・アビラ・ヒロンだ。

彼は『日本王国記』の中で信長の最期を次のように書いている（佐久間正・会田由訳、アビラ・ヒロン著『日本王国記』）。

「信長は明智が自分を包囲している次第を知らされると、何でも噂によると、口に指をあてて、余は余自ら死を招いたなと言ったということである」

信長が「明智の手の者らしい」と聞いて、「（光秀に家康討ちの逆手をとられたのだ！）余は余自ら死を招いたな、是非に及ばず」と言ったとすれば、自らが仕掛けた罠にかかったことを悟った信長が言うべき言葉として、これほど相応しいものはない。

就寝中に突如発生した出来事によってパニック状態となっている現場で、首尾一貫した信長の言葉を聞き取った証人がいないのも当然だ。何人かの証言を突き合わせて一貫した状況がわかってくることはよくある。

太田牛一に信長の言葉を伝えた人物は判明しているが、果たしてもう一つの最期の言葉を聞いた証人は誰だったのか。「そんな証言者がいるわけがない。これはヒロンの作り話だ」とこれまで見過ごされてきた。その人物を特定できなければ歴史捜査は行き詰まりだ。「忍者がいた」というご都合主義の逃げは許されない。

では、誰がこの言葉をヒロンまで伝えることができたのかを考えてみよう。

ヒロンは「何でも噂によると」と書いているので、特定の誰かが直接ヒロンに語ったということではない。ヒロンは本能寺の変から十二年後の文禄（ぶんろく）三年（一五九四）に平戸に着き、その後四年間、長崎に住んでいた。そのときにはすでに本能寺の変の直接の証言者はいなくなっていたのだ。本能寺での出来事は、おそらくヒロンと交際のあった人々、すなわちイエズス会の関係者の間で噂話として残っていたのであろう。十年以上前に、誰かが信長の最期の言葉をイエズス会関係者に伝えていたということだ。

本能寺の変当時のイエズス会関係者の動向を追ってみよう。

本能寺の変が起きたとき、カリオン、ロレンソ、ベルトラメウは京都の南蛮寺、つまりイエズス会の教会堂にいた。オルガンティーノ、フランシスコ、ダルメイラ、ペレイラ、パズ、ビセンテは安土におり、変の知らせが届くと安土を脱出し、命の危険にさらされながら京都の南蛮寺にたどり着いたことがフロイスの『日本史』に書かれている。つまり、イエズス会関係者は信長の死後、最も安全な場所として京都の南蛮寺に集まっていたのだ。

そしてもう一人、京都の南蛮寺に九死に一生を得てたどり着いた人物がいた。巡察師・ヴァリニャーノが連れてきたアフリカ生まれの黒人奴隷だ。この人物こそ、信長の最期の言葉を伝えることができた唯一の証人だったのだ。

本能寺から脱出した黒人小姓

天正九年(一五八一)二月、ヴァリニャーノは信長に謁見するためにルイス・フロイス、ロレンソなどを同行して、九州から船で堺へ向かった。この一行の中にアフリカ生まれの若い黒人奴隷がいた。堺から陸路で京都へ向かう彼らを、大群衆が見物に集まった。群衆の関心はこの黒人奴隷に集まったようだ。

フロイスはこのときの様子を天正九年四月の書簡に「多数の人が集まって黒奴(くろやっこ)を見ようとして騒ぎが大きくなり、投石による負傷者を出し、また死者も出そうな状況となった。もし金儲けのために黒奴を見せ物にしたら短期間に大金を得ることは容易だと皆言った」と書いている（村上直次郎訳『イエズス会日本年報　上』より要約）。
当時の人々は、黒人を見たことがなかったのだ。

そして、ロレンソが十月に書いた書簡には、安土で信長が初めてこの「黒奴」に会った状況が書かれている。

「信長自身もこれを観て驚き、生来の黒人で、墨を塗ったものでないことを容易に信ぜず、度々これを観、少しく日本語を解したので、彼と話して飽くことなく、また彼が力強く、少しの芸ができたので、信長は大いに喜んでこれを庇護し、人を附けて市内を巡らせた。彼を殿とするであろうと言う者もある」

信長はこの人物を殿様に取り立てるのではないか、と噂するほど、信長はたいそうお気に入りだった。太田牛一も『信長公記』にこう書いている。

「二月二十三日、きりしたん国より黒坊主参り候。年の齢二十六、七と見えたり。惣の身の黒き事、牛の如し。彼の男、健やかに、器量なり。しかも、強力十の人に勝れたり」

文面から想像するに、おそらく現代の格闘技チャンピオンのような体格、体力、容姿を備えていたのだろう。

信長はこの人物を大変気に入り、供廻りに加えた。イエズス会においても人並みの扱いを受けていなかった黒人奴隷を、信長は実力主義で評価したのだ。信長は最強のボディーガードを手に入れたのである。もし、本能寺で信長が死んでいなければ、四百年前の日本に黒人の大名が誕生し、その混血の身体能力に優れた一族が戦場で大活躍したかもしれない。想像力をかき立てる魅力的な人物だ。

『家忠日記』にもこの人物の記載がある。天正十年（一五八二）四月十九日に武田攻めからの帰陣の途中に信長に茶を振舞った際の記述に、この人物が登場する。信長は「関東見物」にもこの黒人奴隷を同行していたのだ。

「くろ（黒）男御つれ候、身ハすミ（墨）ノコトク（如く）、タケ（丈）ハ六尺二分、名は彌介と云」

信長はこの人物を「彌介」と名付け、小姓として身近に置いていた。当時三河で用いられていた尺が何センチに相当するかわからないが、明治時代に定められた基準では六尺二分は百八十八センチメートルである。おそらく当時の日本人から見れば雲を突くような大男だったのだろう。それを「六尺二分」と、きちんと数値でディジタルに書いたところに家忠の工学的な姿勢が現れている。家忠は城普請などの土木工事に才能を発揮した人物だったのだ。

この小姓の彌介が、本能寺の変では信長の命を受けて大いに活躍した。

それについてフロイスは『一五八二年日本年報追加』の中で次のように書いている（村上直次郎訳『イエズス会日本年報　上』）。

「ビジタドール（巡察師）が信長に贈った黒奴が、信長の死後世子（信忠）の邸に赴き、相当長い間戦っていたところ、明智の家臣が彼に近づいて、恐るることなくその刀を差出せと言ったのでこれを渡した。家臣はこの黒奴をいかに処分すべきか明智に尋ねたところ、黒奴は動物で何も知らず、また日本人でない故これを殺さず、インドのパードレの聖堂に置けと言った。これによって我等は少しく安心した」

彌介は本能寺から脱出して信忠の立て籠もる二条御所に駆けつけ、そこで大奮戦をした。最後は光秀の家臣に刀を渡して降伏した。光秀は彌介を殺さず、インドのパードレの聖堂（南蛮寺）に引き渡せと家臣に命じた。イエズス会アジア地区の本拠がインドのゴアにあり、宣教師たちがそこから来たことを光秀も知っていたので、インドのパードレの聖堂と言ったのだ。

当時フロイスは都にいなかったので、この原文を書いたのは京都の南蛮寺にいた宣教師のカリオンに違いない。

南蛮寺は天正四年（一五七六）に建設された三階建ての建物だった。場所は本能寺に近く、本能寺の変の当日もカリオンたちが事件の様子をこの南蛮寺から観察していたことが『一五八二年日本年報追加』に書かれている。

光秀が彌介を南蛮寺に置けと命じたことを、光秀の本陣近くにいた信者の誰かが聞いてカリオンたちに伝えたのだろう。「これによって我等は少しく安心した」という記述がそれを示している。

こうして彌介は南蛮寺にたどり着いた。そこにいたカリオンたちが彌介からいろいろと現場の状況を聞き出したに違いない。

カリオンは彌介の話や南蛮寺から見た本能寺の変の様子を九州にいたフロイスに書き送った。フロイスはカリオンから送られてきた原稿を編集して、『一五八二年日本年報追加』に前述の記事を書いたのだ。

彌介が伝えた信長の最期

合理的な信長は最強のボディーガードをいつも身近に置いていたであろう。彌介は本能寺でも小姓として信長の側にいたに違いない。そこで信長の最期の言葉を聞いたのだ。彌介はその一部始終を、南蛮寺でイエズス会の関係者たちに話して聞かせた。

その話は、十年以上を経てヒロンの耳に噂話として伝わった。それをヒロンは『日本王国記』に「噂によると、(信長は) 口に指をあてて、余は余自ら死を招いたなと言った」と書いたのだ。

本能寺での信長の最期に立ち会い、かつイエズス会の宣教師たちにそのことを伝えることができたのは、彌介をおいて他にいない。ただ、気になるのは彌介の日本語能力だ。彌介は果たして、信長の最期の言葉を理解して聞き取ることができたのであろうか。歴史捜査としては裏を固めておく必要がある。

彌介が信長に仕えたのが天正九年（一五八一）二月。そのときロレンソは「少しく日本語を解した」と書いている。それから一年四ヵ月が経っている。昨今の大相撲の外国人力士が短期間で達者な日本語を話すのを目にするが、おそらく彌介もすでに十分日本語を理解していただろうと思える。とはいえ、本能寺でのパニックの中で「余は余自ら死を招いたな」という信長の言葉を聞き取れるだけのレベルに達していたかどうかが問題だ。

確証を得るために先の『一五八二年日本年報追加』の文章を少し分析してみよう。「パードレの聖堂に置け」という光秀と家臣との会話は、カリオンが誰か第三者から聞いて書いたものと思われるが、その前の戦闘の最中に光秀の家臣が彌介に対し「恐るることなくその刀を差出せと言った」と具体的なやりとりを語ったのは、直接言われた彌介本人以外にはあり得ない。

ということは、彌介は戦闘中のパニックの中で「恐るることなくその刀を差出せ」と言う光秀家臣の日本語を正しく聞き取ったということになる。彌介は十分に日本語を聞き取る能力があったとみてよい。

彌介は護衛として信長の側で不寝番をしていた。そこに襲撃が起こった。彌介は信長の最期の言葉を聞き取り、本能寺を後にした。信長が妙覚寺にいる信忠への伝令を彌介に命じたのであろう。彌介がただ本能寺から逃げ出しただけであれば、彼は間違いなく南蛮寺に直接駆け込んだはずだ。それ以外に彌介が頼る先は日本国中どこにもないからだ。

彌介は妙覚寺に走った。信長が彌介に何を託したのかはわからないが、おそらく信忠にとにかく一刻も早く京都から脱出して生き延びろと伝えたかったはずだ。「光秀はお前が京都にいることを知らない。急いで逃げろ」と。それがこのような状況下で氏族長である信長が嫡男に伝えたい最期の一言だったと思える。

信長は、この重要な役を果たせる人物として彌介を選んだ。合理的な信長は太田牛一が「強力十の人に勝れたり」と評した十人力以上の戦闘力と「惣の身の黒き事、牛の如し」と評した異形が脱出に有利に働くと考えたのであろう。切迫した状況下で信長が瞬間的に下した適切な判断だったに違いない。

首尾よく本能寺を脱出した彌介は妙覚寺に走り、その後、信忠の立て籠もる二条御所に行き着いた。この彌介の行動を可能にしたのは、光秀が信忠の上洛を察知しておらず、信忠討ちの手配が遅れたからだ。本能寺を脱出した彌介は意外なほど容易に信忠軍に合流できたのであろう。

しかし、彌介が信長の言葉を信忠に伝えられたのかどうかはわからない。結果をみれば、信長の思いは生きなかったのだ。

安土城の密室での証人

彌介が常に信長の側にいたということで思い当たることがもう一つある。

それは証人がいるわけがないと思われた安土城の密室での信長と光秀との諍いだ。

もう一度、フロイスが書いた『日本史』の記述を見てみよう。

「これらの催し事の準備について、信長はある密室において明智と語っていたが（中略）、人々が語るところによれば、彼の好みに合わぬ要件で、明智が言葉を返すと、信長は立ち上がり、怒りをこめ、一度か二度、明智を足蹴にしたということである。だが、それは密かになされたことであり、二人だけの間での出来事だったので、後々まで民衆の噂に残ることはなかった」

「後々まで」とあるように、この文章は本能寺の変からかなり時間が経ってから書かれたものだ。フロイスは本能寺の変当時は九州におり、四年後の天正十四年（一五八六）に副管区長・コエリョに随伴して畿内へ来ている。この文章は、このとき京都の南蛮寺でイエズス会関係者から「人々が語るところ」を聞いて書いたものと思われる。

信長と光秀の二人だけの密室に立ち会えた人物は、信長の小姓しかあり得ない。彼らであれば信長の警護役として常に信長の側に控えていて、しかもその場にいた人数として数えられない黒子役である。その小姓の中で、イエズス会に秘密の出来事を伝えることができた人物はただ一人、彌介だけだ。

なぜなら、信長の小姓は全員本能寺で討死しているからだ。彌介だけが本能寺から脱出して生き残ることができた唯一の信長の小姓だったのである。

これで国内にはなかった二つの情報、「安土城での二人の諍い」と「信長の最期の言葉」がなぜイエズス会関係の記録だけに残っていたのか、という謎が解けたことになる。従来、証人の存在すら疑わしい怪しげな話としてしか見られなかった二つの話、そして戦国の世にアフリカ生まれの黒人が信長に会ったという珍しさだけで見られてきた話、これらが結びついて一つの真実が浮かび上がってきたのである。

この二つの重要な出来事の証人となった彌介の、その後の消息は残念ながら不明だ。フロイスは四年後の天正十四年に京都に来ているが、『日本史』の記述を見ても彌介に会った形跡はない。そのとき京都の南蛮寺にもし彌介がいれば、フロイスは安土城での二人の諍いの話を直接彌介から聞くことができ、「人々が語るところによれば」といった間接形での記述にはならなかったはずだ。

彌介は本能寺の変から四年の間にどこかへ消えた。イエズス会士に伴われて国外へ脱出することができたのであろうか。

彼の身に何かがあったのではないかと心配になることが一つある。

それは後年フロイスが書いた『日本史』の中で、天正九年（一五八一）四月の書簡や『一五八二年日本年報追加』の記事に自らが書いた彌介についての記述が一切削られていることだ。

フロイスは『日本史』をまとめるに際して、本能寺の変に関する記述については『一五八二年日本年報追加』の記事を踏襲し、むしろ記述を膨らませて書いている。

ところが、彌介についての記述だけはそっくり削除されているのだ。

これは何を物語っているのだろうか。出来事の起きた理由を神の摂理に求めたがるフロイスの姿勢から考えると、彌介の身に神の摂理では説明のつかない何らかの出来事が起きたと考えられるのだ。

本能寺の変後、京都の軍事・警察権は秀吉が一手に握った。当然、秀吉はイエズス会や南蛮寺の様子も事細かに探らせたであろう。そして、信長の小姓で唯一の生存者である彌介が南蛮寺にいることを知ったに違いない。

秀吉は『惟任退治記』の記述と異なる真実が彌介の口から漏れて広まることを何よりも恐れたはずだ。そこで秀吉はイエズス会に申し入れて彌介を引き取ったのではないだろうか。その後に待ち受けていた彌介の運命を知るフロイスは、『日本史』に彌介に関する記事を一切書き残すことができなかったのではないかと想像する。

裏を返せば、それほど彌介が持っていた情報は、秀吉にとって重要なものだったということになる。

第9章　明智光秀の企て

謀反の決意と模索

天正八年（一五八〇）、光秀の信長政権内での立場が大きく変わった。それまで丹波・丹後（たんご）を中心とする方面軍司令官の立場だった光秀が、丹波・丹後の平定とその後の佐久間信盛（のぶもり）ら古参重臣の追放により、信長の腹心へと引き立てられたのだ。

この変化は天正九年（一五八一）になるとより明確になった。この年、光秀には戦場への出陣がなく、一方で、京都での馬揃え（うまぞろえ）の奉行といった政権行事を担当したのだ。それまで戦（いくさ）に明け暮れてきたのとは顕著な違いである。

光秀はようやく訪れた安寧（あんねい）を嚙み締めていたであろう。坂本城の天守閣から見渡す琵琶湖の景色、湖面を渡る心地よい風、身近に寄り添う家族。長年の苦労の果てにたどり着いた人生の幸せ。これも自分を引き立ててくれた信長様のお陰と、心から感謝したに違いない。

ところが、この天正九年こそ光秀が将来への不安を抱くことになる年だった。そのきっかけは、信長が巡察師・ヴァリニャーノに語った唐入りの構想を知ったことだ。いずれ遠国への移封があることは予想していたとはいえ、さらにその先の中国大陸へ送り込まれるとは考えてもみなかったことだろう。信長を支えて天下統一すれば平和で安寧な世が来るという期待が失望に変わったに違いない。

信長の唐入りが本気であることを光秀が悟ったのは天正十年（一五八二）一月のことであろう。博多の商人・島井宗室を信長が京都に呼び出したのだ。堺の代官・松井友閑、商人の塩屋宗悦・天王寺屋宗及らが一月十九日付の書状で二十八日に信長が上洛し、茶会を行ない茶道具を見せるという案内状を宗室に送っている（『島井文書』）。信長は茶会を堺の商人対応の戦術として政略的に使っていたが、中国渡海の準備のためにいよいよ博多の商人との調整を始めようとしたのだ。ちなみに、秀吉が後の唐入りに際して活用したのがやはり博多商人であり、その代表的人物が島井宗室であった。

光秀がこの信長の考えを察知したのは当然であろう。この島井宗室と天王寺屋宗及を光秀は信長の茶会の三日前の二十五日に茶席に招いている（『宗及茶湯日記他会記』）。事前に情報をつかんでおきたかったのだろう。あるいは、信長と会う前に何か彼らに入れ知恵をしたかったのかもしれない。

一方で、長宗我部氏が信長と敵対関係に陥り、信長による長宗我部征伐の動きが明確になった。そこで光秀は、長宗我部氏と信長の関係を修復すべく、天正十年（一五八二）一月に家臣の石谷頼辰を長宗我部元親の説得に派遣した。しかし元親は説得に応じず、信長の要求を拒否してしまった（『元親記』『石谷家文書』）。

おそらく光秀は信長の要求に応じなければ長宗我部氏が滅亡すると元親に伝えたであろう。使者の石谷頼辰に対して元親は信長の要求拒否を回答しただけでなく、光秀の謀反決起を要求したのではなかろうか。それ以外に長宗我部氏が生き残れる道がないことは誰でもわかったはずだ。元親の回答を聞いた光秀の脳裏に、初めて「謀反」という言葉が浮かんだに違いない。

そこから事態は急展開を始めた。天正十年二月九日、光秀の不安が現実となって姿を現した。『信長公記』には、信長が武田攻めの命令に加えて、「三好山城守、四国へ出陣すべきの事」と命令を発したと書かれている。三好康長に長宗我部征伐の先遣隊として出陣が命じられたのだ。

あわせて、武田攻めに筒井順慶を同行させること、細川忠興も出陣すること、光秀も出陣の用意をすること、そして最後に「人数すくなく召し連れ」ていくようにと指示が出された。光秀はこの指示が何を意味するか、直ちに気付いたはずだ。

いよいよ信長の天下統一に向けた第二次構造改革が本格的に動き出したのだ。まだ先のことと思っていた天下統一がこれで一挙に進み、唐入りまで突き進むと光秀は予期し、謀反を決意したに違いない。しかし、問題はどうやって謀反を成功させられるかだ。その目算が立たなければ謀反に踏み切る最終的な決断はできない。そこから、謀反の実行策の模索が始まったのであろう。

そのことを示す記述が『甲陽軍鑑』の中にある。「二月に光秀が謀反を起こすので協力してもらいたいと申し入れてきたが武田勝頼は謀略であろうと思って拒否した」と書かれている。信長の二月九日の命令を受けて謀反を決意した光秀が、武田勝頼との連携を模索したのである。勝頼が光秀の申し入れを拒否しないで連携をとっていたら歴史はどう変わったであろう。勝頼はそれを試すことなく滅亡してしまった。

光秀は信長に随行して三月五日に安土を出発し、武田攻めに向かった。とはいっても合戦をするわけではなく、すでに武田勝頼は天目山で敗死し、決着のついた武田攻めの戦後処理に立ち会うことだった。

信長は三月十九日に諏訪に着陣して本格的に戦後処理を始めた。武田の遺領は、まず三月二十三日、武田攻めに功績のあった滝川一益に上野と信州二郡を恩賞として与えられた。これにより一益は上野へ移封されることになった。この処置を見て、光秀は信長の第二次構造改革が筋書き通りに大きく一歩を印したと受け止めたことだろう。

三月二十八日、信長は富士山見物をして駿河・遠江を通って安土へ帰陣すると命じ、四月二日に諏訪を出発した。光秀は忠興、順慶と共に信長に随行して「家康領見物」に向かうことになった。

「家康領見物」が軍事視察であり、それがさらに何を意味するか、信長から説明を受けるまでもなく光秀は理解したはずだ。家康を滅ぼした後には自分が家康領へ移封されることも予想したであろう。侵攻して手柄を立てた者にその土地を給付するのが通例である。信長の行なった滝川一益への処遇を見れば大方の予測はできる。

連携を模索した武田勝頼が滅亡したことによって光秀の謀反の実現性はますます遠のいた。甲斐・信濃・上野に織田信忠の広大な領国ができ、甲斐には河尻秀隆・穴山梅雪、信濃には木曾義昌・森長可、上野には滝川一益という織田軍の体制ができてしまったのだ。

近江・美濃・尾張・伊勢・伊賀の近国領国の織田軍には、光秀自身の軍勢に細川藤孝・筒井順慶の軍勢を加えて対抗できると光秀は踏んでいたろう。自分の組下大名でもあり姻戚関係もあった細川藤孝と筒井順慶は味方の中核として外せない存在である。特に自分が中間（ちゅうげん）として仕えて以来、苦楽を共にしてきた藤孝には全幅の信頼を置き、第一の盟友とみていたはずだ。

しかし、近国の織田軍を制圧できても、甲斐・信濃・上野の織田領国は近江・丹波・丹後・大和を基盤とする光秀軍からは遠すぎるのだ。

そこに、極めて当然の答として「徳川家康との連携」が浮上したに違いない。家康の三河・遠江・駿河は絶好の位置にあるのだ。家康も信長の関東見物の真意に気付いていたはずだ。家康救済の話を持ちかければ家康が乗ってくるのは間違いない。そして、その連携の模索が直ちに始まったのだろう。それには家康領見物がまことに都合のよい機会を与えてくれたのである。光秀と家康の接触の機会はできたのだ。

おそらく、それが二人の直接の接触でなかったことを示すのが『當代記』の奇妙な追記である。「どこの宿泊でも光秀は老人なので信長の宿舎の近くに宿を仰せ付けられた」。これでは織田家臣の目が光っていて光秀は家康本人どころか家康の家臣とも接触することができない。『當代記』の追記の意図は光秀・家康の談合を否定することにあったのではなかろうか。

現代の企業でも他社との重要な連携策はトップからの指示を受けた両社の実務レベルでの調整が行なわれ、下ごしらえができたところでトップに上申されて裁断が下る。家康領見物では両者の重臣同士での下ごしらえの調整が行なわれたのであろう。

これで近国織田軍だけでなく旧武田領の織田軍を制圧するめどは立った。しかし、どうやって信長と信忠を討つか。光秀に名案は浮かばなかったに違いない。警護厳重な信長や信忠を討ち取ることは至難の業に見えたはずだ。

もし謀反が失敗したらどうなるか。天正六年（一五七八）に謀反を起こした荒木村重一族の悲惨な末路を光秀は思い浮かべたはずだ。女子供、幼児に至るまで一族郎党ことごとく処刑された。光秀はこのとき娘を村重の嫡男に嫁がせていた。村重の謀反発覚で娘は離縁されて光秀のもとに戻り、三宅弥平次(やへいじ)、すなわち明智秀満(ひでみつ)に再嫁した。そのような縁で光秀は、村重一族の身に起こった悲劇を自分の一族に起きたごとくに受け止めていたはずだ。

光秀の決断「時は今」

五月七日、信長は信孝へ四国仕置の朱印状を与えて長宗我部征伐を命じた。この朱印状には讃岐(さぬき)を信孝に、阿波(あわ)を三好康長に与え、土佐と伊予については信長が淡路島に着いてから沙汰すると書かれていた。

いよいよ大きな歯車が回り出した。いったん動き出したら止められない。謀反は長宗我部征伐軍の四国渡海前に行なわねばならない。もはや時間がないと光秀は焦ったであろう。長宗我部氏からも斎藤利三を通じて謀反決行を急ぐように要求があったことは、『元親記』に書かれていたとおりである。

そのようなときに光秀は家康の饗応について相談があると信長に呼び出され、安土城の一室に招き入れられた。そこは信長の他には小姓が控えているだけの密室だった。控えていた小姓は信長がいつも身近に従えていたお気に入りの小姓、アフリカ人の彌介だった。そこで信長から、家康討ちとその後の家康領侵攻の具体的な計画を打ち明けられたのだ。家康一行は五月十五日に安土城を訪れているので、これはおそらく五月十日前後のことだったろう。

ここで、光秀は信長から、本能寺に家康を呼び出すので討ち取ること、そのために中国出陣準備と偽って光秀を家康饗応役から解任して休暇を与えること、家康討ち取り後は細川忠興と筒井順慶を従えて家康領へ侵攻することを命令されたに違いない。家康一行には信忠と長谷川竹が監視役として同行することも知らされたであろう。信長が明かした家康討ちの計画が、全く可能性がないと思われていた信長・信忠討ちを可能にした。本能寺へ光秀が早めに行けば間違いなく信長を討てる。信忠討ちは家康に任せればよい。信長の計画を乗っ取れば間違いなく二人を討てると光秀は確信したのだ。

しかし、光秀には最後に一つだけ確認しておきたいことがあった。それは長宗我部氏を救うことができるかどうかだ。もし、長宗我部氏が救えれば、一族の弱体化を食い止められるかもしれない。一族滅亡のリスクを冒す謀反に踏み切らないでも済むかもしれない。五月七日に信長が信孝に与えた朱印状には、長宗我部氏の本拠地・土佐と伊予については信長が淡路島に着いてから沙汰すると書かれていた。光秀の最大の関心事はまさにそのことだった。

「土佐と伊予をどうするおつもりなのか」を光秀は信長に問い、長宗我部氏は攻め滅ぼすという信長の決意を知って、光秀は必死にそれを思いとどまらせようとした。それは自らに謀反を思いとどまらせるための必死の懇願だったのだ。しかし信長は、光秀の懇願を拒絶し、光秀を一度か二度、足蹴にしたのだ。フロイスの書いた「信長の好みに合わぬ要件」とは、これだったに違いない。

ここに光秀は謀反実行を決断したのだ。信長の家康討ちの計画を乗っ取れば間違いなく信長は討てる。信忠討ちもその後の政権維持も家康が味方に付くのでうまくいく。「謀反を起こすしかない、そしてそれはこの機会しかない」。まさに、「時は今」と。

そう考えた光秀は、まず盟友・細川藤孝を説得して味方に引き入れ、次いで五月十四日から十七日の間に安土で家康と談合して、謀反同盟を締結したのである。

吉田兼見の偽証

では、家康が光秀に味方して謀反同盟を結んだとされる談合は、どのような史実で裏付けられるのだろうか。絶対に秘密にしなければならなかった談合の存在を書き残した史料などあるはずもない。それは当然であるが、ここで諦めて歴史捜査を終えてしまったら蓋然性は高められない。史料に残された証拠を丁寧に分析してみよう。

吉田兼見（かねみ）は公家であり、京都吉田神社の神官だった人物だが、彼が日々書き綴った

『兼見卿記』には、天正十年（一五八二）の日記がなぜか二冊ある。

兼見は一月から書き始めた日記を、光秀が滅亡した山崎の合戦の後にすべて書き直した。このため合戦の前に書かれて六月十二日で終わっている『別本』と、合戦後に書き直されて一月から十二月まで揃っている『正本』とが存在している。

もちろん兼見は都合の悪いことを書き換えて偽証を行なったのだ。書き換えねばならない肝心な箇所は限られており、そこは細心の注意で書き直したに違いない。それ以外の大部分についてを正確に書き写す必要は全くない。別本を見て当日の記憶がよみがえれば文章を忠実に書き写すのではなく、記憶に従って書き直せばよい。おそらく兼見はそうしたのだろう。その結果、正本と別本にはあまり意味のない様々な記述の差が生じたのだ。

では、兼見は何を隠そうとしたのか。それは、自分や朝廷と光秀との親密な関係に他ならない。それ以外に他人に知られてまずいことはなかったはずだ。本能寺の変以後の行動について、書き換えが顕著な部分を抜き出してみよう。

六月二日

・織田信忠が立て籠もった二条御所から誠仁（さねひと）親王（正親町（おおぎまち）天皇の皇子）が避難する際に、兼見の友人で連歌師の里村紹巴（じょうは）が親王の乗る輿（こし）を持ってきたという記述を削除

・安土に向かう光秀を兼見が途中で出迎えて面会した記述を削除

六月六日

・安土城にいる光秀に勅使として会いに行く兼見に対して、誠仁親王が「京都の治安を維持せよ」と光秀へ伝えるように命じた記述を削除

六月七日

・安土城で兼見が光秀と「今度の謀反の存分を雑談（ぞうだん）した」という記述を削除

六月九日

・近江の光秀から届いた兼見宛の礼状が光秀の自筆であったという記述を削除

・光秀よりもらった銀子五十枚は吉田神社の修理のためであるという名分を追記

・親王から光秀宛の奉書が発給され、それを下鳥羽の光秀に届けたという記述を削除

これらを見ると、兼見自身やその友人あるいは朝廷が、光秀の謀反との関連を疑われないように書き換えたことが一目瞭然にわかる。

ただ一箇所、不思議な書き換えが行なわれているところがある。

それは兼見の日記の五月十四日の記述で、安土での家康に関する箇所だ。

最初に書かれた別本では「家康が信長に御礼のため安土へ登城、光秀は休暇を申しつけられた」となっていた。ところが、正本では「家康が安土に逗留する間、光秀は

休暇を仰せつけられていたが家康の接待の用意で大変だった」と書き換えられている。

他の書き換えた箇所は、単に記述を削除しているものがほとんどだが、ここは記述を追加している。なぜ「光秀は家康の接待の用意で大変だった」と、わざわざ書き加える必要があったのだろうか。兼見はこれで何を隠そうとしたのか。

光秀が奏上した「家康との談合」

兼見が日記を書き換えて隠そうとしたのは、光秀が家康と行なった安土での談合だったと考えられる。兼見は「光秀は家康の接待の用意で忙しく、談合などしている暇は全くなかった」と言いたかったのだ。

家康は五月十四日には安土の近くまで来ていた。光秀が坂本に帰ったのが五月十七日。この間の四日間のどこかで二人は直接会って談合したのだ。重臣同士で下ごしらえができていたとはいえ、やはりトップ同士が直接会って最終的な盟約を締結しなければならない。

ちょうどこの談合の直前には、信長と光秀との間で本能寺での家康討ちの段取りが決められていた。光秀と家康は、それを逆手に取ってどのように信長討ちを実行するか、家康は本能寺の変の勃発をどうやって早く知って堺から脱出するか、など具体的な段取りが相談されたはずだ。謀反決行後の二人の役割分担や行動計画についても、綿密に調整が行なわれたと思われる。

この談合が行なわれたことは、他にもいくつかの史料から読み取ることができる。

実はこの談合は、光秀と家康二人きりで行なわれたものではなかった。光秀方からは斎藤利三が同席していた。安土で光秀と家康が談合したこと、そこに利三が同席していたことを直接証言している人物がいるわけではない。しかし、よく読み解けばそうとしか思えない証言を残した人物がいたのだ。

朝廷の公家同士として吉田兼見とも親しかった山科言経（やましなときつね）と勧修寺晴豊（かじゅうじはるとよ）だ。まず吉田兼見の『兼見卿記』を読み解いてみよう。

兼見は本能寺の変の五日後、六月七日に朝廷の勅使として安土城に赴き、光秀と対面している。そこで「今度の謀反の存分を雑談した」と『兼見卿記』の別本（最初に書かれたもの）に書いている。ということは、兼見は本能寺の変の一部始終を光秀の口から直接聞いた最重要証人ということになる。

そして兼見は翌日の六月八日、参内して誠仁親王に事の委細を報告している。ここで親王や朝廷の重臣たちは本能寺の変の顛末を兼見の口から聞いたのだ。

そこで思い出されるのが、山科言経と勧修寺晴豊が斎藤利三について六月十七日の日記に書いた「日向守の内、斎藤内蔵助は、今度の謀反之随一」（山科言経『言経卿記』）と、「かれ（利三）など信長打談合衆也」（勧修寺晴豊『日々記』）という一文だ。勧修寺晴豊はずばり「利三が信長を討つ談合に加わっていた」と書いている。

これらの記述は、六月八日に兼見が光秀と対面した結果を親王に報告した内容の一部と考えるのが妥当である。本能寺の変から二人が日記を書いた十七日までのあわただしい日々の中で、言経と晴豊がこのような光秀方の内輪の話を知る機会はこのときしかなかったはずだからである。二人は兼見が親王に報告する席に同席していたのだ。

それを裏付けるように『日々記』には、八日に兼見が参内して親王に報告したこと自体も書かれている。晴豊がそこに同席していたのだ。

一方『言経卿記』は、六月五日から十二日までの記録がなぜか失われている。『言経卿記』は天正四年（一五七六）から慶長十三年（一六〇八）までが記録され、本能寺の変の起きた天正十年前後の関係者の動向を知ることができる貴重な記録だが、残念ながら肝心な六月五日からの八日間の記録が欠落している。六月五日は本能寺の変の三日後、十二日は山崎の合戦で光秀が敗れる日の前日だ。他人には見られたくない重要なことがそこに書かれていたのではなかろうか。

このため、兼見が光秀との会見の次第を親王に報告した場に、晴豊と同じように言経もいたかどうかは確認できないが、八日の記録には破り捨てなければならないような重大なことが書かれていたのだ。

このようにみると、二人が十七日の日記に書いたことは、光秀が兼見に語りそれを兼見が親王に報告した、本能寺の変の顚末と考えて間違いない。つまり晴豊の「利三が信長を討つ談合に加わっていた」という証言は、光秀が兼見との会見で語ったものだったのだ。これによって、信長討ちの談合が行なわれ、そこに利三が加わっていたことは裏付けられた。

では、その談合がなぜ「安土での家康との談合」と言えるのか。『信長公記』には本能寺の変前夜の六月一日夜に、光秀は利三ら重臣と信長討ちを談合したと書かれていて、晴豊らの言う談合とはこの談合を指しているとする研究家もいる。

しかし、逆説的に考えてみれば容易に判明することである。

事件前夜の六月一日夜の談合とは、陣中における部下への作戦指示のようなものだ。いわば、明智家中だけのものである。だとすれば、兼見もわざわざそれを親王に報告する必要もなかったはずだ。利三が加わっていた談合が今後の状勢判断に極めて重要な意味を持っていたからこそ、光秀も兼見に報告し、兼見は親王に報告したのだ。したがって、晴豊が言う談合は、六月一日夜の陣中での談合などでは決してあり得ない。

そのような重要な談合とは、五月十四日から十七日の間に行なわれた光秀と家康の安土での談合しか考えられない。

本能寺の変後、光秀は早急に朝廷から政権の承認を得ようとしていた。そのためには、光秀の政権が強固なものであることを勅使の兼見に納得させる必要があった。その説得材料として、家康と安土で談合して同盟を結んだという驚くべき事実を打ち明けたのだ。

こうしてみると、後に秀吉が大村由己に命じて『惟任退治記』を親王や公家たちに何度も読んで聞かせたことの狙いも見えてくる。それは単なる世論操作ではなく、「本能寺の変の真実」を知ってしまった親王や公家たちへの口封じの意味を込めた脅迫だったのだ。

談合にいたもう一人の人物

さて、光秀は兼見に「謀反の存分を雑談した」として安土での家康との談合を報告し、また兼見は日記を書き換えることで「光秀は家康の接待の用意で忙しく、談合などしている暇は全くなかった」と偽証した。これが兼見の奇妙な書き換えの理由だが、それでは兼見はわざわざこう書き換えることで誰を救おうとしたのか。

書き換えたのは山崎の合戦での光秀の敗北後だ。光秀や利三を救おうとしたものでないことは明らかである。では、家康を救おうとしたのだろうか。

ところが、兼見と家康との接点はどこにも見付からない。『兼見卿記』を隅々まで読んでも、家康と兼見との交流は一切確認できない。どうやら家康を救うつもりではなかったようだ。となると、一体誰を庇おうとしたのだろうか。

そこで原点に返って考えてみると、そもそも兼見が苦労して日記を書き換えたのは、自分自身と親しい人を庇うためだった。したがってこの箇所の書き換えも、特に親しい人を庇うためのものだったはずだ。

兼見は代々吉田神社の神官の家系であるとともに、朝廷における信長への対応役で、信長の上洛の際には必ず途中まで出迎えに出ていた。同時に、兼見は細川藤孝の従兄弟にあたる。藤孝は上洛のたびに兼見邸を宿舎としていた。また光秀の家臣の佐竹出羽守宗実は兼見の妻の兄であり、『兼見卿記』にもしばしば登場している。これらの関係から、兼見は光秀とも関係が深かったのだ。

本能寺の変直前の天正十年（一五八二）一月から五月までの五ヵ月間について、『兼見卿記』への親しい人物たちの登場日数を見てみると、信長十二日、藤孝九日、佐竹出羽守七日、光秀五日だ。この頻度が兼見との親密度だとすると、信長は仕事上の付き合いとして、やはり従兄弟の細川藤孝が一番親しい人間であったことがわかる。

改めてそこに着目して『兼見卿記』をよくよく読み返すと、五月十四日の書き換えられた文の前に重要な記述があった。

「十四日の早朝に長兵が安土へ向かった」と書かれているのだ。「長兵」とは誰あろう長岡兵部大輔(ひょうぶのたいふ)、つまり細川藤孝だ。藤孝は信長に仕えて長岡の地を拝領したので姓を長岡と変えていた。前日には、長岡兵部大輔と嫡男の与一郎(忠興)が京の兼見邸に宿泊していたことも書かれている。ということは、安土で光秀と家康が談合したときに藤孝父子も京都から安土に来ていたということになる。

これで兼見が日記を書き換えてまで安土での光秀・家康の談合を隠した理由がはっきりした。兼見が隠そうとしたのは「謀反の談合に藤孝も加わっていた」ということだったのだ。藤孝を庇おうとしたと考える以外に、兼見の奇妙な書き換えの理由は見出せない。

藤孝が発した警告

藤孝が光秀の謀反の談合に加わっていたとしても、何の不思議もない。

光秀が中間として藤孝に仕えるようになった経緯はよくわかっていないが、両者は主従関係にあり、二人の間に深いつながりがあったことは確かだ。その後の義昭(よしあき)、信長の下での二人の関係を見ても、光秀の三女・玉(後のガラシャ)が藤孝の嫡男・忠興の正室となるなど、これほど盟友と呼ぶに相応しい関係はない。光秀が謀反を起こすとしたら、まず藤孝と同盟を結ばないわけがないのだ。

すなわち光秀、藤孝、家康は「三者同盟」を成立させていたのである。

藤孝が謀反の談合に加わっていたということは、当然藤孝は本能寺の変の勃発を事前に知っていたことになる。これを裏付ける話がある。兼見の六月一日不参の謎である。

上洛して本能寺に入った信長を、本能寺の変前日の六月一日に公家衆が大挙して訪問した。朝廷の公家がほぼ全員出席という行事だったにもかかわらず、兼見だけは訪問しなかったのだ。

兼見は朝廷における信長対応役として常に上洛する信長を真っ先に出迎えていた。その兼見が信長を迎える本能寺の行事に参加しなかったのは、どう考えても異常である。その日に謀反が起きるので避けようとしたと考える以外、異常な行動の理由は考えられない。

実際の本能寺の変は翌日の六月二日早朝に起きたので、兼見のこの行動は一日ずれていた。その理由として、兼見は本能寺の変の起きることは知っていたが、起きる日は正確には知らなかった、と考えれば辻褄が合う。

安土での光秀・家康・藤孝の談合の際には、本能寺での信長による家康討ちは決まっていたものの、その日取りはまだ決まっていなかったのだ。その日取りが決まり、関係者に通知されたのは六月一日の前日、信長がお触れを出した五月二十九日だったのだ(この年の五月は二十九日まで)。正確な決行日を知らなかった藤孝は、おそらく兼見に「信長が本能寺に宿泊している間は近づくな」と警告していたのであろう。

それではいつ、藤孝は兼見に本能寺の変が起こることを知らせたのだろうか。

兼見の日記空白の謎というのがある。几帳面に日々日記を書いていた兼見が四月に一回、五月に一回、各四日間連続して日記を書かなかった日がある。異常なことであり、そこには何かがあるという謎だ。

これは兼見の朝廷における役割を考えればすぐに解ける。

兼見は朝廷における信長対応役だった。四月の日記の空白は二十日から二十三日までだが、信長が武田攻めから安土に帰着したのが二十一日。兼見はこれを出迎えて戦勝の祝いをするため、この間、安土へ行っていたと考えられる。

五月の日記の空白は十七日から二十日。家康が安土城で饗応されたのが十五日から二十日までなので、このときも兼見は安土滞在中の家康の歓迎のため安土を訪問していたのだ。安土への出張中は日記を持参しなかったため、兼見は日記を書かなかったのである。

十七日に安土に着いた兼見は、そこで藤孝に会ったはずだ。そして「信長が本能寺に宿泊している間は近づくな」と警告されたに違いない。

『信長公記』によれば、信長が光秀や細川忠興に中国出陣を命じたのが十七日であり、光秀はその日に坂本へ帰っている。おそらく藤孝父子も同様の動きだったであろうから、藤孝から兼見への事変の事前警告は、十七日中に慌しく行なわれたのであろう。

成就するかに見えた謀反

五月十七日、光秀は坂本城へ帰り、周到に決起の準備を開始した。信長への謀反を決意した光秀は坂本城に帰るや、謀反後の同盟者確保にさっそく動き始めた。信長と対峙している諸勢力に送る密書を書き溜めたのだ。謀反の秘密が漏れないようにするため、六月二日以前に密書を送るわけにはいかない。六月二日の信長討ちの成功を見届けて密使を各地に放つことにしたのだ。準備万端怠りなく、一斉に密使を放つための準備を進めていたに違いない。

実際、本能寺の変の直後に近江の阿閉貞征や京極高次が秀吉の居城・長浜城を陥れ、若狭の旧守護・武田元明が佐和山城を占拠した。光秀から届いた密書によって起こした行動と思われる。

そして、二十二日までに丹波亀山城に入り、最後の出陣準備を整えた。その出陣とは偽装の中国出陣でも、信長から密命を受けた家康領侵攻でもなく、信長討ちと近国の織田軍制圧のための出陣だったのだ。

準備万端整えた光秀は、二十四日に愛宕山で連歌の会を催し、謀反の成功を神仏に祈願した。

発句　時は今あめが下なる五月かな　光秀
挙句　国々は猶のどかなるとき　光慶

二十九日、信長は上洛して本能寺へ入った。そして「上洛のお触れ」が出された。「六月二日に本能寺へ出頭せよ」という、光秀、順慶、忠興、家康への命令はその直前の二十八日には出されていた可能性が高い。光秀が家康らに謀反決行日を事前に連絡するまでもなく、信長自身が連絡してくれたのである。決行日は六月二日だと。

六月一日夜、亀山城を出発した光秀軍は翌二日の早朝、一挙に本能寺へ攻め込み、思惑どおりに信長を討ち果たした。

引き続き安土城へ向かうはずだった光秀に予想外の知らせが届いた。家康に同行して堺にいるはずだった信長の嫡男・織田信忠が二条御所に立て籠もっていたのだ。光秀軍は直ちに二条御所を取り囲み、激戦の末に信忠も討ち果たした。事前の家康との談合では、家康に同行して上洛する信忠を討つのは家康の役目だったのであろう。

さらに予想外だったのは、本能寺へ遅れて合流してくるはずだった筒井順慶と細川忠興がいくら待ってもやって来なかったことだ。彼らは信長の命令を受けて、家康を討ち取った後の家康領侵攻のために本能寺で合流することになっていたのだ。

光秀はあきらめて安土へ向かった。一刻も早く安土城を占拠して近江・美濃・尾張の織田勢力を抑える必要があったからである。

『信長公記』によると、「近江の軍勢が攻め上がるやもしれないとみて直ちに勢田へ進軍し、山岡美作守景隆・山岡対馬守景佐兄弟に味方になるように申し入れたところ、山岡兄弟は勢田の橋を焼き落とし、居城にも火をかけ山中に引き退いた」とある。琵琶湖にかかる橋を焼いて光秀の安土入城を妨害したので、止むなく光秀は坂本城に帰ったと書かれている。


その後の光秀の行動は『兼見卿記』に書かれている。

六月三日、光秀は近江の織田勢力の制圧を開始し、四日には近江全域を支配下に置いた。五日には勢田の橋の修復もでき、安土城へ何の抵抗も受けずに入城した。

一方、光秀に合流するはずだった大和の筒井順慶のもとには藤田伝五が派遣され、五日から逗留していたことが奈良興福寺蓮成院の『蓮成院記録』に書かれている。順慶の光秀支援活動もここから本格化するはずだったのだ。同じように藤孝のもとへは沼田光友が使者として来たと『綿考輯録』に書かれている。

六日、安土城を占拠していた光秀は美濃・尾張の平定に全力を注いだ。一方、京都では早速朝廷が動き始めた。「京都の治安を維持せよ」という誠仁親王の命令を光秀に伝えるため、吉田兼見が勅使として安土へ派遣されたのだ。

七日、安土を訪れた兼見は光秀と会い、「謀反の存分を雑談」した。光秀は自分の政権がしっかり確立する見込みであることを兼見に説明し、朝廷へ伝えようとした。その裏付けとして、安土で利三を交えて家康・藤孝と同盟を結ぶ談合をしたことを話したのだ。光秀の政権にとって、何といっても朝廷からの信任が不可欠だったからだ。『兼見卿記』には、安土城を退去した蒲生賢秀が未だに光秀のもとに出仕していない（まだ臣従の挨拶がない）と書かれている。賢秀以外の織田方の諸将はすでに光秀のもとに出仕していたのだ。若干の手違いはあったものの、ここまでは光秀の計画が成功しつつあったのだ。

狂いだした歯車

八日、光秀は上洛に動いた。秀吉の中国大返しの情報が入ったためだ。

フロイスの『日本史』には「突如、敵の軍勢が非常な速さで接近しつつあるから、万事を差しおいて駆けつけるように、との伝言が都から飛脚によって届けられた」と書かれている。

中川清秀宛の秀吉書状には、五日には秀吉がすでに備中高松から途中まで引き返してきており、松井康之宛の杉若無心書状には六日に秀吉本隊が姫路に帰還したと書かれている。この動きが早くも八日に光秀に届いたということは、姫路に潜んで見張っていた光秀の手の者からの急信であろうか。やはり謀反を成功させるために様々な手が打たれていたのだろう。

八日の『兼見卿記』には光秀が「明日、摂津へ手勢を出す」と書かれていることから も、光秀の上洛は摂津へ接近してきた秀吉への対応であったことが裏付けられる。秀吉の動きは光秀の想定をはるかに超える速さだった。こうなると順慶、忠興の参陣の遅れが大問題だった。この夜、光秀は坂本城へ帰り、家康、順慶、藤孝父子へ急ぎ援軍要請の書状を認めたのだ。

そして家族に別れを告げたものと思われる。光秀は「もし自分に万一のことがあれば落ち延びて土岐氏再興を図ってくれ」と言い遺したに違いない。一族の救済こそが謀反の第一の目的だったからだ。自分の代で土岐明智氏を滅亡させてしまうようなことがあってはならない、自分の思いを子供たちに引き継がせたい、そう考えていたはずだ。

九日、光秀は坂本城を発って上洛した。途中、公家たちが光秀を出迎えに集まったが、光秀は兼見に出迎え無用の旨を伝えた。

京に入った光秀は兼見邸を訪れ、天皇、親王をはじめ、京都五山、大徳寺、兼見に対し、銀子の献上を申し出た。光秀は兼見邸において連歌師の紹巴、昌叱、心前の相伴を得て食事をした。おそらく、五月二十四日の愛宕百韻（あたごひゃくいん）のことも話題になったであろう。その後、光秀は下鳥羽へと出陣して行った。

光秀からの銀子の件を朝廷に報告した兼見は、その礼のため親王の奉書を携えてわざわざ下鳥羽の光秀に会いに行っている。朝廷はこの時点でも光秀に信任を与えていたのだ。光秀が兼見に「雑談（ぞうだん）」した話の内容に朝廷も納得していたのであろう。

この九日の早朝には、兼見宛に光秀の書状が届けられている。京都の茶屋四郎次郎の屋敷にも光秀の書状が届けられたはずだ。家康宛の援軍要請の書状である。

九日付で細川藤孝に宛てた、光秀自筆とされる書状が細川家の『綿考輯録』に集録されている。その書状にはおおよそ次のようなことが書かれている。

「藤孝・忠興父子が信長に弔意を表して元結（もとゆい）を切ったことに腹を立てたが、思えば仕方のないことである。とはいえ、味方して重臣を派遣してもらいたい。恩賞として摂津を予定していたが、但馬（たじま）、若狭もお望みであれば進上する。我々の謀反は与一郎（忠興）を取り立てるためのものであり、五十日、百日の内に近国を固めた後には十五郎（光秀の嫡男・光慶）、与一郎に政権を引き渡す所存である」

信長に弔意を表して心が離れた藤孝父子を責めながらも、味方につくよう説得を続ける光秀の必死の姿勢が表れている。

ただし、この書状は細川家が家記（かき）として編纂（へんさん）した、いわくつきの『綿考輯録』に集録されたものだ。筆跡や花押から判断して偽物とする説もあって、そのまま信用することはできない。光秀の実際の書状を細川家が都合の悪い部分を書き換えて集録した可能性もある。

それでもこの文面から、光秀の同盟者であったはずの藤孝父子がこの時点で離反していたこと、謀反の目的が細川家も含めた一族全体の次世代への道を開くものであることなど、ここまで解き明かしてきたことの一端が裏付けられるものとなっている。

一方、順慶はこの日、光秀から離反する動きを始めた。援軍要請の書状は光秀からだけではなく、秀吉からも何度も届いていたのだ。『多聞院日記』には河内に出陣する命令が出ていた軍勢が急遽引き揚げとなり、居城の郡山城に籠城する準備が始まったことが書かれている。河内出陣は光秀支援の行動であったため、それを引き揚げたことで『多聞院日記』にも、順慶が心変わりしたのではないかと書かれている。

十日、光秀は摂津の制圧に動いた。しかし、このときすでに摂津を治めていた池田恒興、中川清秀、高山右近は秀吉側についていたのだ。キリシタン大名の高山右近が光秀に加担しなかった裏には、イエズス会の力が働いていた。本能寺の変の後、イエズス会の宣教師・オルガンティーノが右近宛に「何があっても光秀には味方するな」という書状を渡していたのだ。天正六年（一五七八）に荒木村重が信長に対し謀反を起こしたとき、右近を説得して村重から離反させたのもオルガンティーノだった。イエズス会は自分たちの庇護者であった信長を討った光秀は許せなかったのである。

一方、順慶の離反も明らかとなり、光秀から派遣されていた藤田伝五は順慶のもとを退去するが、途中で順慶に呼び戻されたと『多聞院日記』は書いている。順慶も迷いに迷っていたのであろう。

十一日、光秀は摂津から下鳥羽に帰陣し、淀城の補修を行なった。摂津の支配をあきらめて、防衛線を山崎まで退いたのだ。光秀自身、相当苦しい状況に陥っていると認識していたに違いない。

山崎の敗北、そして滅亡

山崎の合戦から光秀の敗死までを『兼見卿記』で確認してみよう。

「十二日、勝竜（龍）寺の西において足軽の鉄砲戦あり。近辺が放火された。十三日、雨降、申刻（午後四時頃）に至り山崎において鉄砲の音、数刻鳴り止まず、一戦に及ぶ。五條口より落武者が白川一条寺（一乗寺）あたりへ落ち行き、一揆によって或いは討ち取られ或いは剝ぎ取られる。京都より知らせがあり、山崎の合戦で光秀は敗れ勝竜寺城に籠った、討死は多数とのこと。秀吉軍二万余が勝竜寺城を取り巻いたとのこと。

十四日、昨夜、光秀は勝竜寺より脱走したとのこと。どこへ落ちたかはわからない。十五日、光秀は醍醐のあたりで一揆に討ち取られ、その首を村井清三が織田信孝の許に持参したとのこと」

山崎で長時間に渡って鉄砲戦が行われたこと、光秀の敗残兵が京都を通って坂本へ向かったが一揆に襲われたこと、敗れた光秀は勝竜寺城にいったん立て籠もったこと、光秀は醍醐の辺りで一揆に討ち取られたことが確認できる。

秀吉の書かせた『惟任退治記』の記述にも同様のことが書かれている。

「光秀は人数を段々に立て置いたが、秀吉は軍勢を三筋に分けて中筋・川の手・山の手から一度に押し込み即座に追い崩したので光秀軍は悉く敗北した。光秀近侍三千ばかり一手に固まって勝龍寺城へ立て籠もった。方々に逃げた輩を追い詰めて殺す。丹波路筋に切って入り、落武者を一人も逃さず討ち、勝龍寺を四方八面取り囲んだ。光秀は夜半に五、六人に案内させて城を脱出。寄せ手が昼の合戦に疲れて寝込んだ隙をついて逃げ出した。城内は光秀脱出を知って我先にと崩れ出し、過半が討たれた。

山科、醍醐、逢坂、吉田、白川、山中、その辺りで討ち取られた首が無数本能寺に集められた。諸国より討ち取った首を悉く点検したところ、その中に光秀の首があった」

『惟任退治記』には秀吉が軍勢を三筋に分けたことが書かれているが、秀吉が浅野家に宛てた書状（『浅野家文書』）にはその陣立が書かれている。
「十三日の晩に山崎に陣取った高山右近、中川清秀、堀秀政勢に光秀は段々に人数を揃えて切りかかる所を、道筋（中筋）は高山、中川、堀、南の手（川の手）は池田、秀吉等の者、加藤光泰、木村隼人、中村一氏、切り崩し、山の手は羽柴秀長、黒田孝高、神子田半左衛門他が切り崩し、勝龍寺城を取り巻いた。光秀は勝龍寺城を夜に脱出したが、山科の藪の中で百姓に首を拾われた」

後に書かれた『惟任退治記』には三筋から一斉に攻めたように書かれているが、この書状には西国街道を進み山崎村に陣取った高山右近・中川清秀・堀秀政に対して光秀軍が戦端を開いたと書かれている。

フロイスも『一五八二年日本年報追加』に次のように書いている。この山崎の合戦の情報は高山右近から得たものと思われる。

「摂津の三人の領主は秀吉に先行して山崎という大きな村へ進んだ。中川清秀が山の手を、池田信輝が淀川沿いを、高山右近が中央の山崎村を進んだ。右近は明智軍が至近に迫ったと聞いて、後方の秀吉に応援を請うとともに、合戦を急ぐ兵を抑制していた。ところが、明智軍が山崎村の東黒門をたたくまで近づいたので、一千人に満たない手勢を率いて門を開き敵を攻撃した。高山軍は死者一人に対して明智軍は高貴なる者二百が討たれ、勇気を失った。第一回目の合戦の後、両翼の中川・池田軍が合流し、明智軍は逃げ始めた。秀吉軍二万余が近傍まで迫っていることが明智軍の勇気を失わせたが、秀吉軍は疲労し到着することができなかった。この勝利は正午のことで、光秀滅亡の主因となった。

光秀の兵ははなはだ急いで逃亡し、勝龍寺城も安全でないと考え、午後二時京都を通過した。全員が通過するのに二時間を要した。彼らは坂本を目指したが村々から盗賊などが出て襲ったので坂本に着けなかった者が多数いた。

明智は一部の兵と一緒に勝龍寺城に入った。その後秀吉の全軍が迫り包囲し、都に聞えたほど終夜銃を放った。攻囲軍は皆疲労困憊して朝まで起きられなかった。明智はほとんど単身で城を抜け出して坂本へ向かった。光秀は隠れていて農夫等に坂本へ連れて行くように頼んだが、彼らは槍で刺して光秀を殺した」

フロイスの記述では緒戦の開始は正午。秀吉の本隊は後方におり、秀吉軍として戦ったのはまず山崎村から出撃した高山右近軍のみ。合戦は光秀側から仕掛けてきて開戦ということになる。勧修寺晴豊も十三日の日記に「雨降、早天に明智陣所敗軍」と書いている（『日々記』）。やはり、日中早い時刻に戦いは始まったのだ。どうやら光秀は秀吉の本隊の到着前に右近らの摂津勢をたたく作戦をとったようだ。しかも、山崎の東黒門の出口で右近軍をたたくという作戦だ。

ところが、この緒戦に光秀軍はもろくも大敗した。おそらく、雨天の中で山崎村の軒先で雨を凌ぐことができた右近の鉄砲隊が圧倒的に威力を発揮したのではなかろうか。そうでもなければ「一千人に満たない手勢」で戦って、「高山軍は死者一人に対して明智軍は高貴なる者二百が討たれ」るという一方的な結果にはならないだろう。

そこへ山の手の中川軍と川の手の池田軍が合流して戦った。それがきっかけとなって光秀軍の敗走が始まってしまった。敗走した光秀軍は京都をすでに午後二時から四時にかけて通過している。

吉田兼見は「雨降、申刻（午後四時頃）に至り山崎において鉄砲の音、数刻鳴り止まず、一戦に及ぶ」と書いたが、この銃撃はフロイスが書いた勝龍寺城に光秀が入った後の、「その後秀吉の全軍が迫り包囲し、都に聞えたほど終夜銃を放った」ときのものだったのだろう。秀吉は三筋で一斉に戦いが始まったように書いており、浅野家への書状では十三日晩に開戦したように書いているが、それは秀吉軍本体の動きであり、摂津衆は早々と先陣を切って勝利していたとみられる。

こうしてみると山崎の合戦は光秀軍と秀吉軍の全面激突戦ではなく、高山・中川・池田の摂津勢と光秀軍の合戦だったのだ。光秀としては備中高松から強行軍で大返ししてきた秀吉軍が疲労して戦力低下し、かつ山崎にも到着できないでいる間に摂津勢に勝利することを狙ったのだろう。山崎村の狭隘（きょうあい）な東黒門の出口で高山勢を迎え撃つ当然の作戦をとった。

秀吉の中国大返しが光秀に敗戦をもたらしたが、突き詰めると摂津勢が秀吉に味方して光秀に敵対したことが光秀にとって最大の敗因になったのだ。オルガンティーノが高山右近に「何があっても光秀には味方するな」と書状を出したことで、光秀の敗北が決定したのだ。

安土の教会にいたオルガンティーノらは本能寺の変後の混乱の中で盗賊に騙(だま)されて琵琶湖の島に監禁状態となった。それを救ったのが光秀の家臣だった。問題の書状は光秀の小姓が高山右近説得のためにオルガンティーノに書かせて、わざわざ自分で右近へ届けたものだったのだ。日本語で書かれた書状には「光秀に味方せよ」と書かれていたが、ポルトガル語で書かれた書状には逆のことが書かれていた。光秀の小姓はポルトガル語を読めなかったが右近は読めたのである。光秀にとってはイエズス会にかけた温情が仇(あだ)となったのだ。

光秀は小栗栖(おぐるす)の竹藪で殺されたことが定説になっているが、どの史料にも小栗栖の地名はない。光秀は醍醐か山科の辺りで殺されたのだ。光秀は何としても居城の坂本城へ戻り、態勢を立て直したかったのだ。まだ負けたわけではない、家康の援軍が来れば立て直すことができる、勝負はそれからだ、そう考えていたに違いない。

しかし、土岐氏の再興と一族の存亡を懸けた光秀の戦いは終わったのだ。

光秀の遺体は首と胴をつながれて、京都の東海道・東山道への出入り口である粟田(あわた)

口に磔にされて晒された。その後、粟田口の東に首塚が築かれて埋葬され、今は東山三条白川筋に「明智光秀首塚」として江戸中期からまもってきた家系の子孫（和菓子屋餅寅）によって祀られている。

第10章　徳川家康の企て

作られた伊賀越えの苦難

五月十五日、家康は石川数正や後に徳川四天王と称される酒井忠次、本多忠勝、榊原康政、井伊直政を始めとした重臣を引き連れて安土を訪れた。

さらに、五月二十一日に家康は安土から京へ向かった。『信長公記』には、家康が京へ向かったのは「信長の上意」、すなわち命令だったと書かれている。信長は何としても家康を京、さらに堺へ行かせる必要があったわけだ。

三河から離れて信長の支配地に深入りすることがどれだけ危険なことであるか、家康は当然理解していたはずだ。用心深く、用意周到な家康の危機管理能力からすると極めて異常なことだ。なぜなら、重臣と共に一網打尽に討ち取られたら徳川家の滅亡は目に見えていたからだ。その程度のことに気付かないはずがない。信長からの事実上の命令とはいえ、なぜ家康はやすやすと信長の命令に従ったのだろうか。

その理由は一つしか考えられない。光秀との盟約がすでにできていたからだ。

家康は信長の招きに応じて上洛する決心をすると同時に、いざというときに堺からどうやって脱出するかを周到に準備したのだ。信長が家康を油断させるために中国出陣でカムフラージュしたのと同じように、家康は信長を油断させるために、わざと信長の術中にはまったように振舞ったのだ。

それでは、家康は本能寺の変の後、どのような行動をとったのだろうか。

本能寺の変の起きた六月二日早朝、家康は堺にいた。早朝に堺を出発すれば、夕方には京都に着ける。

家康に同行していた京都の商人・茶屋四郎次郎は三河出身といわれ、家康の合戦に従軍するなど家康とは特別に深い関係にあった。家康一行がいつも京都での宿舎にしたのは本能寺の近くにあった四郎次郎の屋敷だ。

その茶屋四郎次郎の子孫が書いた『茶屋由緒記』には、要約すると次のようなことが書かれている。

「茶屋四郎次郎清延は家康一行の堺遊覧が済んだ旨を信長に伝えるため六月一日に（先発して）京都へ向かった。

本能寺の変が勃発すると直ちに堺へ急信に走り、（途中の中間点に近い）枚方（ひらかた）で、（その朝先行して堺を出た）家康家臣の本多平八郎忠勝と行き会った。

（さらに少し堺へ引き返した）飯盛山（いいもりやま）で家康一行と行き会い、事後処理を相談した。

帰国して弔い合戦をすることに評議が決まり、所々山賊の蜂起に遭遇したが、四郎次郎が先発して金を撒いたので所々の者が案内を申し出て、家康は御機嫌よく三河へ帰った」

ここからわかるように、家康は極めて慎重に四郎次郎と本多平八郎を二重に先発させている。一刻も早く変の勃発を知るための備えに違いない。

本願寺門主・顕如（けんにょ）の祐筆（ゆうひつ）・宇野主水（もんど）の六月二日の日記には「朝徳川殿上洛。火急に上洛の儀候、上様（信長）安土より二十九日にご上洛の由ありて、それにつきふたふたと上洛由候也」とあり、家康があわてて上洛した様子が書かれているが、後日の追記に「これは信長御生害を知りて計略を云て上洛也」とある。やはり家康の行動は事前に本能寺の変の勃発を知ってのものと当時の人は疑っていたのだ。

また、伊賀越えは、さほどの難儀ではなかったことがわかる。「家康は御機嫌よく三河へ帰った」のである。この三河までの脱出行は世にいう「神君（しんくん）伊賀越え」で、家康は大変な苦労をして命からがら三河に帰り着いたというのが定説となっている。ところが、どうも様子が違うのだ。

別の史料を見てみると、伊賀越えには伊賀者百九十人が護衛している。『伊賀者由緒書』には天正十年（一五八二）伊賀国鹿伏兎（かぶと）山峠御案内御供仕候（つかまつりそうろう）　者姓名として柘植（つげ）三之丞以下百九十人の名前があり、その中には服部半蔵従兄弟として富田弥兵衛、山中覚兵衛などの名もある。伊賀者の精鋭が総出で護衛したということだ。

なぜ伊賀者が家康を護衛したのだろうか。その理由を家康家臣の大久保彦左衛門忠教が『三河物語』の中で次のように書いている（小林賢章現代語訳『三河物語』）。

「家康はこのこと（本能寺の変のこと）を堺でお聞きになり、もはや都へ行くことはならず、伊賀の国を通って引きあげた。

そのおり、信長がかつて伊賀の国を攻めとられたとき、みな殺しにして、諸国へ逃げた者も、つかまえて殺したが、三河へ落ちて家康をたのんだ人びとを、家康はひとりも殺すことなく、生活の世話をなさったが、国に討ちもらされていた者が、そのときのことをありがたく思っていて、『こんなときにご恩をお返ししなくては』と家康をお送りした」

信長は本能寺の変の前年、天正九年（一五八一）に伊賀攻めをし、伊賀は皆殺しに近い状態になった。ところが家康は三河に逃げてきた伊賀の人々を匿った。その恩返しとして伊賀者が家康一行に協力したのだ。

つまり家康にとって伊賀は逃走援助を得るには条件のよい土地だったのだ。家康はあらかじめ伊賀越えを脱出ルートとして選び、逃走のための護衛も準備していたのだ。そうでなければ二百人近い護衛を即時に集めることはできなかったはずだ。

『石川忠総留書』によると、家康に同行した三十四人（小姓組十二人含む）の内の一人として服部半蔵正成（まさなり）の名がある。服部半蔵は伊賀忍者のようにいわれているが、実は三河生まれで、家康の家臣として三方ヶ原の合戦や長篠の合戦で武功を立てた人物だ。父の代に伊賀から三河に移り住んだ関係で伊賀にも親族がおり、脱出劇のまとめ役として最適な人物だったのだ。こうして家康は適材を配置して万全の備えをしていたのである。

家康が命からがら逃走したという「神君伊賀越え」の話は、脱出作戦があらかじめ用意されていたことを隠すためのものだったのだ。

謀殺された穴山梅雪

この脱出劇でもう一つ家康が仕組んだことがある。それは家康に同行していた武田の遺臣、穴山梅雪の死だ。

『信長公記』では、家康一行に同行していた穴山梅雪は堺からの脱出時に一揆に襲われ殺されたと書かれている。「宇治田原越えにて、退かれ候ところ、一揆どもさし合い、穴山梅雪生害なり」と。

イエズス会宣教師のルイス・フロイスも『日本史』に「穴山殿はさらに遅れて出発し、伴侶もわずかであったらしく、それがために、途次襲撃され（中略）、（一揆の者は）ついには彼をも殺害してしまった」と書いている。

家康の家臣・大久保彦左衛門忠教は『三河物語』に「穴山梅雪は家康を疑って、家康からすこし離れておいでになったために、盗賊どもに殺された」と書いている。しかし、太田牛一、フロイスはもちろん、大久保忠教ですら家康に同行していたわけではなく、誰かから間接的に入手した情報を書いたに過ぎない。

研究者の多くが伊賀越えの参考文献として必ず引用する『石川忠総留書』には「穴山梅雪は思う心があり、一里ほど後を付いてきたところ、里人が襲って一人残らず殺したとも、道案内人を梅雪の家臣が殺したので里人が怒って梅雪をも殺したとも言われる」と書かれている。石川忠総は家康に同行した大久保忠隣（忠教の甥）の実子であるが、生年は天正十年（一五八二）。もちろん、生まれた年に起きた事件のことを事件直後に取材することは不可能だ。

一方で不思議なことに、家康の伊賀越えに随行した酒井忠次、本多忠勝、榊原康政、井伊直政、高力清長、永井直勝、服部正成の子孫が書いた伊賀越えでの手柄話の中には、いずれにも梅雪が一揆に殺されたことは書かれていない（『寛永諸家系図伝』、『寛政重修諸家譜』）。

このように証言の信憑性が低いにもかかわらず、誰も疑うことなく梅雪が一揆に殺されたことが定説となっている。「神君伊賀越え」とはそれほど危険な脱出行だったと納得してしまっているのだ。

ところが、家康は三河に戻るや、すぐさま混乱に乗じて甲斐・信濃を簒奪した。その甲斐の一部は武田家の重臣だった穴山梅雪が信長から本領安堵されて領有していたものだ。梅雪は武田信玄の姉の子であり勝頼の従兄弟にあたり、勝頼亡き後は武田家の名跡を継いで武田遺臣のトップに立っていた人物だ。

その梅雪の死は、家康にとって余りにも都合の良すぎる死だった。本当に梅雪は一揆に殺されたのかという疑問が当然わいてくる。

ここに極めて謹厳実直に事実を書き残した家康の家臣がいる。日々の天候を事細かく日記に書き残した三河深溝城主の松平家忠だ。家忠は当時岡崎に近い深溝にいたが、家康の堺からの脱出について『家忠日記』に次のように書いている。

〈六月三日〉

「京都酒井忠次の所より、家康が帰国したら西国へ出陣が有ると言ってきた。酉の刻に、京都にて信長に光秀と織田信澄が謀反し、信長が死んだとの知らせが入った」

本能寺の変の知らせは六月三日酉の刻（午後六時頃）に三河に届いている。織田信澄とは、信長の弟・信勝（信行）の子で、信勝は兄の信長に殺されている。また信澄は、光秀の娘を正室としており、そのため光秀の謀反に加担したと疑われたようだ。

本能寺の変の報より早く、家康に随行して堺に行っている酒井忠次からの連絡が届いている。忠次は配下の松平家忠に出陣準備をしておくように一刻も早く伝えたかったのだ。おそらく、連絡要員として京都に残していた忠次の小者（こもの）が、六月一日に京都へ先行して戻ってきた茶屋四郎次郎から忠次の書状を受け取って届けたものであろう。そうでなければ本能寺の変の報より前に届くわけがない。

『呉服屋由緒記』には京都の商人・亀屋栄任（えいにん）が本能寺の変の勃発を家康に注進し伊賀越えへの随行を申し出たところ、京都に味方の人数がいるとのことなので、京都に戻り密かに落ち合って近江信楽（しがらき）へ行って、そこから家康一行の御伴をしたと書かれている。京都には家康の手勢が何人かいたようだ。家康が上洛した際に宿としていた茶屋四郎次郎の屋敷にでも待機していたのであろう。

〈六月四日〉

「家康は堺にいたが岡崎へ帰ってきた。家康以下、伊勢を発って大浜に上陸した。町まで出迎えに行った。穴山は切腹なり。道の途中で信澄謀反は噂に過ぎないと聞いた」

四日に家康が堺から岡崎へ帰り着いている。家忠は出迎えに行っているが、この文を見ると、穴山梅雪は明らかに一揆には殺されていない。梅雪は「切腹」しているのだ。梅雪の切腹を家康一行が確認できたということはどういうことであろうか。

一揆に襲われて追い詰められて梅雪が切腹し、それを家康一行が確認できたということが果たしてあり得るだろうか。梅雪だけが襲われて家康一行は襲われなかったはずもない。そのような緊迫した場面であれば、家康一行はそれこそ後ろも見ずにひた走りに逃げたであろう。ましてや、定説となっている「梅雪は家康を警戒して一行と離れたので一揆に襲われた」という状況では、家康一行が梅雪の切腹を見届けることは不可能だ。

六月四日の日記には追記がある。正確を期すために原文を書くと、『此方御人数雑兵共二百余うたせ候』である。この意味は「こちらの手勢と雑兵合わせて二百人余りに討たせた」である。主語の討たせた人物も目的語の討たせた相手も書かれていないが、文脈からすると「穴山は切腹なり」を補足して書かれたものであり、目的語は穴山梅雪とその家臣とみるのが妥当だ。つまり、「家康がこちらの手勢と雑兵合わせて二百人余りに穴山一行を討たせた」ということだ。梅雪は家康に切腹させられたのだ。

文章的には「こちらの手勢に雑兵ども二百余を討たせた」とも読めそうだが、そうであれば手柄話として同行者の子孫が書きそうなものだが、そのようなことを書いた史料はないのである。

「こちらの手勢と雑兵合わせて二百人余り」とすると、家康家臣三十四人に伊賀越えに随行した伊賀者百九十人とを合わせた数に一致しそうだ。もし、そうだとすると、梅雪が討たれたのは六月二日で宇治田原辺りという定説も崩れることになる。伊賀者が随行したのは四日の鹿伏兎山峠越えの道である。

こうして家忠の証言をみると、梅雪の殺害が家康の陰謀だったことは動かしがたい事実だ。家康と同行した家臣たちは口裏を合わせて秘密にしたが、思わぬ所で正直者が日記に真実を書き残していたのだ。

実は『甲陽軍鑑』に「家康が雑兵の手にかけて梅雪の首を討ち取った」ように書かれている。梅雪の本国甲斐での認識は家忠の証言のとおりなのだ。

勝頼滅亡後、武田家の名跡は梅雪が継いだが、梅雪の死後はどうなったか。いったんは梅雪の子、勝千代が継いだ。ところが、勝千代は五年後の天正十五年（一五八七）に早世し梅雪の系統は絶えてしまう。そして、この武田家の名跡は武田信吉が継いだ。武田信吉とは誰あろう、家康の五男、万千代が名を改めたものだ。これをみても、梅雪が一揆に殺されたと信じ続けるのは人が好過ぎはしないだろうか。

江村専斎は「穴山は路次にて一揆に殺されたとも、家康の仕業だともいう。駿府もやすやすと家康の手に入り、甲斐の河尻秀隆も家康に討滅された」と語っている（『老人雑話』）。家康に殺された可能性もあるとみるのが専斎の没する寛文（かんぶん）四年（一六六四）頃までの世の常識だったのだ。現代人が「一揆で殺された」と思い込んでいるのは、その後どこかで常識が変えられてしまったからに過ぎない。

天正壬午の乱の策動

三河に帰着した家康は直ちに甲斐・信濃の織田軍の切り崩しを開始した。十月まで続く旧武田領国（甲斐・信濃・上野・駿河）をめぐる争乱は「天正壬午（じんご）の乱」と呼ばれている。その全貌は平山優著『天正壬午の乱』に詳しい。最終的に家康は甲斐と信濃半国を手に入れることになるが、問題はその初動である。家康が光秀との同盟に基づいてどのように策動したかを確認してみよう。

家康は岡崎帰着後早々に遠江に匿っていた武田遺臣で信濃佐久郡の国衆・依田信蕃（よだのぶしげ）に「甲斐・信濃に出立し、両国ともに家康の手に入るように引き付けよ」との書状を送っている（『依田記』）。

これを記した『依田記』は依田信蕃の子・康真（やすざね）が初代尾張藩主・徳川義直に問われたことへの回答として書かれたものであり、先祖の手柄話として書かれた由緒記よりも信憑性ははるかに高い。

五日には、同じく遠江に潜伏させていた甲斐武川（むかわ）衆・折井次昌（つぐまさ）、米倉忠継に早々に帰国して甲斐の武士を徳川に帰属させる工作を指示している（『寛永諸家系図伝』、『譜牒餘録（ふちょうよろく）』）。素早い動きであり、家康の狙いが旧武田領の織田軍の切り崩しにあったことを端的に示している。

さらに六日、武田家旧臣の駿河衆・岡部正綱に梅雪の領地である甲斐巨摩（こま）郡下山に城を築くように命じた（『寛永諸家系図伝』）。人数を投入しての明確な軍事行動の開始である。

十日、伊賀越えに随行した重臣・本多信俊を甲斐領主・河尻秀隆の元へ送りこんだ。協力を申し入れたとされる（『當代記』）が、秀隆を甲斐から追い出す算段であったろう。

十二日、家康に派遣された元武田重臣の曾根昌世（まさただ）と岡部正綱が甲斐の加賀美右衛門尉に知行安堵状を発給した（『古今消息集』）。河尻秀隆の治める領地を安堵したということは、秀隆の傘下の武田旧臣に家康が家臣として抱える保証を与えたことを意味する。

十四日、河尻秀隆のもとに派遣した本多信俊が秀隆に殺害された（『三河物語』）。家康の甲斐簒奪の策動を知った秀隆が危機を察知して動いたのである。

十五日、北条氏政は家康の甲斐侵攻を察知し、甲斐都留（つる）郡の土豪・渡辺庄左衛門に朱印状を与え、都留郡で軍勢を集めるように命じた（『戦国遺文（後北条氏編）』）。氏政はようやく家康の策動に気付いたのである。家康の天正壬午の乱での甲斐・信濃の簒奪は北条氏の侵攻に対する自衛的なものとみる人がいるが、これを見れば的外れであることがわかる。

十七日、家康の家臣・大須賀康高が甲斐に在陣し安堵状を発行している（『三河物語』）。家康も最早遠慮なく策動を本格化した。その背景には十五日に光秀の敗死を知り、光秀への援軍派遣を諦めて、甲斐・信濃の簒奪一本に絞らざるを得なくなった事情もあったであろう。

十八日、甲斐で一揆を仕組み、河尻秀隆を殺した。秀隆の家臣三千人は一揆に討たれ、生き残った者は散り散りになって逃れたという（『當代記』、『三河物語』）。これによって甲斐の織田軍は完全に崩壊したのである。信濃にはこの日、依田信蕃が佐久郡小諸に帰り着いている（『依田記』）。

このように見てみると家康は明らかに旧武田領の織田軍切り崩しに全力を挙げており、その狙いは見事に成功している。高柳氏が『明智光秀』に「家康は岡崎に帰ると翌五日すぐに光秀に対して敵対行動に出た」と書いた定説は「家康は岡崎に帰ると翌五日すぐに甲斐・信濃の織田家に対して敵対行動に出た」と書き直すべきである。

動かさなかった西陣

このように家康は明らかに甲斐・信濃の織田家への敵対行為を行った。それでは光秀討伐の動きはどうであったろうか。定説のように光秀討伐に直ちに動いたのであろうか。

図らずも穴山梅雪謀殺の証言をしてくれた松平家忠の『家忠日記』をもとに、三河帰着後の家康の行動を追ってみよう。

〈六月五日〉

「城へ出仕したが出陣の用意をせよとのことで早々に帰った。伊勢、尾張から家康へ使が来ている。味方せよとのことであろう」

家康は三河へ帰着した翌日に出陣の用意を命じている。松平家忠らの西三河衆には西へ向かう戦を命じており、これを「西陣」と呼んでいる。これに対して駿河・遠江・東三河の兵力を動員して甲斐・信濃へ向かう戦いを「東陣」と呼んでおり、家康は二面作戦を展開していたことがわかる。

また伊勢と尾張の織田家から早速、家康説得の使者が来ており、織田方も家康が敵に回るかもしれないと懸念していたことがうかがえる。これをみても「家康が織田家に敵対するわけがない」と現代人が信じきっているのは単なる思い込みに過ぎないことがわかる。

〈六月六日〉

「雨降り。一日待機・酒井左衛門尉（忠次）から八日に東三河衆が岡崎に来る、西三河衆には決まり次第指示があるとの連絡があった」

　西三河衆の家忠は一日待機し、西陣の指揮をとる酒井忠次から、西陣に合流する東三河衆が八日にならないと岡崎まで来ないとの連絡が入った。このため、西陣は八日までは待機せざるを得なくなった。定説では、家康の光秀討ちの出陣が遅れたのは雨天が続いたためとされるが、雨降りはこの日だけである。

〈六月七日〉

「西三河刈屋(かりや)城主の水野宗兵衛（忠重）が京都で討死とのこと」

　水野忠重は武田勝頼への内通を疑われて信長の命で殺された水野信元の弟で、家康の叔父である。織田信忠軍の一員として二条御所に立て籠もって戦ったとされる。しかしこの討死の報はあとで誤報とわかる。実は忠重は二条御所からの数少ない生還者だったのだ。

〈六月八日〉

「織田信澄が去る五日に大坂で織田信孝に殺されたとのこと」

　ここで光秀に加担したと疑われた信澄が信孝に殺された情報が入ってきている。この記事で改めて注目されるのは、六月四日の記述で「道の途中で信澄謀反は噂に過ぎないと聞いた」と書かれていたことだ。誰から聞いたかは記(しる)していないが、家忠は当然帰着した家康の一行の誰かから聞いたのだ。本能寺での光秀・信澄謀反の情報が前日（三日）に流れたばかりの状況で、信澄は謀反には加担していない（噂に過ぎない）と、伊賀の山地を抜けてきたばかりの家康一行が、四日の時点で断言できたのはなぜだろうか。実際は五日に織田信孝が謀反への関与を疑って信澄を殺害しているにもかかわらずである。

それは家康が謀反に加担した人物が誰と誰であるかを事前に知っていたからに他ならない。安土で家康が光秀と談合した際に、謀反加担者として信澄の名前はなかったということだ。

〈六月九日〉
「西陣は少し延期と連絡があった。水野宗兵衛は京都に隠れており、帰着した」

八日に来るはずだった東三河衆が岡崎に来なかったため、西へ向かう西陣は延期された。しばし甲斐・信濃の東陣に注力するため西陣は少し遅らせる、という決定がなされたのだろう。このことは家康の行動を解くうえで重大な意味を持ってくる。加えてこの日、二条御所で討死したと伝えられた水野宗兵衛忠重が帰着したことが注目される。

ここまで家康は、四日に帰ってきてから西へ向かう西陣を全く動かしていないことがわかる。明らかに家康は武田旧領の織田軍の切り崩し以外は眼中になかったのだ。もし信長の弔い合戦で光秀を討つつもりであれば、甲斐・信濃の織田軍は当然味方である。甲斐・信濃などに一切構わずに光秀討ちの西陣に集中すればよかったはずだ。西陣を様子見にして甲斐・信濃の織田領で策動したということ自体が、光秀に味方していたことをはっきり証明している。これが安土での談合で光秀と取り決めた家康の行動分担だったのだ。

手間取った光秀援軍

いよいよ六月十日から、家康の行動が東陣から西陣へと急展開する。その行動にはさらに重大な意味があった。引き続き『家忠日記』で追ってみよう。

〈六月十日〉

「酒井左衛門尉より十二日に出陣と言ってきた」

前日に「しばらく延期」と連絡があったばかりの西陣を「十二日に出陣」と言ってきた。手の平を返すような作戦変更の理由は何であろうか。そのカギは、前日の九日に水野忠重が京都から岡崎に帰り着いたことだ。忠重が重要な情報を持ち帰ったのである。その情報とは、秀吉軍が予想外の速さで京都に迫って来たことだと思われる。

水野忠重の情報は偶然もたらされたものではない可能性がある。ほとんど生存者のいなかった二条御所から無事脱出できたのも、その後の明智軍による落人狩りから逃れたことも、もともと忠重は家康に命じられて動向把握のために織田信忠に付いていた人物であって、あらかじめ光秀と家康との間で打ち合わせ済みだったとみれば不思議ではない。

この知らせを受け、家康は光秀救援のための西陣を急ぎ出陣させることにしたのだ。それが、九日に延期と指令したばかりの西陣の翌十日の陣触れだ。家康は西陣に東陣の兵を加えて光秀救援に向かおうとしたのである。

〈六月十一日〉

「夫丸（人夫）を出したが、出陣は十四日まで延期とのことで夫丸を呼び返した。水野宗兵衛が刈屋へ帰ってきた」

ところが再び出陣は見合わされた。当時は武将といっても役割は様々で、松平家忠は主に土木担当だった。軍勢を進める際の道路や橋の補修といった土木工事を担当していたが、この日、人夫を派遣したものの出陣延期の命令があり呼び戻している。

前日に十二日出陣の命令を出したばかりで、翌日に十四日まで延期したのは、おそらく東陣の兵を岡崎に集めるのに予想外に手間取るとわかったためであろう。それだけ東陣は甲斐へ深く侵攻していたのだと思われる。

このことからも、いかに十日の西陣転換が急な決定だったかがわかる。家康は相当に慌てていたのだろう。なお、家康への報告を終わった水野忠重がこの日、家康のもとから居城の刈屋へ戻っている。

〈六月十二日〉

「雨降り」

雨で動けなかったわけではなく、十四日に出陣は延期されており、天候のいかんにかかわらずこの日は待機だった。

〈六月十三日〉

「岡崎まで行き、城へ出向いた」

予定されている十四日出陣の打ち合わせのために城へ出向いたのであろう。

〈六月十四日〉

「尾張の鳴海まで出陣」

ようやく十四日に西陣が出立した。この西陣の軍勢の中に東陣の兵が組み込まれていたことは、後述の二十一日の日記を見てもわかる。東陣を担当していた遠江・東三河の軍勢がその日に西陣から撤退しているからだ。

こうして、家康は水野忠重の急報を聞いて早速西陣の出立を決めたものの、意に反して東陣の兵力を西陣へ振り向けるのに時間を要し、ようやく十四日になって出陣できたのだ。家康は光秀との合流を相当に急いでいたと思われる。光秀から、援軍の急派を求める書状が届いていたのであろう。

しかし、家康がようやく光秀救援のために出陣した十四日の前日（十三日）に、光秀はすでに山崎の合戦で敗北してしまっていたのだ。

家康が東陣に深入りせず、初めの計画どおりに五日早く、六月九日に西陣を進めていれば、山崎の合戦の結果は全く違うものになっていたことだろう。その後の日本の歴史も大きく変わっていたはずだ。光秀はさぞ無念だったに違いない、光秀に何一つ加勢できなかった家康も無念だったはずだ。

十四日付で家康が美濃の武将へ出した書状が『大日本史料』に集録されている。吉村氏と高木氏それぞれへ宛てて京都へ攻め上がるので協力するように求めたものである（『肥前吉村文書』、『高木文書』）。その内の吉村氏に宛てたものは家康の書状に石川数正と本多忠勝の連署状も付いているが、その連署状の中に「明智討ち果たすべきの由」の文言がある。これをもって、家康の鳴海への出陣が光秀支援ではないことを示す反証とする研究者がいる。

しかし、家康が信長の家臣である美濃の武将に邪魔されることなく上洛するためには、どのような上洛目的を言うべきか考えれば、この文言に証拠能力がないことがわかる。「光秀を支援するために上洛する」とは口が裂けても言えないことは、誰がみても明らかである。

注目すべき津嶋への陣替

それでは、家康は光秀敗北の報を受けて以後、どう動いたであろうか。この後、家康は常識では考えられない驚くべき行動をとったのだ。

もし家康が後に弁明しているように、このときの家康の出陣が光秀を討つためのものであったなら、目的がなくなった家康は直ちに西陣を撤収する行動に移ったはずだ。ところが家康がとった行動は、そうではなかった。引き続き家忠の日記を追ってみよう。

〈六月十五日〉

「旗本（本陣）へ出向いたところ、伊勢神戸（かんべ）（織田信雄）より信孝らが京都にて光秀を討ち取ったと注進があった」

前々日（十三日）に起きた山崎の合戦の報がようやく家康のもとに届いている。光秀の死も知らされている。ただし信雄からの間接的な報告なので詳しい状況は掴めなかったと思われる。

〈六月十六日〉

「明日、尾張津嶋まで陣替という指示があった」

ここで注目すべき家康からの命令が出ている。尾張津嶋まで西進せよとの命令だ。津嶋は鳴海より二十キロ以上京都寄りだ。すなわち家康は光秀の死を知りながら、西陣を一歩京都に向けて前進させたのだ。もし家康軍が光秀を討つつもりでいたのであれば、これは全く意味のない行動である。ではこの進軍は何のためだったのか。

光秀の死を知りながら西へ陣を進めたのは、光秀残党を救出して軍勢を立て直し、秀吉軍と戦うためとしか考えられない。それ以外に陣を進める理由はない。家康は光秀との同盟の約束を果たすために、秀吉討ちに動いたのだ。

〈六月十七日〉

「酒井左衛門尉（忠次）の手の者が津嶋まで陣替した」

家康の十六日の指示に従って、先遣部隊の酒井忠次の兵が津嶋まで進軍した。

〈六月十八日〉（空白）

几帳面な家忠にしては珍しく日記を書いていない。この日に家忠も津嶋へ進軍したものと思われる。そのため作業の忙しさに追われて日記を書けなかったのだろう。相当に慌しく大規模な陣替が行なわれたのだ。

〈六月十九日〉

「秀吉より上方のことは片づいたので早々に帰陣するよう言ってきた。津嶋から鳴海まで撤収した」

ここで秀吉から使いが来て、すべてが終わったので帰陣せよとの秀吉の指令を伝えてきた。家康は十五日の坂本城落城や十七日の斎藤利三の処刑を使者から知らされたのだろう。光秀の軍勢が壊滅したことを知って、家康は進軍をあきらめざるを得なかったのだ。秀吉からの帰陣指令はかなり厳しい口調のものだったと想像される。仕方なく家康はいったん鳴海まで兵を退いたのだ。

おそらく秀吉の使者は帰陣命令を伝えると同時に、家康のこれまでの行動について詰問したと思われる。これに対して家康は、謀反への加担を必死に隠したに違いない。「伊賀越え」の苦難を創作し、尾張の鳴海・津嶋への出陣も、光秀討伐のためであったと強弁したのだ。

穴山梅雪の消息を尋ねられた家康は、一揆に殺されたと答えた。正直に「梅雪を殺した」とは、これも口が裂けても言えるわけがない。この話を使者が持ち帰って秀吉に報告し、それが太田牛一に伝えられたと考えると、『信長公記』に梅雪が一揆に殺害されたという記事が書かれた理由が納得できる。

秀吉の使者は、家康が謀反に加担していたというようなことには一切触れなかったとみられる。一つは、秀吉に捕らえられた斎藤利三が謀反加担者の名前を白状しなかったからだ。

利三が口を割らなかったことを知って、家康は安堵したに違いない。このときの利

本能寺の変（6月2日）後の家康の行動

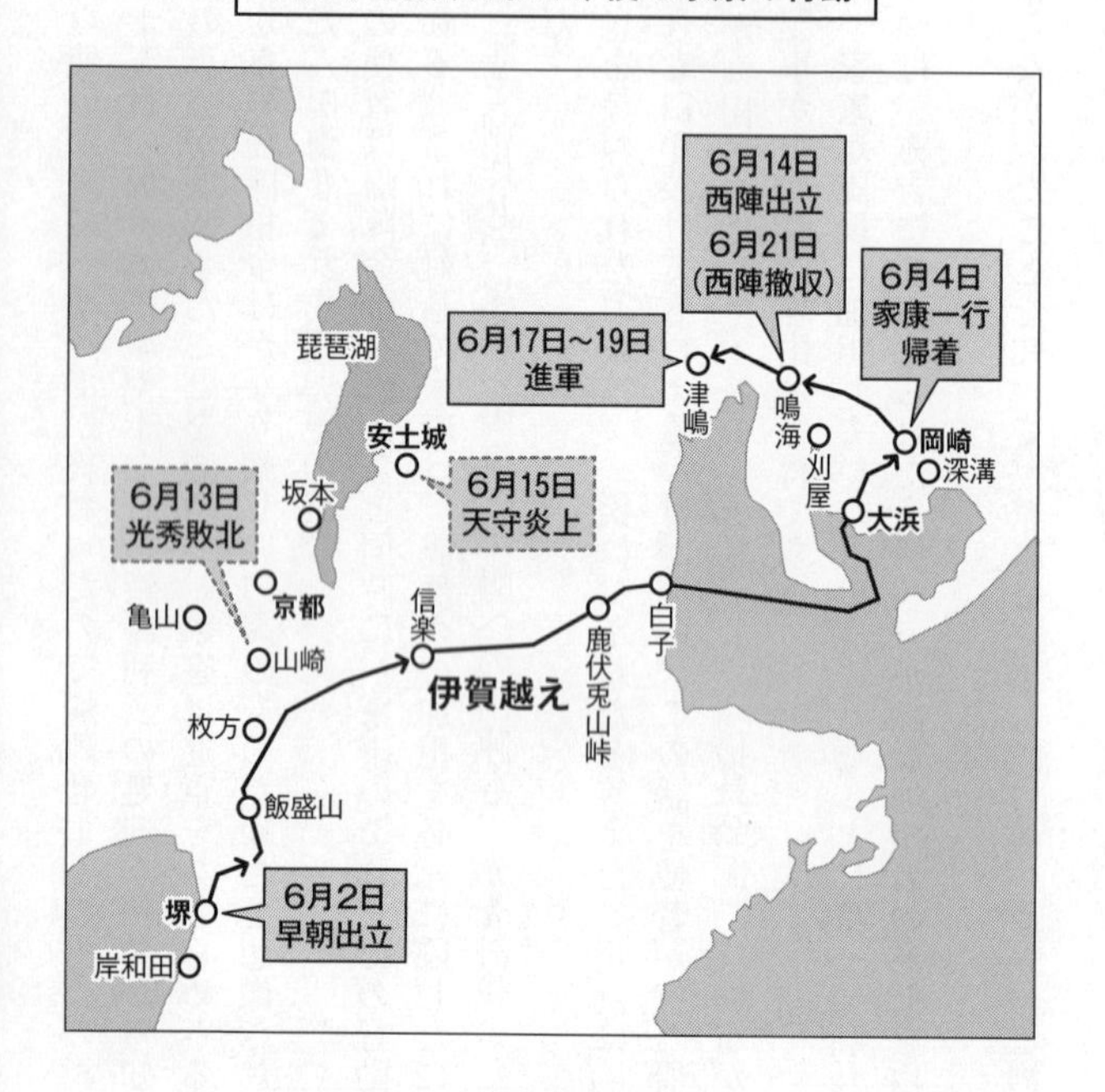

三への強い恩義の念が、後年、利三の娘の福（後の春日局(かすがのつぼね)）を孫の家光の乳母に採用することにつながったのであろう。

〈六月二十日〉

「旗本（本陣）へ出向いた」

家忠は次の命令が出るのを本陣でずっと待機していたのだ。これしか書くことがなかったのだろう。実はこの日に後述する重要な打ち合わせが行なわれていたとみられる。

〈六月二十一日〉

「家康、遠江衆、東三河衆は帰陣した。水野宗兵衛より手紙が来た」

結局、家康は東陣から動員していた遠江・東三河の兵を伴って西陣を撤収した。秀吉に戦いを挑んで信長討ちに加担したことが露見しては勝ち目がないと判断したのであろう。家康は光秀との同盟という義を捨てて、甲斐・信濃の簒奪という実利を選択したのだ。それは戦国の武将として当然の意思決定であった。この日から家康は再び東陣に邁進し、甲斐・信濃の簒奪に成功する。

ところで、日記にある水野（宗兵衛）忠重から家忠にきた手紙には何が書いてあったのだろうか。単なる陣中見舞いではなかったはずだ。忠重の手紙には、自分が命を懸けて京から持ち帰った情報の結末に対する無念が綴(つづ)られていたのではなかろうか。

〈六月二十二日〉

「深溝へ帰った」

家忠の淡々とした事実経過の記述は、これで終わる。

そこに記された六月三日から二十二日までの家忠の日記は、はからずも家康が光秀支援の行動をとっていたことを明らかにしているのだ。

山岡兄弟の奇妙な行動

『譜牒餘録』という江戸幕府による大名や幕臣等の系譜を集めて編集した史料がある。成立したのは寛政十一年（一七九九）であるが、貞享（ていきょう）三年（一六八六）に『武徳大成記』編纂の際、幕府が諸家に命じて呈出（ていしゅつ）させた家譜『貞享書上（ていきょうかきあげ）』を集録したものである。

この中に山岡美作守景隆の子孫が先祖の手柄話を書いている。光秀が安土に向かった際に「山岡兄弟は勢田の橋を焼き落とし、居城にも火をかけ山中に引き退いた」と『信長公記』に書かれていた兄のほうである。

そこには、「家康が伊賀越えを図った際に、一揆が蜂起して道を塞いだのを山岡兄弟が勢田から信楽へ行き、そこから伊賀との境の土岐峠まで御伴して道を切り開いた」と書かれている。

この記述は当時の状況を考えるとまことに奇妙な話だ。そもそも山岡美作守景隆・対馬守景佐兄弟は織田信長に仕える近江の武将だ。『信長公記』にも、信長の天正十年五月二十九日の上洛時に安土城二の丸の留守居を申付けた武将の一人として山岡対馬守の名が書かれている。その人物がなぜ家康の脱出行を助けたのか。織田家家臣として、まず安土へ侵攻してくる光秀軍にどう対応するかが優先する課題だったはずだ。また、どうして家康一行が信楽を通ると知っていたのであろうか。

『呉服屋由緒記』では、亀屋栄任も京都で家康の家臣と落ち合って信楽へ行って家康一行と合流している。どうやら、事前に信楽が待ち合わせ場所として設定され、連絡されていたのではなかろうか。

その可能性を示唆する記述が『家忠日記』にある。安土との飛脚の行き来の記録である。

五月二十四日、安土へ行っていた飛脚が深溝に戻ってきて、家康一行が二十一日に安土を出立して上洛した旨の知らせを届けている。この飛脚は安土との音信のためとして十八日に安土に派遣されていたのだ。用意周到である。

二十六日、家康から家忠に直接書状が届いている。堺へ向かう途中の京都辺りから出したものであろうか。酒井忠次配下の家忠が家康から直接書状を受け取るのは珍しいことだ。家忠は「雨降、家康より直札給候（じきさつたまわりそうろう）」という短い記述しかしていない。書状の内容は書かれていないが、何かよほど重要な命令だったのではなかろうか。

翌二十七日の日記は空白で、二十八日は「安土へ飛脚越候（こしそうろう）」と、これまた短い文が書かれている。「安土へ飛脚を送った」ということで、二十六日の家康の直札（直接の書状）に対応したものとみられる。家忠が独自に安土へ飛脚を飛ばさねばならない理由は見当たらない。

安土の誰にどのような書状を送ったのであろうか。このとき、安土には最早家康一行はいない。考えられるのは一つ。これが山岡兄弟への信楽で待ち合わせる旨の家康からの連絡だったのであろう。十八日から二十四日まで飛脚を安土に置いた理由がここにあるのではなかろうか。安土の地理をよく知り、山岡家の家臣と面識のできた飛脚が必要だったのだろう。

山岡兄弟の行動にこだわる理由がもう一つある。徳川家の公式記録である『徳川実紀』によると、山岡兄弟の妹は光秀の嫡男・光慶の許嫁（いいなずけ）と書かれている。光秀とは浅からぬ縁があったわけで、家康警護も光秀に依頼されたものであった可能性がある。

そうすると山岡兄弟が勢田の橋を焼き落として光秀の安土進撃を妨害した行為はどういうことなのだろうか。

考えてみれば、勢田の橋を坂本城にいた光秀の軍勢が確保していなかったのは不思議だ。坂本から勢田までは十キロほどであり、安土から勢田までよりはるかに近い。山岡兄弟の行為は妨害行為ではなく支援行為だったのではなかろうか。

この行為が光秀支援の行動だとすると二つの可能性が考えられる。一つは、信長・信忠を京都で討ち漏らしたときのリスク対策である。橋の焼き落としは結果として光秀の速やかな安土城入城を妨げた。そのことは、もし万一、京都で信長か信忠かを討ち漏らしたときには、彼らの安土城帰城を妨げたことになる。信長や信忠を確実に討つために、「計略と策謀の達人」光秀ならばこの程度のリスク対策を施しておくことは十二分に考えられる。

もう一つの可能性は織田軍との遭遇戦の回避である。『信長公記』によると、蒲生賢秀が居城のある日野谷まで信長の上臈衆や子を連れて安土城を退去したのが六月三日未の刻（午後二時前後）だ。二日の時点では安土城に留守居役の軍勢がまだいたのだ。光秀がそのまま安土城へ攻め寄せれば遭遇戦は避けられなかった。それが光秀軍には避けるべきことであり、織田軍の安土城退城を速やかに進めるべきという判断があったのかもしれない。

いずれにせよ、橋を焼き落とされて光秀は呆然としてしまったわけではなく、坂本城へ帰城して近江の織田勢力の制圧を開始し、四日には近江全域を支配下に置き、五日に安土城に無血入城している。勢田の橋を焼き落とされたことによる実害があったわけではないのだ。

イスパニア商人が残した証言

家康が光秀の謀反に加担したという事実を明確に物語る史料は、残念ながら存在しない。その後二百六十年続いた徳川政権下でそうした史料が残されるはずもない。ところが、徳川幕府の権限の及ばなかったところに、このことを明記した史料が残されていた。

イスパニア商人のアビラ・ヒロンの書いた『日本王国記』だ。

ヒロンは文禄三年（一五九四）に来日し、四年間九州で貿易を行なったあと、いったん東南アジア各地を旅し、慶長十二年（一六〇七）に再び日本に戻り、元和元年（一六一五）に『日本王国記』を書き上げた。

ヒロンは日本の文化、宗教、および天文十八年（一五四九）以降の日本の歴史について詳しく書いている。信長に関する記録は信長と親交のあったイエズス会宣教師・グレゴリヨ・デ・セスペデスから入手したとのことだ。ただし、伝聞に基づく記述であるために歴史事実としての正確性を欠いている。

ところが、そのヒロンの原稿を徹底的にチェックして、誤りを指摘し訂正文を書いた人物がいた。ヒロンが来日する四年前の天正十八年（一五九〇）に来日して畿内にいたイエズス会士・ペドロ・モレホンだ。モレホンはヒロンの記述の誤りをことごとく指摘して、四百箇所以上の注釈を書き加えたのだ。

モレホンは徳川幕府の禁教令によって慶長十九年（一六一四）に日本からマニラに追放され、元和二年（一六一六）にローマへ行く際にこの本を携行した。ローマまでの長い航海の間に徹底した校閲を行なったのだ。この作業によって、ヒロンの書いたものには誤りが多かったにもかかわらず、史料としては信憑性の高いものになったのだ。

そこには、山崎の合戦前の状況として次のように書かれている（佐久間正・会田由訳、アビラ・ヒロン著『日本王国記』）。

「この時は、すでに明智は己の領地から、多数の将兵に来てくれるように命令を下していた。そして、家康をはじめ、まだ臣従していなかったその他の人々も、内密にではあったが、明智の側に加わっていた」

ヒロンは、家康が光秀に内密に味方していたことをはっきりと証言している。とはいってもヒロン本人がこれを確認できたわけではない。これも宣教師たちが当時の信者たちから聞いた情報の又聞きだったのだろう。

この記述をもって家康が謀反に加担していた証拠とはもちろん言えないが、家康が光秀に味方していたことが当時の人々にとっては少しも突飛なことではなく、当然あり得る話だと理解されていたことを示している。これが当時の世の常識だったのだ。『老人雑話』に書かれていたいくつかの話と同様に、どこかで常識が変わってしまったのだ。

安土城放火の真犯人

家康が光秀に加担していたことを示すもう一つの事件がある。それは六月十五日に起きた安土城天守の放火炎上だ。

この放火犯が誰であるかは今もって歴史の謎となっている。『惟任退治記』は天守放火の犯人は光秀の娘婿・明智秀満であると明記している。しかし、安土城を守備していた秀満は十四日未明に安土城を撤収し、十五日に坂本城で自害している。安土城天守が炎上したのは十五日であり、秀満には明らかにアリバイがある。

信長の二男の織田信雄という説もある。これはルイス・フロイスが『一五八二年日本年報追加』の中で書いたものだ。フロイスは次のように書いている。

「安土山においては、津の国（摂津）において起こった敗亡（山崎の合戦の敗北）が聞えて、明智が同所に置いた守将（秀満）は勇気を失い、急遽坂本に退いたが、あまり急いだため、安土に火を掛けなかった。併し主は信長栄華の記念を残さざるため、敵の見逃した広大なる建築のそのまま遺ることを許し給わず、付近にいた信長の一子（信雄）がいかなる理由によるか明でなく、智力の足らざるためであろうか、城の最高の主要な室に火をつけさせ、ついで市にもまた火をつけることを命じた」

まるで信雄をバカ殿扱いしているが、安土城を受け継ぐべき信長の息子自身が放火する理由があるはずもない。

フロイスはどこからこのような情報を入手したのだろうか。信長の死後、信長の二男・信雄と三男・信孝は織田家の跡目争いを行なった。信孝のほうはイエズス会に極めて好意的で、フロイスも信孝を褒めそやす記述をしている。人物評価の基準をすべからくイエズス会への協力度に置くフロイスは、信孝への肩入れとしてこのようなことを書いたとも考えられる。あるいは、キリシタン大名の誰かが同じ理由で信雄を嫌い、そのような話をイエズス会の誰かに語ったのかもしれない。いずれにせよ、信雄の放火は明らかにあり得ない話だ。

また一時は、城下町の火事で延焼したという説もあったが、近年の安土城遺跡の発掘調査で、城下町は焼けておらず天守だけが燃えていることが確認されている。

こうして、安土城の放火犯人は今もって確定できていない。安土城放火事件は完全に迷宮入りの状態だ。しかし、家康が光秀と同盟して光秀支援行動をとっていたと考えれば、放火の犯人像もたちどころに浮かび上がってくる。

家康は十日に光秀支援に向かう出陣の命令を出し、六月十四日に尾張鳴海に進出した。そして十九日まで戦闘態勢をとっていた。では家康は、光秀を支援するための軍事行動として鳴海に出陣しただけだったのだろうか。

その時点では安土城に明智秀満がいた。当然、家康は安土城の秀満とも連携をとろうとしたはずだ。家康は安土城へ支援部隊を送ったと考えられる。

それを裏付けるように、奈良興福寺多聞院院主の書いた『多聞院日記』の十二日の記述には、「秀吉が既に摂津に到着して猛勢な上に、家康が既に安土に着陣したとのこと」と書かれている。興福寺は筒井順慶と密接な関係があり、順慶に関わる情報はかなり確度の高いものを入手していたことで知られている。十二日時点で「家康が既に安土に着陣」ということは、家康は十日の出陣命令と同時に安土へ支援部隊を送っていたのではないだろうか。

十四日に、山崎の合戦の敗北を知った秀満は、家康の支援部隊に安土城を委ねて坂本城へと向かった。その後、安土に残った家康軍の支援部隊はどういう行動をとったであろう。そのまま手ぶらで鳴海まで帰ったであろうか。

家康にとって安土城がどのような意味をもっていたかを考えれば答は明白だ。家康の領国近くに存在する強大な軍事拠点である安土城は、家康にとって脅威以外の何物でもなかった。これを信長の後継者が確保することは何としても阻止したかったはずだ。何しろ家康は甲斐の織田勢と戦っている最中だったのだから。

したがって家康は、支援部隊が安土城を放棄する場合には城を破壊せよ、と命じていたに違いない。支援部隊はその命令に従い、安土城天守に火を放って撤退したのだ。

この推理を裏付けるのが、そこに実行犯と目される部隊がいたことだ。つまり服部半蔵たちの伊賀者だ。『伊賀者由緒併(ならびに)御陣御供書付』には、伊賀越えで家康を護衛した伊賀者たちが、十五日に鳴海で揃って徳川家に侍として採用されたことが書かれている。十五日といえば、まさに安土城天守炎上の当日だ。

家康は身軽に動ける伊賀者を安土に送り、彼らが安土城破壊を成し遂げた褒美(ほうび)として、徳川家の家臣に正式に取り立てたのではなかろうか。それはある種の口止め策でもあった。後には江戸城の裏門を勲功の褒賞として半蔵門と命名したのはあまりにも有名である。

第11章　羽柴秀吉の企て

早過ぎる中国大返し

光秀の謀反は、信長の家康討ちを乗っ取ることにより成功した。しかし、さらに光秀の謀反を乗っ取って天下を手中に収めた人物がいた。それが羽柴秀吉だ。

本能寺の変を知るや秀吉は瞬く間に「中国大返し」を行なった。そのスピードは光秀の想定をはるかに超えるもので、光秀は秀吉の前にあえなく敗れた。

光秀の謀反を一瞬にして破綻させることになった、後世の語り草となった尋常でない大返しは、なぜ可能だったのか。

本能寺襲撃の五日後の六月七日、光秀は安土城に朝廷の勅使である吉田兼見を迎えた。朝廷は光秀の政権樹立を認めようとしていたのだ。光秀の打った手は着々と成果を挙げて、謀反は成功しかけていたのだ。

アビラ・ヒロンの『日本王国記』には、このときの状況を「家康をはじめ、まだ臣従していなかったその他の人々も、内密にではあったが明智の側に加わっていた」と書いているが、ヒロンにこのことを語ったイエズス会士たちはじめ当時の多くの人々はそう状況認識していたのだ。

ところが秀吉の思いもよらない中国大返しにより、状況は一変した。

当初、筒井順慶は光秀に加担する動きをしており、秀吉の動きがもう少し遅ければ明らかに光秀に合流していた。時間さえあれば光秀の同盟者は力を増し、謀反は間違いなく成功していたのだ。秀吉の中国大返しがすべてを狂わせたのである。

この中国大返しについて『惟任退治記』には次のように書かれている。

「さて、備中秀吉の陣には、六月三日夜半ばかり、密に注進あり。秀吉これを聞きて、心中愁傷（しゅうしょう）限りなしといえども、少しも色に出さず（中略）。

高松の城主清水兄弟、芸州の加勢の主人三人腹を切り、雑兵はこれをたすく。杉原七郎左衛門検使として、城を請け取り、先ず毛利家の陣を払わせ、秀吉心のどかにもてなし、六月六日未の刻、備中表を引き、備前の国沼（ぬま）の城に至る。

七日、大雨疾風、数か所大河の洪水を凌ぎ、姫路に至ること二十里ばかり、其の日、着陣す。諸卒相揃わずといえども、九日、姫路を立って、昼夜のさかいもなく、人馬の息をも休めず、尼崎に至る」

要約すると、秀吉が本能寺の変の報を受け取ったのが三日の晩、備中高松撤収は六日午後二時頃でその日に沼（岡山市）に到着、姫路着は翌七日、姫路発が九日と書かれている。城主・清水宗治の切腹と毛利氏との和睦は四日といわれ、これも含めて中国大返しの定説となっている。

ここに疑問が二つある。一つは七日の一日だけで二十里の軍隊移動が可能なのかということ、もう一つは膠着状態にあった毛利氏との和睦交渉が、なぜかくもあっけなく決着したのかということだ。

まず一つ目の疑問を考えてみよう。姫路から山崎までは約百キロの行程を四日かかっている。つまり一日平均二十五キロである。人の歩行速度は一時間四キロ程度なので、二十五キロは六時間かかる。装備を整えた歩兵中心の軍隊の行軍としては妥当なところだろう。ところが、二十里は八十キロなので、二十時間かかった計算になる。昼夜を問わず休みなく行軍できれば可能かもしれないが、当日は「大雨疾風」である。常識的に無理な話である。

それを裏付ける五日付の秀吉自身の中川清秀宛書状がある。そこには「今日は沼まで来た」と書かれている。『惟任退治記』が書いた六日ではなく五日にすでに沼に到着している。沼とは岡山県岡山市にあり備中高松からは二十五キロほどだ。

また、六月八日付で秀吉重臣の杉若無心から細川藤孝の家老・松井康之宛に書かれた書状には、「毛利との講和が秀吉有利の条件で締結され、六月六日に本隊が姫路に帰還した」旨が書かれている。これも『惟任退治記』の七日より一日前だ。

味方に付けようとする相手に少しでも早く行動しているように書いたのであり、書状が嘘を書いていると決めつけている研究者が多いが、逆に早過ぎる出発を隠すために『惟任退治記』が嘘を書いている可能性もある。秀吉が事前に撤収準備をしていたと疑われないようにするためだ。

光秀との決戦にこれから赴く軍隊が装備を何もかも捨てて身一つだけで姫路にたどりついたということはあり得ない。どちらを嘘とみるべきかといえば、大雨疾風の中を八十キロという非常識のほうであろう。

備中高松から姫路までは百キロほどあるので、普通であれば四日、急いでも三日はかかるであろう。六日に姫路に着いたところから逆算すると、遅くとも四日には備中高松を出発していたことになる。毛利との講和が成立したから直ちに撤収したとみるべきことから考えると、それ以前に撤収準備は整っていたわけだ。このことを隠すために書かれた『惟任退治記』が「中国大返し神業神話」作りに一役買ったのだ。

準備されていた和睦

二つ目の疑問に対する答は事前に毛利氏との間で和睦の申し合わせができていたということだ。『惟任退治記』には「既に毛利からは高松城明け渡しや五ヵ国割譲などの申し入れが再三あった」と正直に書かれている。実際、これを裏付ける古文書が毛利家に伝わる『毛利家文書』に残っている（藤田達生著『本能寺の変の群像』）。

そもそも信長と毛利氏との関係は初めから悪かったわけではない。天正四年（一五七六）に毛利氏が信長に追放された足利義昭を備後の鞆に受け入れ、五月に信長と断交するまでは良好な関係だったのだ。それまでは毛利氏から信長へたびたび贈り物が献上され、信長がそれに感謝する書状を出している。

その取り次ぎ役が秀吉だった。秀吉自身も毛利氏から太刀や馬を贈られている。当然、秀吉と毛利氏の間には人脈も形成されていた。いわれているような一触即発の緊張関係にあったわけではないのだ。

特に注目されるのが毛利氏の外交僧・安国寺恵瓊の存在だ。

恵瓊は元亀元年（一五七〇）頃から毛利氏の外交僧として活躍し、元亀二年（一五七一）には信長とも折衝を行なっている。一方、秀吉はすでに永禄十二年（一五六九）に毛利方との取り次ぎ役となっており、秀吉と恵瓊の関係は遅くとも元亀二年には始まっている。本能寺の変の十年以上も前のことだ。その後は織田・毛利間の調整のつど二人の関係は深まっていった。

そして天正十年（一五八二）の本能寺の変の際、和睦を毛利側で主導したのが恵瓊だったのだ。毛利方が和睦条件の中で難色を示していたのが、高松城主・清水宗治の切腹だ。毛利方に味方した人物を死に追い込むことを毛利氏は嫌ったのである。

恵瓊は六月四日、水攻めで孤立していた高松城に乗り込み、清水宗治を説得して切腹させた。実はこれは恵瓊が毛利氏の承諾を得ずに一存で行なったことだった。これにより秀吉と毛利の和睦が一挙に成立したのだ（香川正矩（まさのり）著『陰徳記』）。

このときの和睦の条件が秀吉側に一方的に有利なものであったため、天正十一年（一五八三）になると領土の割譲を巡って毛利氏からの要請で再調整の交渉が始まり、天正十二年春にようやく一応の決着をみたという後日談もある。

こうした経緯からみると、秀吉は恵瓊と共謀して毛利氏といつでも和睦できる状況を作ったうえで、わざと膠着状態に置いてタイミングを計っていたのではなかろうか。過冷却状態の水がちょっとした衝撃で一瞬のうちに凍りつくように、清水宗治切腹という衝撃を用意して待っていたのだ。そして、その時が来たとき、恵瓊を動かして一挙に和睦を実現させたのだ。

これが迅速な大返しを可能にした毛利との緊急和睦の背景だ。いわば事前に毛利との間で和睦の基本合意ができていたということだ。和睦を前提としていた毛利氏は、信長の死を知っても秀吉軍に追い討ちをかける気はさらさらなかった。

恵瓊は翌年の天正十一年に秀吉の直臣（じきしん）となっている。秀吉も恵瓊に知行を与えて重用した。秀吉の死後、関ヶ原の戦いで恵瓊は西軍につき、石田三成、小西行長とともにに捕らえられて首を刎ねられた。恵瓊の秀吉への思い入れはことのほか強かったようだ。

それというのも、そもそも恵瓊は毛利氏に忠誠心のある家臣ではなかったのだ。毛利氏に滅ぼされた安芸武田氏の武田信重の遺児だったのである。幼児であった恵瓊は安国寺に預けられて仏門に入った。「三つ子の魂百まで」というが、恵瓊はいずれ毛利の足許をすくおうと虎視眈々、機会を待っていたのかもしれない。

秀吉が待望した光秀決起

秀吉も虎視眈々、機会が訪れるのを待っていたのではなかろうか。

信長の長期政権構想が実現に向けて動き出していることを、秀吉も知っていた。秀吉はいずれ居城の近江長浜城を奪われ、信長の息子たちに仕えなければならなくなる日が来ることを予測していたはずだ。明へ派遣されその地に移封されると、深刻に考えていたのかもしれない。秀吉はそれを覆す機会を計っていたのであろう。

一方で、四国の情勢が急速に動いており、長宗我部氏と結びついた光秀が窮地に立っていることも当然知っていた。それどころか、秀吉は長宗我部元親と対立する三好康長に肩入れし、信長の四国政策の変更を仕組んだのだ。秀吉は光秀を窮地に立たせて、光秀がどう動くかをじっと見ていたのだ。

秀吉は信長の長期政権構想を潰すために、光秀の決起をいわば待っていたのだ。

今日、秀吉は信長政権の継承者といったイメージができあがっているが、それは信長に忠義を尽くして弔い合戦で仇（かたき）を討ったという『太閤記（たいこうき）』が作り上げたイメージだ。実態は信長政権の継承者などではなく、その簒奪者だった。

その証拠に、秀吉は本能寺の変の翌年、天正十一年（一五八三）四月に織田信孝への政権継承を図った柴田勝家を滅ぼし、五月には信孝を自害に追い込んだ。翌天正十二年には織田信雄・徳川家康と戦い（小牧・長久手（ながくて）の戦い）、信雄を屈服させて天下を奪い取り、最終的には信雄を自分の御伽衆（おとぎ）へと引きずり落とした。

本能寺の変後の清洲会議で織田家家督の相続者として秀吉が担ぎ出した織田信忠の嫡男・三法師（さんぼうし）も、後に秀信と名乗らせて家臣にし、信長の弟・信包（のぶかね）、長益（ながます）、さらには信長の子・信秀、信貞、信好ら織田一族をことごとく家臣にした。そして、よく知られるように、信長の姪（めい）の茶々（淀君）を側室にした。

政権を掌握した秀吉は、信長に敵対していた足利義昭、毛利氏、上杉氏など諸勢力すべてと和睦して味方とした。彼らも秀吉を信長政権の継承者とはみていなかったのだ。

こうして秀吉は織田家から政権を簒奪し、信長の描いた織田家長期政権構想を完全に潰したのだ。その織田政権簒奪に重要な役割を果たしたのが『惟任退治記』だった。秀吉が信長の後継者であることを印象付けるとともに、織田家への継承を否定する役割も果たした。そのため、秀吉はことさらに信長が淫乱で残忍であったと印象付けるよう書かせたのだ。そうすることによって、信長を政権担当能力のない欠格者と印象付け、織田家による政権継承の正当性を否定しようとしたわけだ。

天正元年十二月に毛利の外交僧・安国寺恵瓊によって書かれた、信長の滅亡を予言した有名な書状がある。

「信長の代五年、三年は持たるべく候、明年辺(あたり)は公家などにならるべく候かと見及び申し候、左(さ)候て後、高ころび(転び)にあをのけ(仰のけ)にころばれ候ずると見え申し候」

恵瓊は信長が五年程度で急速に没滅するであろうと予言している。

この書状は、当時京都を追われていた足利義昭の処遇について、秀吉と義昭が恵瓊を交えて交渉した直後に書かれたものだ。恵瓊が何の情報もなしに信長の未来を予言できるはずもない。そのヒントとなる情報は秀吉から得たものに相違ない。

秀吉は恵瓊に対し、いずれ信長が数年のうちに破滅する可能性があると漏らしたのだろう。秀吉は、信長の成功の一因が自分のような家臣を実力主義で登用するという他の武将にはない政策によることをよく知っていた。しかし、この政策はいずれ忠誠心の篤くない家臣の台頭を招くことになり、さらには家臣相互間に軋轢を生み、重臣の謀反へとつながっていくと読んでいたのだろう。現に秀吉の読みのとおり、四年後には松永久秀、その翌年には荒木村重の謀反が起きている。

この恵瓊を交えた交渉は義昭の京都への帰還を図るためのものだったが、義昭が信長の息子を人質に出すよう要求して譲らなかったため、結局交渉は決裂した。人質にこだわる必要はないと義昭を説得する際に、秀吉は「信長はそのうち破滅する。その後は自分が引き継ぐ。だから自分に任せてくれ」というような話をしたのではないだろうか。

このように、本能寺の変の十年近く前にすでに誰かが謀反を起こすのではないかと読んでいた秀吉は、ある時期から、光秀こそ信長を高転びにさせるキーマンだと見定めたのだろう。秀吉は天下取りに向けて着々と準備を進め、まず長宗我部氏と敵対していた三好氏に肩入れした。その結果、天正九年（一五八一）に長宗我部氏は信長と対立することになった。このことが光秀を窮地に立たせ、謀反へと追い込んでいく一因ともなったわけだ。これも秀吉の描いたストーリーの一つだったのだろう。

謎の「杉原殿」

秀吉は、光秀がいずれ信長に反旗を翻すと見定めただけでなく、本能寺の変の勃発そのものを予期していた形跡がある。

それを示すのが本願寺顕如の祐筆・宇野主水が書いた『宇野主水日記』だ。

本能寺の変前日の六月一日の『宇野主水日記』には、京都滞在を終えて堺に入った家康一行に、信長から「長谷川竹」が、信忠から「杉原殿」が付き添いとして同行していたと書かれている。

ところが、長谷川竹は本能寺の変後も三河まで家康と同行していることが『信長公記』でも確認されるのに対して、「杉原殿」のほうはどの史料からも忽然と消えてしまっている。家康一行から突然消えたこの謎の人物「杉原殿」は一体誰だったのだろうか。

『宇野主水日記』の編者は「杉原殿」は杉原家次であると注釈している。杉原家次は『惟任退治記』に秀吉の家臣として備中冠城攻めで活躍したことと、本能寺の変翌日の六月三日夜に備中高松において毛利との和議をまとめたことが書かれている。

秀吉は家康が上洛するタイミングを摑むために、この杉原家次を家康一行に同行させていたのではなかろうか。

なぜ家康にわざわざ同行させていたかというと、家康が信長に会うために上洛する日が本能寺の変の起きる日、ということを知っていたからに他ならない。

果たせるかな、杉原家次は六月二日の早朝、家康の上洛を確認すると、家康一行と離れ、堺を発って備中の秀吉に注進に走った。『惟任退治記』には、「備中表(おもて)秀吉の陣には、六月三日夜半許(ばか)り、密(ひそ)かに注進あり」と書かれている。注進した人物の名は書かれていないが、家次が最も早く注進できた人物であることは間違いない。堺からであれば京都からよりも備中高松に近いし、家康の出発時刻であれば本能寺の変の勃発時刻より早くに発てたであろう。

「杉原殿」は杉原家次ではないと主張する研究者もいる。その理由として、家次は六月三日の夜に備中高松にいたので、六月一日に堺にいることは無理だというものだ。しかし、三河深溝にいた松平家忠に京都から本能寺の変の報が届いたのが三日午後六時頃であるから、早朝に堺から出発した家次が六月三日の夜に備中高松にいることは当然可能ということになる。堺・備中高松間は京都・深溝間より若干距離が長いだけである。

杉原家次は秀吉の妻・寧(ねい)の叔父だ。もともと織田家の家臣であったので、秀吉が信忠の家臣として送り込んであったと考えられる。

本能寺の変の後は丹波福知山の領主となり、その後は坂本も領有し、京都所司代も兼ねている。このときの功績を買われたものだが、公にできる功績ではない。そこで秀吉は『惟任退治記』に家次の活躍をわざわざ二回も書かせて恩賞の理由を作ったと思われる。この秀吉の意向を受けたのか、誰も「杉原殿」のことは記録にも書かなかったのだろう。

では秀吉は、家康が信長に会いに上洛する日が謀反の起きる日であるという情報を一体誰から得たのであろうか。

その情報を秀吉にもたらした人物は、信長が家康を本能寺に呼び寄せる日が謀反の起きる日であることを知っていて、かつ、その正確な日は知らなかった人物ということになる。

その条件に当てはまる人物が一人だけいた。それは細川藤孝だ。

藤孝は光秀と家康との談合に同席し、謀反の段取りを大筋知っていた。しかし藤孝は、従兄弟の吉田兼見にその日を教えられなかったように、この時点では正確な決行日は知らなかったのだ。

信長の家康領侵攻の計画では藤孝の嫡男・細川忠興の出陣も指示されていた。そのことは、忠興が光秀とともに武田攻めに同行するよう信長に命令されたことで明らかだ。したがって、直前には忠興にも信長から六月二日の上洛命令が出されたはずだ。

ところが、六月二日に忠興は領国の丹後に留まったままだった。筒井順慶のように途中まで上洛していたという記録がない。つまり信長の命令を完全に無視したのだ。同時にそれは、信長の命令を逆手に取って謀反を決行しようとする光秀の計画にも従わないということをも意味する。

藤孝・忠興父子は本能寺で光秀の謀反が起きることを謀反加担者として知っていながら、その実行には加わらないことを事前に決めていたということになる。

すでに本能寺の変が起きる前に藤孝父子が光秀を裏切る決断をしていたのは、藤孝と秀吉との間に新たな同盟ができていたからだ。それゆえ藤孝の知る情報が秀吉に流れたのだ。

破格の論功行賞

藤孝が光秀を裏切って秀吉に情報を流したということは、秀吉が書かせた『惟任退治記』が図らずも証言する形になっている。

「長岡兵部大輔藤孝は、年来将軍（信長）の御恩を蒙る事浅からず。これに依って、惟任が一味に与せず、秀吉と心を合わせ、備中表に飛脚を遣わし、爾来、江州、濃州、尾州（近江、美濃、尾張）に馳せ来たり」

藤孝が光秀にはつかずに、秀吉と心を合わせて備中へ飛脚を送ったとしているのだ。飛脚を送ったのが本能寺の変の前なのかあとなのかははっきりしないが、いずれにしても秀吉が備中にいるという極めて微妙な時期に、藤孝が光秀から離反し、秀吉と「心を合わせ」ていたということだ。藤孝の寝返りの理由を「信長への御恩」としているところは、いかにも世間受けする表現で、不義の逆臣・光秀のイメージが一層強調される結果となっている。

秀吉と藤孝の間の連絡は早い時期から始まっていたとする説があり、そのことを示す話が藤田達生氏の『本能寺の変の群像』に書かれている。

一つは、先に紹介した六月八日付で秀吉重臣の杉若無心から藤孝の家老・松井康之宛に「六月六日に本隊が姫路に帰還した」旨が書かれた書状だ。しかもこれは単発の書状ではなく、何回か両者間でやり取りされた通信の一つとみられている。そうであれば当然六月二日以前からやり取りされていたことになる。

二つ目は、秀吉の異父弟・羽柴秀長が丹波天田郡の夜久(やく)氏に宛てた書状だ。夜久氏の協力を得て備中高松の陣から秀吉の居城である近江長浜までのルートを確保し、秀吉の家臣がその間を往復していたということだ。このルートは高松から姫路に向かい、姫路から北上して但馬竹田を通過して和田山で右折し、夜久氏の本拠地の但馬・丹波国境沿いの夜久野地域を経て丹波福知山、亀山、そして京都に至るコースだと藤田氏は推理している。

このルートの途中にある福知山から藤孝の居城の丹後宮津まではわずか三十～四十キロの距離で、宮津は当時でも天橋立へ向かう旅人も多く、姫路からの街道も整備されていたであろう。つまり、福知山を中継点とする丹後の藤孝と備中高松の秀吉との間を結ぶ連絡ルートはできあがっていたということになる。

さらに、秀吉と藤孝の関係を決定付ける秀吉自身の書き物がある。山崎の合戦も終えた七月一日付で藤孝父子宛に秀吉が書いた起請文だ。それには次のように書かれている。

「今度信長御不慮につきて、比類なき御覚悟を持ち、頼もしく存じ候条、別して入魂申し上ぐるは、表裏抜公事無く、御身上見放ち申すまじき事」

起請文とは神仏に誓いを立てて固く約束をした文書だ。この起請文で秀吉は藤孝が格別の協力をしてくれたことに感謝し、将来にわたる身の安全を全面的に保証している。この文面の強さは、山崎の合戦で光秀方に味方しなかったということへの単なる感謝ではない。それをはるかに超える深い感謝の意が込められている。細川藤孝の「比類なき御覚悟」こそ、本能寺の変が起こる前から秀吉に味方したことを意味すると見るのが妥当だろう。

秀吉が細川藤孝に与えた恩賞と厚遇が、何よりも藤孝の貢献を雄弁に語っている。

秀吉は藤孝に光秀の丹波の遺領を与え、十一万石に加増したのだ。

　そればかりでなく、藤孝の関係者をことごとく救済している。

光秀滅亡直後の六月十四日に、藤孝の従兄弟の吉田兼見のもとに、光秀が朝廷などに贈った銀子の件で織田信孝から詰問の使者が派遣された。しかし、兼見は秀吉へ申し入れを行なって、すぐにお咎めなしとなっている。

　その後も兼見は、信長時代と変わることなく秀吉と朝廷との間の対応役を務めている。そして秀吉は兼見の吉田神道を大いに庇護した。

　さらに、光秀の家臣であった兼見の義兄・佐竹出羽守も、山崎の合戦の直後にさっそく許され、その後、丹羽長秀に仕えている。

　ガラシャ夫人として有名な細川忠興の妻・玉は光秀の娘だが、これも丹後の味土野に隠棲させられただけで許され、二年後には大坂城下の忠興の屋敷に住んでいる。他の光秀の一族は徹底的に探索され、見つけ出されて殺された中で異例の処置といえる。

　玉は天正十五年（一五八七）キリスト教の洗礼を受けて、ガラシャという洗礼名を与えられた。キリスト教に帰依したのは大坂に移ってからで、夫と舅が父・光秀を裏切ったことで心に大きな傷を負い、キリスト教に救いを求めたのだろう。

　このように藤孝が秀吉から受けた恩賞と厚遇は、同じく光秀の組下大名でありながら光秀に加担しなかった筒井順慶と比べると格段の差がある。順慶には領地の加増は一切なかった。この差こそ「天下をくれた」差ということだろう。

細川藤孝の決断

秀吉は藤孝に領地を加増したが、そのうちの三分の一はわざわざ家老の松井康之へ給付するように命じている。藤孝の家臣に過ぎない康之に直接恩賞を与えるというのは尋常なことではない。秀吉の康之へのこの並々ならぬ思いは何であろうか。

以後も秀吉は康之に目をかけ、天正十三年（一五八五）に康之とその母に知行を与え、天正十四年に豊臣姓と菊桐の紋を与えている。そして文禄二年（一五九三）には石見（いわみ）半国十八万石を与えて秀吉の直参とする旨の申渡しまでしている。

この異常とも思われる破格の恩賞は、やはり秀吉に「天下をくれたこと」への見返りだったに違いない。ということは、細川家にあって松井康之が「比類なき御覚悟」に特別な働きをしたということだ。この裏事情を推理してみよう。

秀吉は対峙する相手方の重臣を絶えず味方に取り込んできた。毛利氏からは交渉役だった安国寺恵瓊を取り込み、後年家康からは譜代の重臣・石川数正を寝返らせている。細川家からは松井康之に狙いを付けて手懐けていたのではなかろうか。

秀吉と松井康之の接点は、少なくとも本能寺の変の四年前からあった。天正六年

（一五七八）秀吉の播磨攻略の際に康之が加勢している。さらに本能寺の変の前年の天正九年（一五八一）七月からの秀吉の鳥取城攻めにも康之が加わっている。鳥取城は十月に陥落し、このときの活躍で康之は秀吉から武功を認められ褒美をもらっている。この時点で秀吉と康之の間に太いつながりができたのであろう。

そして天正十年五月十四日から十七日の間に、安土で家康と光秀の談合が行なわれた。この談合に同席した藤孝は、家老の松井康之に対応を諮ったはずだ。このとき康之は、光秀を捨てて秀吉に味方するよう強く主張したのではなかろうか。あるいは、康之が秀吉に謀反の情報を流し、秀吉から味方になるよう説得された藤孝は抜き差しならなくなって、やむなく光秀を見限ったのかもしれない。

松井康之をはじめとする細川家中の者は、かねてから光秀の出世を複雑な思いで見ていたことであろう。昔は藤孝に仕えていて、しかも自分たちより身分の低かった光秀が天下を取った後、その風下に立つことを快く思わなかったはずだ。細川家の総意が光秀ではなく、秀吉へ命運を賭けさせたのではないだろうか。

それを物語るような話を江村専斎も語っている。『老人雑話』には「光秀は初め藤孝の家臣だった」の記述の後に、「家老の米田助左衛門が悪く当たり光秀がこらえきれずに信長に仕えた」と書かれている。元禄九年（一六九六）に肥前平戸藩主・松浦鎮信が編纂した『武功雑記』にも「明智は細川藤孝の家臣だったが、家老の松井康之に嫌われていたので信長に仕えた」と書かれている。そのような見方が当時はされていたということだ。

細川家の総意が秀吉を選択したことに加えて、秀吉が謀反の計画を知ってしまった以上、光秀の謀反に勝算はないと藤孝は合理的に最終判断を下したのであろう。

信長が信頼する光秀の謀反を見抜けなかったように、光秀も盟友と信じる藤孝の寝返りを見抜くことができなかったのだ。かつては主従の関係で、義昭、信長のもとで共に戦い、縁戚ともなった両者だけに、光秀は藤孝父子を信頼しきっていたと思われる。藤孝が離反するなど予想もしていなかったに違いない。

いずれにせよ、藤孝は秀吉と組んだ。光秀の謀反に加担しない決断が本能寺の変の起きる前に行なわれていたことは、細川忠興が信長の徳川領侵攻の出陣命令（それを逆手に取った光秀の謀反計画）に反して六月二日に上洛しなかったことが何よりの証拠だ。

秀吉の巧みな情報操作

秀吉の卓越した才能は、相手方の家臣を味方に引き込む能力と並んで、その抜群の情報操作能力だった。いち早く『惟任退治記』などの宣伝書を書かせたこともそうだが、政治の駆け引きや軍事作戦の中で巧みに情報操作を組み込んでいた。

たとえば本能寺の変の直後には、摂津の中川清秀を味方につけるために「信長も信忠も生きている。自分は高松から途中まで、すでに引き返してきている」という書状を六月五日付で出している。信長も信忠も生きているというのは、もちろん嘘だ。目的完遂のためのニセ情報は当たり前の兵法だったのだ。

秀吉が行なったとみられる情報操作はまだある。

本能寺の変の当日、本能寺へ向かっていた筒井順慶にもたらされた情報もその一つだ。『多聞院日記』には次のように書かれている。

「順慶は今朝上洛の途中、信長は急に中国へ出陣するため安土へ帰ったとのことなので引き返した」

つまり順慶は、信長が京都本能寺から安土へ帰ったというニセ情報によって、光秀が待つ本能寺へは向かわずに居城の大和郡山に帰ってしまったのだ。信長の予定が急に変わったと思ったのであろう。

その結果、光秀は順慶と本能寺で会う機会を奪われてしまった。もし、順慶がそのまま上洛し、信長を討ち取った光秀から謀反への加担を説得されて作戦行動の指示を受けていれば、順慶が光秀から離反することもなかったはずだ。ニセ情報が明らかに秀吉に有利な状況を作った。

『多聞院日記』に「信長は中国出陣のために安土へ帰った」と書かれているのは、よく考えてみると奇妙だ。信長自身が中国出陣のために上洛したと言っているのに、その信長が、同じ中国出陣という目的のために安土に引き返したというのだ。この情報を順慶にもたらした人物は、「信長の真の上洛目的は、実は中国出陣のためではなかった」ことを明らかに前提にしている。すなわち、信長上洛の本当の目的（家康討ち）を知っていた人物がニセ情報をもたらしたということになる。

その人物とは細川藤孝か、藤孝から情報をもらった秀吉しかあり得ない。

さらに、本能寺の変の翌日に一斉に流れた「織田信澄謀反」のニセ情報も発信元は秀吉と考えられる。

先に紹介した『家忠日記』によれば、本能寺の変の翌日には「光秀と信澄が謀反」という情報が三河まで伝わっている。奈良興福寺多聞院院主の書いた『多聞院日記』の六月二日の記述にも、「光秀と信澄が謀反」と書かれている。毛利輝元も六日の書状に光秀・信澄・柴田勝家が謀反と書いている。大坂では五日に織田信孝が信澄を襲い討ち取っているので、同時期に三河、奈良、大坂、中国で信澄謀反の情報が流れていたことになる。

信澄はかつて父親（信長の実弟・信勝）を信長に殺されている。そして正室は光秀の娘だ。確かに光秀への加担を疑われる要因はあったが、光秀の謀反直後に一斉に各地で同じ情報が流れた裏には組織的な情報操作があったに違いない。

これも秀吉が意図的にニセ情報をばら撒いて信澄殺害をうながしたのではなかろうか。織田信澄は『多聞院日記』の六月五日の記述に「一段の逸物（いつぶつ）」と書かれるほどの人物だ。秀吉にとっては、光秀の味方についてもつかなくても、自分の天下取りには邪魔な存在だったのだ。

三者による秘密の封印

山崎の合戦で光秀を滅ぼし、ポスト信長の最右翼に躍り出た秀吉にとっての最大の課題は、いかにして諸将の支持を集めるかということだった。

そのための一つは、信長の長期政権構想を凍結することだ。諸将は、信長の構想によって遠国に移封され、ますます強固な臣従を強いられることに、みな同じ不安を抱いていたのだ。このことが織田家諸将が山崎の合戦の後に、織田家政権の継承を図った宿将の柴田勝家を離れ、新興の秀吉のもとにまとまっていくことになった一つの理由と考えられる。

当然、細川藤孝も信長の政策に危機感を抱いていた。それゆえ光秀から謀反決行を明かされた藤孝はそれを信長には通報せず、秀吉のほうに命運を賭けたのだ。また藤孝から光秀謀反の計画を知らされた秀吉も、それを信長には通報せずに、光秀の謀反の実行を待って自らの行動を開始したのだ。

こうした背景を受けて、秀吉が『惟任退治記』を公式発表した。

まず、信長の残忍で淫乱な性格をことさら印象付けたうえで、本能寺の謀反は光秀の個人的な野望と怨みによるものであり、光秀の単独犯行だと決めつけた。そして光秀一人に罪を被せて、他の諸将の関与は不問にすると宣言したのだ。これも天下取りに向け諸将を味方につけるためのメッセージだ。

秀吉は、信長による家康討ちの計画も、光秀の謀反に家康が加担していたことも、長宗我部元親が光秀とつながっていたことも知っていた。しかし、それらをすべて封印したのだ。信長の家康討ちにつながる武田攻めの出陣をことさら「富士山見物」にしてカムフラージュし、安土城は明智秀満が焼いたことにしたのも、そのためだ。

これにより、家康が謀反に加担したことも、甲斐・信濃の織田領を勝手に簒奪したことも、安土城を焼き払ったことも咎めないと宣言したのだ。家康による織田領簒奪が誰からも咎められなかった理由がここにある。

さらに秀吉は、光秀と並んで謀反の首謀者とされた斎藤利三の汚名をそそぐ記述を行なった。これにより利三に近い長宗我部元親に咎を及ぼす気がないことを宣言したのだろう。

『惟任退治記』に秀吉は次のように書いている。

「斎藤利三は光秀の死を知らずに近江の堅田に知り合いを頼って身を隠していたが、だまされて捕まった。利三は武芸だけでなく仁智礼義信に富む人物で惜しいことだ。何でこのような難に遭わなければならないのか。車に乗せて洛中を引き回されて処刑され、京都の粟田口にて首と胴をつながれた光秀の死体と共に磔にされた」

利三の人物を惜しむ記述にかなりの字数を割いており、ここでは割愛したが、無実の罪で縄を掛けられた中国の公冶長や曾我兄弟の例を引いて、捕縛されたことが恥でないとも書いている。斎藤利三をことさら高く評価した狙いは、天下取りのために、長宗我部氏を味方につけようとするためだったのだ。

以上の結果、信長の長期政権構想や長宗我部征伐の話は封印され、忘れ去られることになった。そして、光秀は「あめが下しる」と、天下取りの野望を愛宕百韻の発句に詠んだことになったのだ。

そしてもう一つ、重要なことがある。光秀にかかわった細川の縁者もみな救済されたが、細川家は秀吉に破格の厚遇をされ、徳川家康にも厚遇された。徳川の時代になって細川忠興は小倉三十九万九千石に移封され、さらにその子・忠利の代には肥後熊本五十四万石の大大名となっている。また、藤孝の従兄弟の吉田兼見やその兄弟も家康に厚遇されている。

吉田神道は秀吉に庇護され、兼見は秀吉を祀る豊国（とよくに）神社の創設に重要な役割を果たした。兼見の弟の梵舜（ぼんしゅん）は豊国神社の別当（寺務の統轄者）になっている。豊臣家滅亡の後、豊国神社は家康の命により廃絶されたが、兼見も梵舜も家康に疎（うと）んじられることなく、吉田神道は家康の庇護を受けて、ますます隆盛を誇ったのだ。

兼見の死後、吉田神道の継承者となった梵舜はことのほか家康に重用された。家康は廃絶した豊国神社の財産を梵舜に下賜（かし）すると命じたり、家康の久能山（くのうざん）への埋葬の儀式を梵舜に取り仕切らせるという遺言を行なったりしている。この家康の梵舜重用は、歴史研究での謎の一つとさえいわれている。

このような歴史的事実関係から気付くのは、秀吉・家康・藤孝の間に歴然と存在する、ある関係だ。三者それぞれの秘密を共有して、それを封印することで三者の利益を守るという協定のようなものが成立していたのではないかと思われる。

光秀の謀反に加担した家康、謀反計画に加わりながら光秀を裏切った藤孝、光秀の謀反を知りながら信長に通報せずにそれを乗っ取った秀吉——それぞれの秘密を抱えた者同士が秘密を厳守する密約を結んだのではないだろうか。

実は、彼ら三人が密約を結んだと思われる日と場所を推定することができるのだ。それは六月二十日の尾張清洲城だ。

この頃、秀吉は光秀加担勢力制圧のため近江・美濃・尾張を転戦中だった。細川藤孝もこの制圧戦に参加していたことが『惟任退治記』に書かれているので、おそらく秀吉と行動を共にしていたのであろう。一方、家康軍は十九日に津嶋を撤収して鳴海へ退却し、翌二十日は鳴海に丸一日待機していたと『家忠日記』に書かれている。清洲城は津嶋から鳴海へ至る街道の途中に位置している。十九日に秀吉の撤収命令を家康に伝えた使者は、秀吉が制圧戦の拠点としていた清洲城への出頭命令も家康へもたらしたのではないだろうか。

こうして、三者は二十日に清洲城で密（ひそ）かに会い、家康が秀吉に敵対しない代償として家康の甲斐・信濃簒奪を認めたのだ。そして、本能寺の変の真相については「見ざる・言わざる・聞かざる」を決め込むことにしたのだ。

そう考えると、二十七日に清洲城において秀吉や織田信雄・信孝らが戦後処理を決定した清洲会議で、家康の甲斐・信濃簒奪が黙認された理由もはっきりする。すでに秀吉・藤孝が家康と密約を結んでいたからに他ならない。

どこか一箇所でも真実が明らかになれば、芋づる式にすべてが暴露されてしまう危険を孕（はら）んだ秘密を三人は共有したのだ。そして、その秘密をすべてガードできるキーワードが「謀反の動機は光秀の個人的な怨みと野望」「光秀の単独犯行」だったわけだ。

秀吉・家康・藤孝の三人は、光秀一人に罪を負わせることによって、すべての秘密を封印したのだ。

第四部 叶わなかった二つの祈願

第12章　祈願「時は今あめが下なる五月かな」

明智氏による土岐氏再興

光秀は五月二十四日、愛宕山で連歌の会を催し、謀反の成功を神仏に祈願した。

発句　時は今あめが下なる五月かな　光秀
挙句　国々は猶のどかなるとき　光慶

発句には「一族の救済」、挙句には「安寧な世の到来」を祈願として詠み込んだ。しかし、謀反の失敗により光秀の二つの祈願が叶うことはなかった。

ところが、光秀が目指した「明智氏による土岐氏再興」は徳川家康の手によって実現していたのだ。

家康の家臣に菅沼定政と名乗る人物がいる。定政は土岐明智氏の一族で、天文二十年（一五五一）に美濃で生まれた。天文二十一年（一五五二）、斎藤道三が美濃守護・土岐頼芸を追放した際の戦いで定政の父・明智定明は討死し、二歳だった定政は三河に逃れた。そして母の弟・菅沼定仙の養子となり、十四歳のとき家康に仕えて菅沼藤蔵と名乗り家康に近侍することになった。定政は姉川の戦い、小牧・長久手の戦い、小田原征伐などで活躍し武名を高め、文禄二年（一五九三）に土岐姓への復姓を命じられて土岐山城守と名乗った（『寛永諸家系図伝』）。

家康は土岐明智氏を復活させると同時に、明智姓ではなく土岐姓を名乗らせた。このことは単に土岐明智氏が復活したというだけではなく、明智氏が土岐氏の正統を継承したことを意味する。愛宕百韻の第三の句で紹巴が「花落つる池の流をせきとめて」と詠んで激励したように「明智氏が池田氏に代わって土岐氏棟梁を引き継ぐ」ことを実現したのだ。

その後、定政の系統は上野国沼田藩主となって明治時代に至り、明治政府から華族へ列せられている。現在も土岐明智氏は滅亡することなく存続し、「土岐」を名乗っているのである。

この上野沼田藩土岐家の系図は幕府が寛永十八年（一六四一）から二十年にかけて編纂した『寛永諸家系図伝』に「土岐系図」として集録されている。それによると初代美濃守護・土岐頼貞の子・頼基が明智氏の祖であり、その子・頼重が明智の里に住んで明智と号したと書かれている。定政は頼基から数えて十二代にあたる。抜粋したものを図に示す。

この系図は定政の孫・土岐頼行が出羽上山藩主のときに作成されたものであるが、

その後、寛政年間（一七八九〜一八〇一）に編纂された『寛政重修諸家譜』、幕末・明治初期に編纂された『系図纂要』へと沼田藩土岐家によって書き継がれている。土岐明智氏の系図としては最も権威もあり信憑性の高いものといえる。

この系図には残念ながら光秀が書かれていない。もし、定政が光秀に極めて近い関係にあったとすると、家康はかねてより光秀方との連携を定政にとらせていたのかもしれない。『石川忠総留書』には家康の伊賀越えに同行した重臣の一人として菅沼藤蔵の名があるのだ。

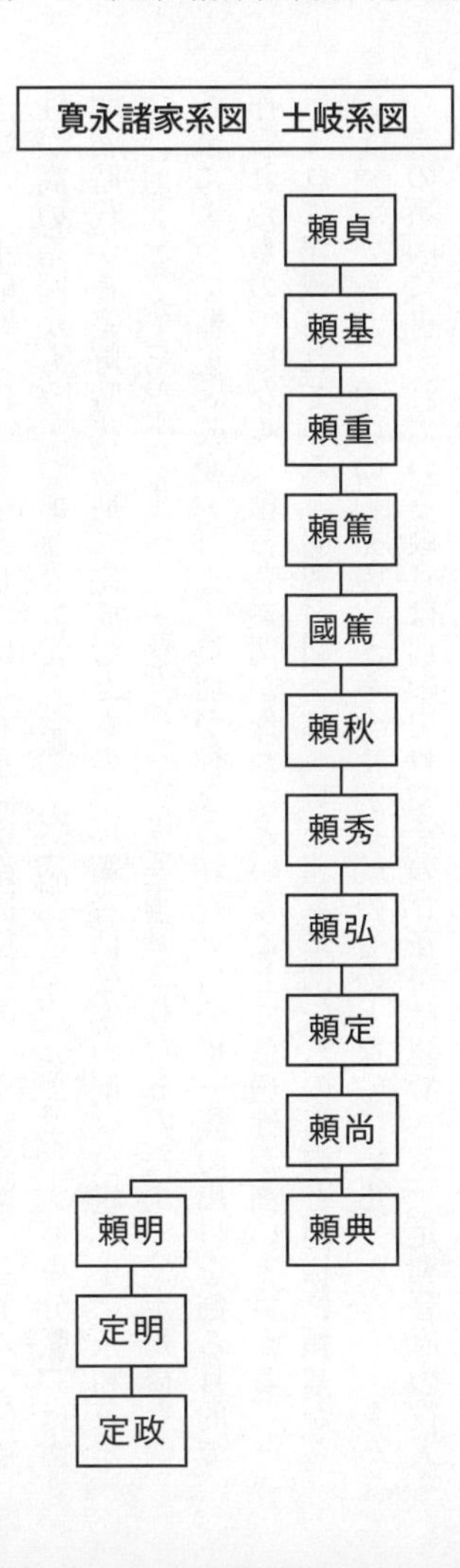

なお、土岐明智氏の系図としては『寛永諸家系図伝』の「土岐系図」と並んで信憑性が高い系図がもう一つある。『尊卑分脈』の「明智系図」である。『尊卑分脈』は南北朝時代から室町時代初期に完成したもので、編者は公家の洞院公定。主に永和三年（一三七七）から応永二年（一三九五）にかけて編纂されたものだが、公定死後も洞院家によって編集・改変・訂正・追加が行なわれた。自分や一族の出自を飾る目的で作られたものではなく、第三者機関が作ったということで信憑性が高いといえる。

これに記載されている「明智系図」は『寛永諸家系図伝』のものと同様に頼基から始まっているが、途中の頼秀の次から全く別系統のものとなっている。

この系図に書かれている政宣は別の史料でその存在が確認できる。足利幕府の役人名簿である番帳と公家の三条西実隆の書いた日記『実隆公記』や連歌の記録『連歌総目録』に、政宣の父とみられる玄宣と共に名前がみられる。この系図の政宣の父・光高と玄宣が同一人物かどうかは不明である。光高の兄弟に玄宣がいた可能性もあるし、『実隆公記』によれば玄宣は頼宣から短期間に頼連、玄宣と名前を変えているので、若い頃に光高と称していた可能性もあり得る。いずれにせよ、この系統は幕府奉公衆となった土岐明智氏なのである。土岐明智氏は美濃に在住した定政の系統と、この幕府奉公衆の二系統があったわけである。

二つの系統を合成した土岐明智系図のどこかに光秀がつながっていたはずだ。まだ

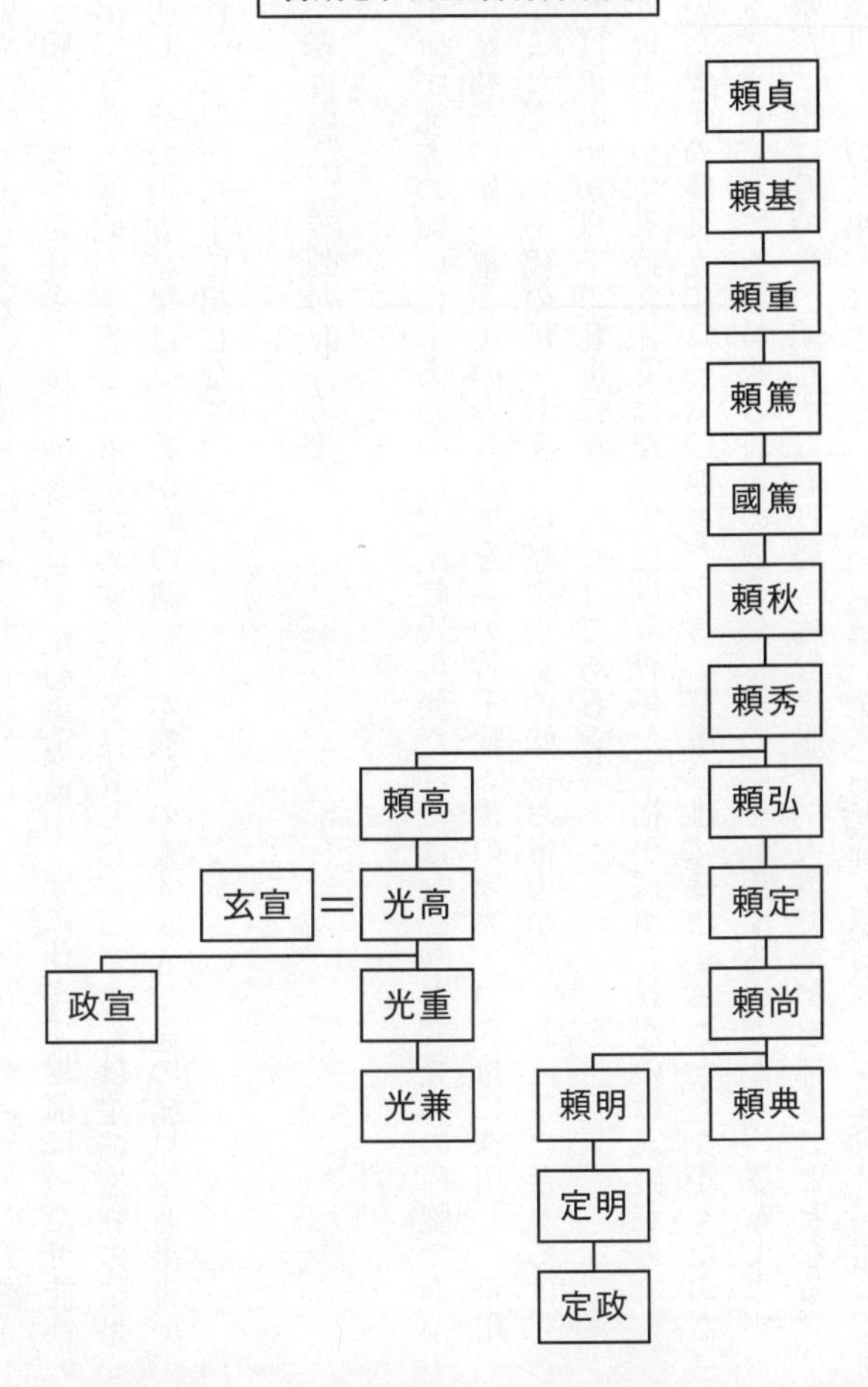
合成された土岐明智系図
頼貞
頼基
頼重
頼篤
國篤
頼秋
頼秀
頼高
頼弘
玄宣
光高
頼定
政宣
光重
頼尚
光兼
頼明
頼典
定明
定政

諸史料の分析中であるが、光秀は斎藤道三と敵対した土岐次郎頼純（最後の美濃守護・頼芸の甥）に仕え、後に朝倉義景家臣の黒坂備中守に仕えて越前にいた可能性も出てきた。難航が予想されるが諦めずに継続捜査したい（この件は追跡捜査の結果解明し、その捜査結果は『光秀からの遺言　本能寺の変436年後の発見』河出書房新社・二〇一八年に記した）。

春日局の異例の取り立て

家康が光秀の願いに応えたのは、土岐氏再興だけではなかった。光秀の片腕であった斎藤利三の娘・福（後の春日局）を孫の竹千代（後の家光）の乳母に採用し、重用したことだ。竹千代の母・お江与は織田信長の妹・お市の娘だ。お江与にとっては、いわば仇の娘が息子の乳母になったわけである。

乳母といっても授乳係ではなく実態は教育係だ。福が採用されたのは家康が幕府を開いた翌年の慶長九年（一六〇四）だから、家康は誰にはばかることもなかったのだろう。それにしても、将来の将軍の教育係に仇の娘を起用するのだから、尋常でない人事だ。福はその後、朝廷から春日局の称号を賜り、大奥で権勢を揮うこととなる。

出世したのは福だけではない。福の兄弟、すなわち利三の息子の佐渡守（三男）、三存（五男）は幕府旗本に取り立てられている。福の長男・正勝は小田原城主八万五千石に、福の乳母採用に伴って離縁した前夫の稲葉正成は下野真岡二万石に取り立てられた。正成の先妻との娘の子、堀田正盛は下総佐倉十一万石となり、その後、老中筆頭にまで出世した。その長男・正信は佐倉城主に、三男・正俊は春日局の養子となって後に大老に、四男・正英は筑波一万三千石、五男・勝直は南部三千石と、揃いも揃ってそうそうたる出世ぶりだ。

この春日局の異例の取り立てに当時の人々は尋常でないものを感じたのであろう。実に怪しげな話が多く出回った。夫の愛人を殺して家出し、家光の乳母募集の高札を見て応募して採用されたといった話もある。

極め付きは、春日局が三代将軍・家光の生母だとする説だ。これも「とんでもない話」の一つに見える。ところがこれには根拠となる史料がある。その史料は江戸城に存在した紅葉山文庫の蔵書である『松のさかへ（栄え）』という本だ。

この本の巻一は、東照宮様御文、本多忠勝公聞書ならびに御遺言、黒田長政公御遺言となっている。一読すると、徳川家の内部事情に通じた人物、特に家康にも近い人物が書いた内々の話だ。「東照宮様御文」は家康が息子・秀忠の正室・江与へ子供の教育についての訓戒を述べたものになっている。自害させた息子・信康への教育の失敗についても書かれており、家康でないと語れない内容である。

その文末に次の記述がある。

秀忠公御嫡男　竹千代君　御腹　春日局
　三世将軍家光公也
同御二男　國松君　御腹　御臺所(みだいどころ)
　駿河大納言忠長公也

嫡男・家光（竹千代）の生母（御腹）は春日局、二男・忠長（國松）の生母は正室・江与と書いてあるのだ。

江戸城の文庫に所蔵された史料に春日局や徳川幕府が否定したい、あるいは秘密にしたい話が書かれて伝存するであろうか。これをみると春日局が家光の生母ということは江戸城内では秘密でも何でもなくて、誰もが知っている常識だったと思われる。春日局の尋常でない取り立てや親子同然の家光との親密な関係をみても、生母とみるほうが自然である。その後、さらに蓋然性を高めた九州大学教授の研究で裏付けられている（『春日局　今日は火宅を遁れぬるかな』福田千鶴著、ミネルヴァ書房、二〇一七年）。

家康は関ヶ原の合戦で小早川秀秋を徳川方へ寝返らせることに貢献した小早川家家

老・稲葉正成の妻が斎藤利三の娘と知り、正成を説得して離縁させ、秀忠の側室に迎え入れたのであろう。仇の娘であるが故に名目上は家光の乳母で通したのだ。

さらに家光という名前にも暗示がありそうだ。元和六年（一六二〇）に家康の孫の竹千代は弟の国松と揃って元服し、竹千代は家光、国松は忠長と改名した。

当時の名前の付け方は、父祖の名前からの一字に、偏諱といって時の権力者から一字をもらう組み合わせが行なわれていた。たとえば長宗我部元親の嫡男・信親の信の字は信長からもらっている。

家光、忠長の名前を見ると、祖父の家康＋光秀＝家光、父の秀忠＋信長＝忠長、という組み合わせであろうと誰もが考えるに違いない。忠長の偏諱は生母が信長の姪のお江与なので順当だが、家光の偏諱は当時の常識からみても異常だったはずだ。ところが、光秀の縁者である春日局が生母とすれば何の不思議もない。おそらく、家康は実現できなかった光秀・家康連合政権の夢を家光（後の三代将軍）に担わせたかったのだろう。

実は元和六年（一六二〇）の家光の元服は四年も延期されたものだった。というのも、元和二年（一六一六）に家康が他界したからだ。このため家光の元服は延期されたが、おそらく家康の生前に「家光」の命名は決められていたのだろう。

家光の生誕の前々年と前年に、家康の子、頼直、頼房が生まれている。この二人はそれぞれ、四歳、八歳で元服している。家康の死んだ年に家光はすでに十二歳になっていたので、家光はとうに元服していてもおかしくなかった。ここに、家康の意図があったと思える。家康は豊臣家の滅亡まで家光の元服を待っていたのではないだろうか。

というのも、頼直、頼房の偏諱は豊臣秀頼から頼の字をもらっている。秀頼が生きている間に元服させると頼の字をつけざるを得ないのだ。それで家康は豊臣家滅亡を待ったのだ。ようやく、元和元年（一六一五）、大坂夏の陣で豊臣家は滅びた。ところがその翌年、家光の元服の機が熟したときに、家康の寿命が尽きてしまったのだ。

光の字は必ずしも光秀ではないのでは、という疑問もあるかもしれないが、光の字のつくそれらしい人物は、光秀以外にはいない。しかも、光の字は頼の字と並んで土岐氏を象徴する特別な字なのだ。

これは土岐氏が源頼光（よりみつ）の系統を継いでいることによる。頼光は大江山の酒呑童子（しゅてんどうじ）という鬼を退治したことで知られた豪傑だ。土岐一族はこの頼光にあやかって代々その名を引き継いできたのだ。

落ち延びた光秀の子供

光秀の娘婿の明智秀満（ひでみつ）は、光秀の死を知ると十四日に安土城から撤退し、坂本城へ帰り着いた。そして十五日に坂本城は落城し、一族郎党とともに命を絶ったと伝えられている。

このときの様子をフロイスは『日本史』に次のように書いている（松田毅一・川崎桃太訳『完訳フロイス日本史』）。

「安土を去った明智の武将（秀満）は坂本城に立て籠もったが、そこには明智の婦女子や家族、親族がいた。次の火曜日には同所へ羽柴（秀吉）の軍勢が到着したが、すでに多数の者は城から逃亡していた。そこでかの武将および他の武将らは、軍勢が接近し、ジュスト右近殿（高山右近）が最初に入城した者の先発者であるのを見ると、（中略）最高の塔に立て籠もり、内部に入ったまま、彼らのすべての婦女子を殺害した後、塔に放火し、自分らは切腹した。その時、明智の二子が死んだが、非常に上品な子供たちで、ヨーロッパの王子を思わせるほどであったと言われ、長男は十三歳であった」

おそらくフロイスは親交のあった高山右近などから、この情報を得たものと思われる。

この後、秀吉は光秀方の残党狩りを徹底的に行なった。そのことは『兼見卿記（かねみきょうき）』の記述からもうかがえる。その結果、斎藤利三は山崎での敗戦後、坂本城に帰り着こうとして琵琶湖畔の堅田で捕まり、六月十七日に京都の六条河原で処刑された。秀満の父親は丹波(たんば)横山で捕まり、七月二日に京都の粟田口(あわたぐち)で磔(はりつけ)になった。ところが、光秀の子供が捕まって処刑されたという記録はどこにもない。坂本城落城の際に死んだと書かれているが、もちろんフロイス自身が確認できたわけではない。もし坂本城から脱出していたとすれば、秀吉に捕まらずに生き延びたということになる。

果たして、光秀の子供たちは本当に坂本城で死んだのだろうか。

フロイスは秀吉の軍勢が来る前に「すでに多数の者は城から逃亡していた」と書いているので、坂本城から逃げ出すチャンスはあったことになる。またフロイスは本能寺の変の直後に書いた『一五八二年日本年報追加』の中では光秀の二人の子供は「逃げたという者もある」と書いているところをみると、坂本城から逃げたという噂も立っていたのだ。

現に、石谷頼辰(いしがいよりとき)父子や斎藤利三の子供たちは土佐に落ち延びている。秀吉軍の攻め上がってくる地域を抜けて坂本城から土佐へ逃れるのは容易なことではない。より安全な方法は坂本城から北上して若狭(わかさ)の小浜(おばま)から船で脱出することである。当時から小浜は日本海の海運の拠点として栄えていた。そして、そのとき、小浜の城には光秀に加担した武田元明がいたのである。脱出用の船まで用意していたとなると、相当周到な準備ができていたということだ。その彼らが光秀の子供たちを見捨てて自分たちだけで逃げたはずはなかろう。

そもそも光秀の謀反は一族を滅亡から救う目的で起こしたものだ。光秀や秀満、利三らが何としても坂本城に帰り着こうとしたのも、その意志を最後まで貫徹するためだったろう。坂本城に再結集し、家康の軍勢と合流して再起することに賭けたのだ。そして、万一それにも失敗したときには、子供たちを落ち延びさせ、土岐氏再興を託す計画だったはずだ。

結局、坂本城に帰り着けたのは秀満だけだった。坂本城に戻った秀満がなすべきことは、光秀の子供たちを無事に落ち延びさせることだったのだ。

時を継ぐもの

各地に光秀の子供が逃れ住んだという言い伝えがある。上総（かずさ）の国、現在の千葉県市原市不入斗（いりやまず）には、光秀の側室と子供が斎藤利治という光秀の家臣に伴われて逃げてきたという伝承があり、側室と子供のものと伝えられる墓もある。その他には、近江（おうみ）の小谷（おだに）、京都の山城、伊予の新居浜にも光秀の子供が逃れたという伝承がある。

讃岐（さぬき）（香川県）には明智秀満の子供が六人の従者と逃げてきて土岐姓を名乗って住

みついたという伝承がある。肥前唐津藩に仕え島原の乱で討死した三宅重利（藤兵衛）も明智秀満の子と伝わる。

ここに記載した光秀や秀満の子の子孫と伝承される家系は現在も各地に在住する。私の家系のように明治期になって明智姓に復姓した家系もあるが、どの家も明智姓を捨てて代々別姓を名乗ってきている。中には未だに伝承内容を一子相伝にして語らない家系、先祖から伝わる文書を門外不出として公開しない家系もある。四百年以上も秘密を守らねばならないところに光秀子孫の重さがある。

この他にも明智一族と言い伝えられている家系があり、それが口伝だけであったとしても、いずれも本当であろうと思われる。なぜならば、明智の一族であるということは隠すべきことであり、負の遺産だったからだ。誰も喜んで名乗るはずもなく、日本史上の英雄とされる義経や楠正成の子孫を名乗るのとはわけが違ったのだ。

そのことを日本画家の内田青虹氏が証言している。内田氏の実家は毛利氏の治める出雲（現在の島根県）に逃れてきた明智一族の子孫と伝えられている。そのことは代々、嫡男だけに密かに伝承されてきたそうだ。内田氏がこのことを知ったのは昭和四十九年（一九七四）一月、父親の葬儀の後、親戚一同が集まった席だった。伯父が「他言無用のこと」と前置きして、初めて嫡男以外の身内に明かしたのだそうだ。二男だった内田氏の父親も、このことは知らずに他界された。

近江の土岐一族に匿(かくま)われた光秀の子の子孫である山田家には光秀の家中法度(はっと)が伝わる。山口県指定文化財として毛利家にも全く同文のものが収蔵されており、毛利家に逃れた明智一族がいたことの裏付けともなっている。

この法度は丹波と坂本を往来する家臣に対して織田家中での諍(いさか)いが起きないように厳しく律したものだ。天正(てんしょう)九年十二月四日付であり、まさに謀反の決断に迫られた頃に書かれている。大事な時期につまらないことから問題が生じないように気を配っていたのだろう。

意訳文を示すが、これを見ても光秀がノイローゼや怨みつらみで無計画・無策で謀反に踏み切る人物ではないことがよくわかる。

一　織田家の宿老や馬廻衆に途中で挨拶をする時は見かけたら、その場の片方へ寄り、丁寧にかしこまってお通し申しあげること

一　坂本丹波を往復する者は京へは紫野より白河を通って上り、京からは汁谷(しるたに)大津越えで下るべし。京都での用事には人をつかわしてしっかり調べること。また自分が京都にいなくて出来ないことがあるならば知らせること

一　用事など申し付けた召使などの者が洛中で騎乗することを禁止する

一　洛中洛外での遊興見物は禁止する

一　道路に於いて他家の衆とにわかに口論する者は理非によらず成敗を加えるべし
　但し考えが及ばない成り行きに至っては、その場で一命をかけて解決すべし
右の趣旨は信長様の御座所や領地に程近いので、並々ならずに考えること。万一思いがけないことが起きた時は悔やむことができない。若党や下人以下の面々にも一層のこと堅く申し付けるべし。若し違反の者にはただちに罰を与えるべし。八幡宮がご覧になっているので許すべきにあらず

このように気配りを万全に行なっていた光秀が上総、近江、京都、伊予など広く各地に子供を分散したのも、彼の智恵だったと思われる。一網打尽に捕まらないように危険を分散したのだろう。

私の先祖と伝えられる光秀の子・於寉丸（おづるまる）は山城（京都）という人目につきやすい場所に隠れていたのだが、そこにも光秀の何らかの工夫があったと思われる。神官の子として育てられたと伝えられているが、山城は吉田兼見の吉田神道のお膝元だ。当然、京都の神社の事情について兼見はよく知っていたはずである。山崎の合戦の四日前、六月九日に下鳥羽の陣に兼見の来訪を受けた光秀が、万一の場合の願いとして、この件を頼んでおいたのではないだろうか。

こうして、光秀の「一族の救済」の祈願は四百年という時を継いで細ぼそながらも

叶(かな)えられていたのである。

※本書ではあえて追求しなかった明智光秀の全人生については、『光秀からの遺言』（河出書房新社）で詳しく解明しています。

第13章　祈願「国々は猶のどかなるとき」

豊臣秀吉の唐入り

光秀の謀反により織田信長の中国征服、いわゆる唐入り(から)は実行されることはなかった。しかし、嫡男・光慶に「国々は猶のどかなるとき」と詠ませた光秀の「安寧の世の到来」の祈願は残念ながら豊臣秀吉の手によって打ち砕かれた。

十年後の天正二十年（文禄元年、一五九二）三月、豊臣秀吉によって唐入りを目的とした朝鮮侵攻が開始され、途中休戦をはさみながらも慶長三年（一五九八）八月の秀吉の死による撤収まで、六年半に渡って朝鮮での戦争が行なわれた。

ルイス・フロイスの『日本史』によれば、この間に朝鮮に渡った日本の兵士と輸送員は十五万人、そのうち五万人が死亡。敵に殺されたものは少なく、大部分は労苦、飢餓、寒気、疾病が原因だった。朝鮮側の死者・捕虜はこれと比較にならないほど厖大だったとのことだ。日朝両国に甚大な被害を与え、癒(いや)しがたい禍根を残したのである。

このように秀吉の天下統一の先には国外での悲惨な戦争と死が待っていた。光秀が信長の天下統一の先に一族滅亡の危機が来るとみたのは、決して杞憂ではなかったのだ。謀反が最終的に失敗したことをもって光秀の決断を責めることはできないであろう。

秀吉の唐入りに対しても国内に反対の気運が溢れていたことを、ルイス・フロイスが書いている(『日本史』)。

「次のような噂が広くひろまった。すなわち、関白はこの事業を結局は成就し得ないであろう、そして朝鮮へ出陣するに先立って、日本中いたるところで大規模な叛乱が惹起(じゃっき)されるだろう、というのである。実は人々はひどくこの征服事業に加わることを嫌悪しており、まるで死に赴くことを保証されているように考えていた。(中略)日本中に不安と慨嘆が充満し、そのために誰か強力な武将がかならずや関白に向かって叛起するに違いないと感じられていた」

フロイスは日本中で叛乱が起きるが如くに書いている。しかし、実際に起きた叛乱は薩摩の梅北国兼(うめきたくにかね)が天正二十年六月に起こした一揆だけだった。この一揆もわずか三日で鎮圧され、国兼の首は朝鮮侵攻の前線基地である肥前名護屋城(なごや)(現在の佐賀県唐津市)に届けられて浜辺に晒(さら)され、関係者は秀吉によって厳しく処罰された。国兼の妻は名護屋城に引き立てられて火あぶりにされたことが、フロイス『日本史』に書かれている。

秀吉は政権を握ると国内統治の強化のために様々な手を打った。大名の領地内の城の破却（城割）、大名の領地の国替え（移封）、百姓の武装解除（刀狩）、年貢と軍役の賦課を強化するための石高の調査（検地）、大名の妻子の大坂への居住（人質）などだ。これらの施策は同時に「唐入り阻止のための謀反を防止する策」でもあった。

秀吉の頭には信長の唐入りが光秀の謀反を招いたことがこびりついており、自分の唐入りの際に謀反が起きることを極度に警戒し、着々と手を打ったのだ。フロイスが書いたような国内の気運があったにもかかわらず、大規模な叛乱が起きることがなかったのは、それらが効果を発揮したからに他ならない。フロイスはその状況を次のように説明している（『日本史』）。

「一同が関白に対して抱いていた恐怖心はきわめて大きく、もし一人が謀叛を敢行した場合、その者は他の全員からただちに見放されてしまう。（中略）諸侯は互いに胸襟を開き、親交を結ぼうというような信頼感をまったく持ち合わせておらず、自分が胸中を打ち明けた相手によって訴えられはしまいかと極度に憂慮して、誰一人として動こうとはしないのである」

秀吉は信長の轍を踏まないように知恵を絞り、各武将は光秀の轍を踏まないように慎重に行動したのだ。誰もがあの本能寺の変に学んだということだ。

　実は秀吉の政権下で未だに謎とされる事件が二つ起きている。それは千利休切腹と関白・秀次の切腹である。この二つの事件は本能寺の変、すなわち光秀謀反と多くの共通点がある。一つは、いずれもその原因が未だにはっきりせず、諸説が唱えられていること。二つ目は、通説では当事者の個人的な悪事が原因とされてきたこと。現代でもいわゆる新聞の三面記事の扱いでみられているのだ。三つ目はいずれも秀吉の情報統制下で起きていること。

　本能寺の変の光秀謀反の動機が秀吉によってねつ造されたものであるのと同様に、利休切腹、秀次切腹の原因も秀吉がねつ造したのではないかという疑念が湧くのは当然であろう。

　この視点で、この二つの事件を捜査していくと見えてくるものがある。これまでの研究では全く見過ごされていることだが、二つの事件が起きた時期が秀吉の唐入りの節目の時期に重なることだ。千利休切腹は第一回目の朝鮮侵攻（文禄の役）の準備が本格化する時期、秀次切腹は第二回目の朝鮮侵攻（慶長の役）の始まる前に日・明和睦が成立する期待が高まっていた時期だ。

　二人には謀反の嫌疑がかけられたようだが、明らかに謀反を企てたとする証拠は見付からない。唐入り阻止のための謀反が起きることを秀吉が極度に警戒し、光秀謀反のトラウマから過剰反応を起こしたのではなかろうか。それぞれの切腹事件についての真実を確認してみよう。

千利休切腹の真実

千利休が豊臣秀吉から切腹を命じられたのは天正十九年（一五九一）二月二十八日。あまりにも突然の出来事だった。

利休の首は京都一条戻り橋にさらされた。しかも、大徳寺山門に置かれていた利休の木像を磔にして、その木像に利休の首を踏ませるという異常なものだった。秀吉の怒りの凄まじさが感じられる。

公家の勧修寺晴豊（かじゅうじはるとよ）や興福寺多聞院（たもんいん）院主の日記などを読み合わせると、利休の首の傍には罪状を書いた高札が掲げられ、大徳寺山門に自分の木像を置いたことや茶道具を高値で売って私腹を肥やしたことが書かれていたようだ。これが秀吉により公式発表された利休の罪状だが、いずれもこれほどの極刑に値する理由とは思えない。

そもそも利休とは秀吉にとって、どのような人物だったのであろうか。

豊後（ぶんご）の大名・大友宗麟（そうりん）が天正十四年（一五八六）に大坂城で秀吉に謁見した際、秀吉の弟・秀長が「内々の儀は宗易（利休）、公儀の事は自分が万事心得ているから御心配あるな」と宗麟に語っている。

利休は茶人であり、わび茶の創設者として知られるが、実体は堺の商人である。秀長の言をみても政商として秀吉の政権にしっかり組み込まれ、かつ強力に支える重要な存在だったことがわかる。利休宛天正三年（一五七五）九月十六日付の信長書状には、越前出陣にあたって鉄砲玉千個を受け取った礼が書かれている（『不審菴所蔵文書』）。利休は信長の時代から政商として政権を支えていたのだ。

利休の政権での位置付けからみると、この事件も本能寺の変と同じように政治事件として見直すべきだ。茶道に対する考え方の違いとか利休の娘を秀吉が求めたとかの説は「三面記事史観」から出たものであろう。利休が切腹した天正十九年二月前後の政治状況をみてみよう。

このとき、日本中を揺るがす大事件が進行していた。それがまさに「唐入り」だ。秀吉が諸大名に唐入りの渡海を命じたのは利休の死の翌年の天正二十年（一五九二）三月だが、すでに天正十五年（一五八七）には対馬の宗氏に対して唐入りに協力させるための朝鮮国王参洛の交渉を命じている。準備はかなり前から着々と進められていたのだ。

宗氏は朝鮮との交渉に苦労を重ねた末、ようやく天正十八年（一五九〇）十一月に朝鮮からの通信使の秀吉引見にこぎつけた。このとき、秀吉は唐入りの先導を朝鮮に命ずる国書を通信使に与えている。いよいよ、秀吉は唐入りに向けて本格的に動き出したのである。そして、唐入り阻止の謀反が起きることに対する秀吉の警戒感も高まっていったのであろう。利休切腹の四ヵ月前のことだ。

当時国内に謀反の動きが具体的にあったことを示す史料は見付かっていない。しかし、明らかに唐入りを避けようとして活動した人物はいた。それが対馬を治める宗氏だ。朝鮮半島に近い孤島の対馬は農耕に向かない土地であり、日朝貿易によってようやく生計を立てていたので、日朝間の戦争は文字どおり死活問題だったのだ。宗氏は朝鮮との交渉役として双方の国書を偽造するという荒業（あらわざ）によって両国の関係を穏便に済ませようと苦心を重ねた。

宗氏と思いを一つにしていたのが博多の商人たちだ。その代表格が島井宗室（そうしつ）。宗氏を通じて日朝貿易を行なっていた島井宗室にとっても戦争は死活問題だった。朝鮮国王参洛の交渉が進まないことを秀吉から責められた宗氏当主・義智（よしとも）が天正十七年（一五八九）六月、僧・景轍玄蘇（けいてつげんそ）を正使、自分を副使として朝鮮に渡海した際にも、島井宗室を同行させている。

その宗室は前年の天正十六年（一五八八）に秀吉の怒りを買って九州に流罪となった京都大徳寺の住持・古渓宗陳（こけいそうちん）を博多に庇護して面倒をみている。宗陳は翌年許されて京都に帰るのだが、それを秀吉に働きかけたのが利休だ。宗陳は利休の仏門での恩師で肝胆相照（かんたんあいて）らす仲だったのである。宗陳を介して宗室と利休は親交を深めた。

そして、宗氏と思いを一つにしていたもう一人の人物が小西行長だ。行長は宗氏当主の義智に娘を嫁がせていた。行長は宗氏の国書偽造の努力が失敗に終わると義智と一緒に朝鮮への先遣部隊となることを秀吉に嘆願し、朝鮮侵攻後には直ちに朝鮮と和議を結ぼうと交渉を始めている。

小西行長は利休の茶道の高弟である七哲の一人、高山右近とは同じキリシタン大名として緊密な関係があった。秀吉のバテレン追放令に伴って追放された右近を、自分の領地・小豆島に匿ったのも行長だ。

こうして、大友宗麟が「利休以外に秀吉に物申す人はいない」と評した利休の周辺に、宗義智・島井宗室・古渓宗陳・小西行長・高山右近という唐入り回避を願う人脈が形成されていた。彼らが利休を動かし、秀吉に唐入りを思いとどまらせようと動いたとしても不思議ではない。それを書いた史料はないが、国書を偽造してまでも唐入りを回避しようとした宗義智や島井宗室・小西行長の切迫した思いをみれば十分にあり得ることだ。

利休自身、朝鮮には高麗茶碗などの茶道具を通じて人一倍の親しみを感じていたであろう。唐入りを回避したい気持ちにおいては、利休自身も同じだったに違いない。そこで、利休は秀吉に唐入りを思いとどまるよう諫言(かんげん)したのではなかろうか。このことが、秀吉の謀反トラウマに火をつけた。政権内外に広い人脈を持つ利休が唐入り阻止のオピニオンリーダーとなって反対勢力が結集し、叛乱へと発展していくことを恐れたのだ。

利休は武将との交流も深く、頻繁に茶席を設けて招いている。利休が堺へ追放・閉門となった二月十三日の前の月の十一日朝には毛利輝元、晩には島津義弘、二十四日朝には徳川家康が招かれている（『利休百会記』）。こういった武将との接触も秀吉の猜疑心をかりたてたのかもしれない。そして、秀吉は過剰反応を起こしてしまった。

自分の死にあたって利休が書き残したものがある。一つは娘のお亀に宛てた遺書である。それには「利休めはとかく果報のもの（者）そかし、菅相しやう（菅丞相＝菅原道真）になるとおもへは（思えば）」と書かれている（杉本捷雄著『千利休とその周辺』）。讒言によって失脚した菅原道真に自分をなぞらえており、利休としては納得できない処罰だったのだ。謀反など起こす気はさらさらなかったのだろう。

もう一つ利休が書き残したものとして辞世の偈（韻文）と和歌がある。和歌は「提ぐる我得具足（武器）の一つ太刀　今此の時ぞ天に抛つ」。何か乾坤一擲、勝負を賭けたような気迫を感ずる。唐入り回避の諫言には命を懸けても惜しくなかったという気持ちを込めたのであろうか。光秀の「時は今」と相通ずる「決断」の思いを「今此の時ぞ」という言葉に込めたのではなかろうか。

こうして秀吉は唐入り阻止の芽を早々に摘んだ。唐入り阻止気運の火に油を注ぐような殉教者を作ってしまわないように、利休の驕りを罪状として掲げて利休を処分した。光秀謀反の動機と同じように三面記事の事件に仕立て上げたのだ。

関白秀次切腹の真実

豊臣秀次は秀吉の姉の子で、天正十九年（一五九一）八月に秀吉の嫡男・鶴松が夭逝したため、秀吉の養子となり、続いて十二月に関白に就任した。関白就任後の秀次は聚楽第に居住して内政を司り、秀吉は唐入りに専念することになる。

天正二十年（一五九二）三月十三日、秀吉は十五万の兵に朝鮮渡海を命じた。第一軍の宗義智・小西行長が先遣隊として四月十二日に釜山に上陸し、続いて加藤清正の第二軍も上陸した。緒戦は連戦連勝で行長と清正は先陣争いをしながら、五月三日には首都・漢城を陥落させた。

秀吉はこの報告に喜び、五月十八日、関白・秀次に宛てて二十五条の覚書を出した。その中で、秀次を中国の関白として北京周辺に百ヵ国を与える意向を示し、来年早々に出陣すること、明後年には後陽成天皇を北京に移し、十ヵ国を進上し、公家衆にも知行を加増すること、日本の天皇は皇太子か皇弟とすること、日本の関白は羽柴秀保（秀次実弟）か宇喜多秀家とすること、朝鮮には織田秀信か宇喜多秀家を置くことなどを指示した。果たして、この指示を関白・秀次や天皇・公家衆はどのような思いで受け止めたであろうか。

　進撃を続けた日本軍は六月十五日、平壌に入城するが、その後、明軍の朝鮮救援が始まり反撃を受けて後退を余儀なくされる。和議交渉の紆余曲折の末、休戦が成立し、翌文禄二年（一五九三）四月十八日、日本軍は漢城を撤退し、明からは和議使節を日本へ派遣することになった。五月十五日、明使節は肥前名護屋へ到着するが、そこから和議交渉は長期化する。日・明両国の和睦条件に対する思惑が全くずれていたのだ。

　ようやく文禄三年（一五九四）十二月、明皇帝は秀吉を日本国王に封ずるための冊封使の派遣を決定した。翌年一月に冊封使一行は北京を発ち、四月に漢城に着いた。釜山に留まって明との交渉にあたっていた小西行長は、冊封使の到着が間近いことを知らせるために日本へ向かった。この報告を受けて秀吉周辺は慌ただしく動き出したであろう。秀吉は、冊封使が秀吉の突きつけた和睦条件を承諾する国書を届けに来ると思い込んでいたのだ。

　これに先立つ一月十六日付で、秀吉は吉川広家と島津義弘に来年の秀次の名護屋動座の準備をするように指示している（『吉川家文書』、『島津家文書』）。秀吉は和睦条件の一つとして朝鮮半国の日本への割譲を要求していた。秀次の名護屋動座は秀次を朝鮮支配の前面に立てる意思の現れだったのであろう。ここに半年後の七月八日、謀反の嫌疑で秀次が高野山へ追放されることになる原因が潜んでいたのであろう。

秀次は言われるような無能な人物ではなかったようで、関白として公家との交流や文化・芸術の振興に力を入れ、当代一流の教養人とも評価されていた。フロイスも『日本史』に次のように書いている。朝鮮侵攻の緒戦の勝利に喜んで秀吉が二十五条の覚書を秀次に与えたことに対する秀次の反応に関する記述である。

「関白の甥である新関白秀次は、弱年ながら深く道理と分別をわきまえた人で、謙虚であり、短慮性急ではなく、物事に慎重で思慮深かった。そして、平素、良識ある賢明な人物と会談することを好んだ。彼は関白から、多大な妄想と空中の楼閣ともいえる、上記のような内容の書状を受理したが、ほとんど意に介することなく、かねてより賢明であったから、すでに得ているものを、そのように不確実で疑わしいものと交換しようとは思わなかった。彼は幾つか皮肉を交えた言葉を口外したものの、伯父関白との折合いを保つために、胸襟を開くことなく自制していた」

この記述からは秀次の人物像とともに秀次が唐入りに対して本心では反対であったことが読み取れる。

その秀次にいよいよ名護屋動座、そして朝鮮へ、という秀吉の命令が現実味を帯びてきたのである。同じようなことが天皇や公家たちにも降りかかってきていたのかもしれない。秀吉の二十五条の覚書では、天皇も秀次のあとを追って中国に移ることになっていた。それが全く反故になったわけではなかろう。

秀次切腹の二週間前の六月二十日、豊臣家の番医（宿直医）である曲直瀬玄朔が秀次を往診している。玄朔は前年の文禄二年九月から十月にかけて秀次が伊豆の熱海に湯治療養していたときに、喘息の悪化で急遽呼び付けられている。このとき秀次は「ストレスによる気の停滞、いわゆる気の病（鬱）」であったと玄朔のカルテである『医学天正記』に書かれている（宮本義己著『豊臣政権における太閤と関白』）。六月二十日に秀次専属の侍医ではなく、豊臣家番医の玄朔がわざわざ呼ばれたということは、この鬱が再発したのではなかろうか。

そして、この同じ時期に後陽成天皇も鬱で玄朔の治療を受けている。六月十七日から七月十日にかけてである（宮本義己著『豊臣政権の番医』）。まだ二十代の二人にとって、かねてからの唐入りのプレッシャーがかなり精神的負担になっていたのであろう。

こうして、玄朔が同時期に秀次と天皇の両方を往診して二人の間を行き来したことが、思いもよらないことに秀吉の謀反トラウマに火をつけたのではなかろうか。秀次が朝廷と謀反を画策し、玄朔がその連絡役として聚楽第と御所の間を行き来している、と。後に玄朔は秀次事件への連座を問われて常陸国（現在の茨城県）へ流罪となっている。

秀次は文禄四年（一五九五）七月十五日に切腹を命じられた。享年二十八歳。秀次の小姓・家臣二十名近くが切腹し、武将だけでなく菊亭晴季（はるすえ）、里村紹巴（じょうは）など秀次と交流の深かった公家や文化人も流罪などに処せられた。それだけでなく、秀次の側室・子など四十名近くが三条河原で処刑された。側室の中には菊亭晴季の娘もいた。

これだけ一族、近臣まで広く処分が行なわれたということは、秀次が辻斬りをしたり神仏を冒瀆する無礼を働いたりした、といった三面記事的理由でないことは明らかだ。謀反として断罪されたのである。明確に言葉に出さなくても唐入りに反対していた秀次が朝廷と結託して、武将たちを味方につけて謀反を起こす恐怖にとらわれたのだ。秀吉が京都に関白の政庁として築城し、天皇の行幸を迎える盛大な行事を行なったこともある聚楽第を徹底的に破却してしまったのも、朝廷に対する威圧行為だったのではなかろうか。

秀吉の謀反トラウマが自らの政権の弱体化と将来の一族の弱体化をも招いてしまった。そして、徳川家康を討つ機会を逃した秀吉は、子の代の一族の生存に対する責任を果たすことなく世を去った。

慶長八年（一六〇三）征夷大将軍に任じられた家康は江戸幕府を開き、二百六十年に及ぶ平和国家を築いた。光秀の祈願「安寧な世の到来」は盟友・徳川家康の手によってようやく実現したのである。

エピローグ――本能寺の変の定説を固めた国策――

信長・秀吉の政権で起きた三つの事件、光秀謀反・利休切腹・秀次(ひでつぐ)切腹は「唐入(からい)り」でつながっていたのだ。そのことを豊臣秀吉は隠したかった。自分の推進する唐入りに反対者がいて、その阻止のために謀反が企(くわだ)てられたことを公にしたくなかったからだ。だから、いずれも当事者の悪事に原因があると公式発表した。

この公式発表が歴史の定説となったわけであるが、定説を固める上で重要な役割を果たしたのが、明治維新以降、太平洋戦争に至るまでの我が国の国策である。明治政府の富国強兵策の行きつく先には中国大陸侵攻、つまり「唐入り」が待っていた。唐入りを進める政府は秀吉と全く同じことを考えたのだ。国家の英雄・軍神・秀吉の唐入り阻止が事件の原因であっては困るのだ。自分たちの推進する唐入りに反対する非国民がいるわけがないように、秀吉の唐入りに反対した者などいるはずがないのだ。

こうして定説の固定化が行なわれた。

「光秀は、かねてから、その主のきびしい仕打を怨んでいたので、本能寺の警戒がてうすいのにつけこんで、にわかにそむいて攻めかかった」

「信長は、さきに天皇のおおせを受けて以来、早く天下を平げて、御心をおやすめ申そうとつとめ、今ひといきでその大事業を成しとげようとしていたのに、たちまち逆臣の手にかかってたおれたのは、まことに惜しいことである」

「この談判中、たまたま本能寺の変のしらせがあった。秀吉は、和睦の約束を結ぶと、すぐさま兵をかえし、一気におし進んで、光秀を山城（やましろ）の山崎にうち滅ぼした。本能寺の変からこの時まで、わずかに十一日である。そのすばしこいのには、ただただ驚くのほかはない」

「秀吉は、ひくい身分から起って、すぐれた知勇をもって国内を平げ、深く皇室を尊び、人民を安んじ、その上、外征の軍を起して、国威を海外にまでかがやかした豪傑である。けれども、また一方では、きはやさしい、なさけ深い人であった」

これらは昭和十年（一九三五）から尋常小学校で使われた『尋常小学国史』の記述である（旧かなを現代かなに書き換えた）。定説のストーリーだけでなく、それに対する国家的道徳観までをも含めて広く小学生から教育が行なわれたのである。

歴史研究にもこの影響が及ばないわけがない。秀吉研究には聖域ができ、光秀謀反・利休切腹・秀次切腹は真実とは全くかけ離れた領域で研究が行なわれてきたのである。その結果、「軍記物依存の三面記事史観」を誰もおかしいと感じないまま現在にいたってしまったのだ。

「賢者は歴史に学び、愚者は経験に学ぶ」とはドイツの鉄血宰相といわれたビスマルクの言葉だ。歴史に学ぶとは、自分とは異なる経験・思考・能力を有する先人の存在を認め、その人物の真実にどれだけ肉薄するかという精神活動であろう。だから新たな発見があるのだ。自分の経験に先人を当てはめて自分の器で解釈することは、歴史に学ぶのではなく、自分の経験を正当化しているに過ぎない。三面記事史観は歴史を面白おかしくとらえて、自分の経験を正当化するには恰好のものだったのだ。人は易きに流れるものである。

織田信長や豊臣秀吉の唐入りは彼らの誇大妄想ではなかった。「御恩と奉公」の時代には領地の拡大が武将にとっては必然の目的であり、天下統一した後には国外に領地を求めるしかないと考えるのも必然の論理だった。唐入りは天下統一の先にある戦国武将の論理の帰結だったのだ。

徳川家康はその論理を断ち切ることによって二百六十年の平和国家を実現した。国外に土地を求めるのではなく、国内で土地を回す仕組みを作ったのである。それが改易(かいえき)、すなわち大名の取り潰しだ。失態を犯した大名を取り潰して空いた土地を手柄のあった大名に与える仕組みである。江戸時代には百六十家もの大名が改易されている。

家康は唐入り政策を破棄し、秀吉による侵攻の傷跡を埋めるべく朝鮮との善隣外交に力を入れた。朝鮮からは二百六十年の間に十二回に及ぶ通信使、すなわち誼(よしみ)を通じる外交・文化の大使節団が訪れ、日本各地で大歓迎され、日朝友好の蜜月を築いた。

ところが、明治政府は家康によって破却されていた豊国神社を再興して秀吉を神として祀り、逆に徳川幕府の平和国家・善隣外交の理念と仕組みを破却した。その結果、昭和の時代に至って再び唐入り（中国大陸侵攻）へと進んでしまったことはよく知るところである。我が国は歴史に学ばなかったのである。

現代人は信長・秀吉を始めとする戦国武将がどれほど領地の拡大にこだわったかを理解できないであろう。しかし、武将を企業の社長、領地を利潤に置き換えてみれば、それはまさに現代に起きていることと同じだ。企業は利潤の拡大を求め続けた。国内市場で限られたパイを取り合った後には、国外の市場を求めて海外へ進出した。その活動はグローバリズムと称されて留まることを知らずに続いている。

さて、戦国武将が子の代の生存と繁栄に責任を果たそうとした思いを、現代人は共感できるであろうか。自分自身がどう生きるかに追われて、その思いは希薄な気がする。次世代のために何をなすべきか、何を残して何を残さざるべきかを考えることにもっと頭脳と時間を使わねばならないのではなかろうか。

大きな歴史の構図を見失った三面記事史観からは何も学ぶことはできない。戦国時代の本当の歴史に学ぶことによって何かが見付かるはずだ。本書がその一助となれば幸いである。

【巻末資料】

1 本能寺の変「日表」〈変前〉——日差は本能寺の変までの日数

日差	年月日	出来事（二重かぎカッコ内は関連史料）
100	天正10年（一五八二）2月9日	信長、諸将へ命令を発し、三好康長に長宗我部攻め、光秀・細川忠興・筒井順慶に武田攻めの出陣準備を命ず『信長公記』。信長、家康領侵攻の準備を発動
85	3月5日	信長、光秀・順慶・忠興を伴って武田攻めに出陣『信長公記』
58	4月2日〜	信長、諏訪を発し、富士山を見物し、家康領を通って安土までの帰途につく『信長公記』。光秀・順慶・忠興が信長に随行して視察
41	4月19日	松平家忠、信長に茶を振舞う。黒人の彌介が小姓として信長に近侍『家忠日記』
39	4月21日	信長、安土に帰城『信長公記』
24	5月7日	信長、織田信孝へ四国仕置の朱印状を与える
20	5月11日	信孝、長宗我部征伐のため大坂・住吉に着陣『信長公記』 斎藤利三、これを知って謀反を差し急ぐ『元親記』 この前後に、信長と光秀が安土城の密室で本能寺での家康討ちを密談。光秀、長宗我部征伐回避を信長に迫り、拒絶されて謀反を決意。密室に小姓として控えていた彌介がこれを目撃『日本史』

17	5月14日	藤孝・忠興、京都の兼見邸を発って安土へ向かう『兼見卿記』 家康・穴山梅雪、安土近くの近江番場に到着。光秀、饗応役を務める『信長公記』 十七日までの間に、光秀と家康が謀反の談合を行ない、利三・藤孝が同席『兼見卿記』『日々記』
14	5月17日	光秀、坂本城へ帰る『信長公記』 兼見、安土で藤孝に会い警告を受ける『兼見卿記』
13	5月18日	光秀、密書・密使の準備を始める。この頃に藤孝、家老の松井康之と対応協議。その後、康之が秀吉に謀反の計画を漏らし、秀吉は藤孝を味方につける
10	5月21日	家康・梅雪、織田信忠に伴われて安土を発ち京都へ向かう『信長公記』
9	5月22日	この日までに光秀、坂本から丹波亀山城へ移動
8	5月23日	光秀、愛宕神社に参詣
7	5月24日	光秀、愛宕山で百韻を興行、「時は今あめが下なる五月かな」と発句を詠む
4	5月27日	信忠は信長上洛と聞き、家康と堺へ同行する予定を変更して信長を出迎えに京都へ向かう『小畠文書』
2	5月29日 *この年の暦では5月は29日まで	信長、安土から彌介他の小姓二、三十人連れて上洛し本能寺へ宿泊『信長公記』 信長、光秀・順慶・忠興・家康に六月二日の上洛命令を出し、家康討ち発動。 家康、堺に入る『宇野主水日記』

1	6月1日	公家が大挙して本能寺の信長を訪問、兼見は不参『兼見卿記』『言経卿記』 家康、堺で今井宗久、津田宗及に茶を振舞われる。家康には案内者として長谷川竹と秀吉がつけた杉原家次が随行『宇野主水日記』 家康、茶屋四郎次郎を京都へ先発させる『茶屋由緒記』
0	6月2日	光秀、早暁に本能寺を急襲し信長を討ち、次いで二条御所に信忠を討つ『信長公記』 信長、家康討ちの計画が自らの死を招いたことを悟る『日本王国記』 家康、早朝に堺を出発し伊賀越えを図る『茶屋由緒記』 杉原家次、堺を発って備中高松の秀吉に注進 家康が信忠につけた水野忠重、二条御所を脱出して身を隠す『家忠日記』 彌介、本能寺を逃れ二条御所で奮戦の後、投降して南蛮寺へ『イエズス会日本年報』 順慶、本能寺へ向かう途中に偽情報を受け大和へ帰る『多聞院日記』 細川忠興、信長の上洛命令を無視して丹後宮津に留まる

〈変後〉――日差は本能寺の変からの日数

日差	年月日	出来事（二重かぎカッコ内は関連史料）
1	6月3日	杉原家次、備中高松に到着し秀吉へ注進。秀吉、毛利と和睦する『惟任退治記』 蒲生賢秀ら、安土城退去『信長公記』

2	6月4日	家康、岡崎に帰着。穴山梅雪切腹させられる『家忠日記』 光秀、近江を制圧『兼見卿記』 秀吉、備中高松からの撤収を開始
3	6月5日	光秀、安土城入城『兼見卿記』。藤田伝五を順慶説得に派遣『蓮成院記録』 家康、甲斐の織田軍討伐の東陣を進める『家忠日記』 織田信澄、大坂で織田信孝に殺される『家忠日記』『多聞院日記』 秀吉、諸将へ書状を発信。すでに高松から途中まで引き返していると連絡『中川清秀宛秀吉書状』
4	6月6日	兼見、誠仁親王より光秀への勅使として派遣の命を受ける『兼見卿記』 秀吉軍本隊、姫路城に帰着『松井康之宛杉若無心書状』
5	6月7日	兼見、安土城に光秀を訪問し、今度の謀反の存分を雑談『兼見卿記』 光秀、秀吉の接近の報を受ける『日本史』
6	6月8日	光秀、安土から坂本城へ。上洛して摂津への出陣を予定『兼見卿記』 兼見、参内し親王へ報告『兼見卿記』。晴豊・言経が同席『晴豊公記』 秀吉重臣の杉若無心、藤孝家老の松井康之宛書状発信
7	6月9日	親王、光秀宛の奉書を発給。光秀、秀吉迎撃のため下鳥羽へ出陣『兼見卿記』 家康、甲斐簒奪に注力するため西陣進発を延期。光秀、水野忠重と連絡をとる。忠重、岡崎に帰着し秀吉の中国大返しと光秀の支援要請を伝える『家忠日記』 順慶、光秀への加担の動きをやめて籠城準備を始める『多聞院日記』

8	6月10日	家康、光秀救援のため急遽西陣進発命令を出す『家忠日記』 藤田伝五、順慶に合力を断わられて引き返す途中で順慶に呼び戻される『多聞院日記』
10	6月12日	光秀、摂津支配をあきらめ帰陣していた下鳥羽から山崎へ出陣
11	6月13日	光秀、山崎の合戦で秀吉に敗れ、醍醐・山科辺りで殺される『兼見卿記』『晴豊公記』『多聞院日記』『言経卿記』『蓮成院記録』
12	6月14日	家康、尾張鳴海へ出陣『家忠日記』 明智秀満、未明に安土城を撤収し坂本城へ帰る『日本史』
13	6月15日	秀吉、本能寺に光秀の首を晒す『晴豊公記』『兼見卿記』 家康、光秀敗死の連絡を受ける『家忠日記』 坂本城落城、明智秀満自害。安土城天守炎上『兼見卿記』『日本史』 家康、鳴海で伊賀者を召し抱える『伊賀者由緒書』
15	6月17日	家康、津嶋へ進軍『家忠日記』 斎藤利三、堅田で捕まり京都六条河原で打首『兼見卿記』『言経卿記』
16	6月18日	家康、一揆を仕組み、甲斐領主・河尻秀隆を殺す『三河物語』
17	6月19日	家康、秀吉からの帰陣命令を受ける『家忠日記』
18	6月20日	秀吉・家康・藤孝、清洲城で三者密約
19	6月21日	家康、鳴海から撤退し甲斐・信濃簒奪に転換『家忠日記』
25	6月27日	秀吉・信雄・信孝、清洲会議で戦後処理を決定『惟任退治記』

29	7月1日	秀吉、藤孝・忠興へ「比類なき御覚悟」を称賛する起請文を発給
30	7月2日	光秀・利三の死骸が粟田口で磔にして晒される。六月二十八日に福知山で捕まった明智秀満の父親も粟田口で磔『兼見卿記』『言経卿記』

2 光秀「年表」──年差は本能寺の変までの年数

年差	和暦（西暦）	主な出来事（二重かぎカッコ内は関連史料）
23	永禄2年（一五五九）	二月、信長、上洛し将軍・足利義輝に謁見『言継卿記』
22	永禄3年（一五六〇）	五月、信長、桶狭間で今川義元を破る『信長公記』
21	永禄4年（一五六一）	一月、信長、家康と同盟を結ぶ
19	永禄6年（一五六三）	長宗我部元親、石谷頼辰の妹を娶る。光秀は石谷頼辰を通じて長宗我部元親と知り合う
17	永禄8年（一五六五）	五月、足利義輝暗殺『言継卿記』 七月、細川藤孝の手引きで足利義昭、近江に逃れ幕府継承を表明し、内書の発給を始める
		十二月、義昭、信長に上洛の援助を要請。信長、藤孝を通じて了承の意思を表明『高橋義彦氏所蔵文書』
16	永禄9年（一五六六）	四月、義昭、従五位下・左馬頭に叙任 九月、義昭、朝倉義景を頼り越前へ。光秀、藤孝に仕える

15	永禄10年（一五六七）	一月、三好方の担ぐ足利義栄、従五位下・左馬頭に叙任 十一月、義栄、将軍宣下を申請するも却下される『晴右公記』
14	永禄11年（一五六八）	二月、義栄に将軍宣下 七月、義昭、美濃へ『多聞院日記』。光秀、この頃までに元親と信長の間を取り持つ『元親記』。足軽衆に採用『永禄六年諸役人附』 九月、義昭・信長上洛 十月、義昭に将軍宣下『言継卿記』。義栄、阿波で病没
13	永禄12年（一五六九）	一月、光秀、本圀寺の防衛戦で足軽衆と共に奮戦『信長公記』『言継卿記』 四月、光秀、幕府の奉公衆として京都の行政に関与『賀茂荘中宛文書』『立入左京亮宛書状』 七月、頼辰、失業し京都に戻る『言継卿記』。その後、光秀を頼り仕える
12	永禄13年（一五七〇） 元亀元年	一月、光秀、幕府高官として山科言継の年頭挨拶を受ける『言継卿記』 一月、信長、朝山日乗・光秀に義昭への五ヵ条の条書きを提示 九月、光秀、信長の近江攻めに参陣『信長公記』 九月、光秀、幕府奉公衆と共に帰陣『言継卿記』
11	元亀2年（一五七一）	九月、信長、比叡山焼討『言継卿記』『信長公記』 信長、光秀に近江志賀郡を与えて家臣とする『信長公記』。千秋輝季ら幕臣が光秀の家臣となる『西教寺寄進状』
10	元亀3年（一五七二）	閏一月、光秀、坂本城築城中に兼見の訪問を受ける。十二月訪問時には兼見が天守に驚く『兼見卿記』

		七月、光秀、琵琶湖で浅井勢と戦う『信長公記』 九月、信長、義昭に十七ヵ条の異見状を出す『信長公記』
9	元亀4年 天正元年（一五七三）	二月、光秀、今堅田城を攻略し志賀郡の過半を制す『信長公記』 三月、細川藤孝、義昭を離れ信長に仕える『信長公記』 四月、武田信玄、信濃駒場で病没 七月、光秀・藤孝、義昭を攻める。義昭追放される『信長公記』。伊勢貞興ら幕臣が光秀の家臣となる 八月、信長、浅井・朝倉を滅ぼす『信長公記』
8	天正2年（一五七四）	四月、石山本願寺の顕如、挙兵『信長公記』 七月、三淵藤英（藤孝の異母兄）、坂本城で信長の命により自害 八月、信長、長島一向一揆を滅ぼす『信長公記』。光秀、大和・摂津・河内などを転戦
7	天正3年（一五七五）	四月、光秀、河内へ出陣し三好長康を攻める『兼見卿記』 五月、信長、長篠の合戦で武田勝頼を破る『信長公記』 七月、光秀、惟任日向守に任ぜられる『信長公記』 七月、元親、土佐を統一 八月、光秀、加賀・越前の一向一揆攻めで活躍『信長公記』 十月、元親、光秀の取次ぎで信長と同盟を結ぶ『土佐国蠹簡集』
6	天正4年（一五七六）	一月、光秀、丹波攻めで波多野氏の寝返りにより大敗、坂本へ帰城『兼見卿記』 二月、光秀、丹波へ出陣『兼見卿記』

		五月、光秀、石山本願寺攻めで苦戦し天王寺城に籠城。信長、光秀を救出する『信長公記』 五月、毛利輝元、信長と断交 六月、光秀、風痢を患う。信長、見舞いの使者を光秀のもとに送る『兼見卿記』
5	天正5年（一五七七）	二月、雑賀攻めで光秀・藤孝先陣を切る『信長公記』 十月、光秀、松永久秀攻めで活躍『信長公記』 十月、光秀、丹波籾井城を攻める『兼見卿記』
4	天正6年（一五七八）	一月、光秀、安土での年賀で信長より茶を振舞われる『信長公記』 四月、光秀、丹波攻め『信長公記』 四月、松井康之、播磨攻めの秀吉に加勢 五月、光秀、秀吉へ加勢のため播磨へ出陣『信長公記』 八月、光秀の娘（玉）が藤孝の嫡男・忠興に嫁ぐ 十月、光秀、謀反した荒木村重の説得に派遣される『信長公記』 十二月、光秀、播磨三木城攻め、丹波八上城封鎖『信長公記』
3	天正7年（一五七九）	二月、光秀、丹波亀山に出陣『兼見卿記』 四月、光秀、丹波より摂津の信長に陣中見舞い進上『信長公記』 六月、光秀、八上城の波多野兄弟を召捕る『信長公記』 八月、光秀、丹波黒井城を攻め落とす『信長公記』。元親、阿波の三好式部少輔を降伏させる『元親記』 九月、家康の嫡男・信康自害

		十月、光秀、信長に丹後・丹波平定を報告『信長公記』
2	天正8年（一五八〇）	四月、顕如、石山本願寺を明け渡し退去 六月、元親、光秀の取次ぎで信長に鷹と砂糖を献上『信長公記』 八月、信長、光秀に丹波、藤孝に丹後を与える 八月、信長、佐久間信盛ら古参重臣を追放『信長公記』 十一月、信長、筒井順慶に大和を与える
1	天正9年（一五八一）	二月、信長、巡察師・ヴァリニャーノの連れてきた黒人奴隷（彌介）を召し抱える『信長公記』 二月、光秀、京都で馬揃えを奉行する『信長公記』 六月、光秀、明智家中軍法を定める『御霊神社文書』 八月、光秀妹（妻木）死す『多聞院日記』 九月、信長、伊賀攻め。家康、逃亡者を匿う『三河物語』 十月、松井康之、秀吉の鳥取城攻めを支援し褒美を得る 十一月、秀吉、淡路島を攻める『信長公記』
0	天正10年（一五八二）	一月、光秀、石谷頼辰を長宗我部元親説得に派遣『土佐国編年紀事略』 二月、信長、武田攻め出陣の命令を出す『信長公記』 三月、信長、武田勝頼を滅ぼし家康領を視察して帰陣『信長公記』 五月、家康・穴山梅雪、安土を訪問『信長公記』 六月、本能寺の変『信長公記』。光秀、山崎の合戦に敗れ死す

参考文献

『本能寺の変　四二七年目の真実』明智憲三郎著（プレジデント社、二〇〇九年）
『岐阜県の百年　県民１００年史21』丹羽邦男・伊藤克司著（山川出版社、一九八九年）
『新訂　信長公記』太田牛一著・桑田忠親校注（新人物往来社、一九九七年）
『信長記』太田牛一著・岡山大学池田家文庫等刊行会編（福武書店、一九七五年）
『言継卿記』高橋隆三・斎木一馬・小坂浅吉校訂（続群書類従完成会、一九六六年）
『言経卿記』東京大学史料編纂所編纂（大日本古記録所収、岩波書店、一九五九年）
『兼見卿記』斎木一馬・染谷光広校訂（史料纂集所収、続群書類従完成会、一九七一年）
『日々記』立花京子著（『信長権力と朝廷』所収、岩田書院、二〇〇〇年）
『織田信長文書の研究』奥野高廣著（吉川弘文館、一九六九年）
『家忠日記』竹内理三編（増補続史料大成所収、臨川書店、一九八一年）
『宗及茶湯日記他会記』千宗室等編（茶道古典全集第七巻所収、淡交新社、一九五九年）
『多聞院日記』英俊著・辻善之助編（三教書院、一九三五年）

『宇野主水日記』上松寅三編纂校訂（石山本願寺日記下巻所収、清文堂出版、一九三〇年）
『本城惣右衛門覚書』木村三四吾編（業余稿叢所収、木村三四吾、一九七四年）
『立入左京亮入道隆佐記』近藤瓶城編（史籍集覧所収、近藤活版所、一九〇二年）
『利休百会記』千宗室等編（茶道古典全集第六巻所収、淡交新社、一九五八年）
『駒井日記』近藤瓶城編（改定史籍集覧所収、臨川書店、一九八四年）
『松のさかへ』国書刊行会編（史籍雑纂、一九七四年）
『実隆公記』三条西実隆著・高橋隆三編（続群書類従完成会、一九六七年）
『永禄六年諸役人附』塙保己一編（群書類従所収、続群書類従完成会、一九五五年）
『大日本史料』東京大学史料編纂所（東京大学出版会、一九二七年〜）
『完訳フロイス日本史』ルイス・フロイス著・松田毅一・川崎桃太訳（中央公論新社、二〇〇〇年）
『イエズス会日本年報　上』村上直次郎訳（雄松堂出版、一九六九年）
『十六・七世紀イエズス会日本報告集』松田毅一監訳（同朋舎出版、一九八七年）
『日本王国記』アビラ・ヒロン著・佐久間正・会田由訳（岩波書店、一九六五年）
『日本巡察記』ヴァリニャーノ著・松田毅一・佐久間正編訳（桃源社、一九六五年）
『連歌総目録』連歌総目録編纂会編（明治書院、一九九七年）

『連歌百韻集』伊地知鐵男編（汲古書院、一九七五年）
『連歌集』島津忠夫校注（新潮社、一九七九年）
『三河物語』大久保彦左衛門原著・小林賢章現代語訳（教育社、一九八〇年）
『元親記』泉淳訳（勉誠社、一九九四年）
『綿考輯録　第一巻・藤孝公』細川護貞監修（汲古書院、一九八八年）
『信長記』小瀬甫庵著・神郡周校注（現代思潮社、一九八一年）
『太閤記』小瀬甫庵著・桑田忠親校訂（岩波書店、一九四四年）
『天正記』大村由己著・桑田忠親校注（太閤史料集所収、人物往来社、一九六五年）
『惟任退治記』近藤瓶城編（史籍集覧所収、近藤活版所、一九〇二年）
『當代記』続群書類従完成会編（史籍雑纂所収、続群書類従完成会、一九九五年）
『川角太閤記』志村有弘著（勉誠社、一九九六年）
『明智軍記』二木謙一校修（新人物往来社、一九九五年）
『老人雑話』近藤瓶城編（改定史籍集覧第十冊所収、臨川書店、一九八三年）
『武功雑記』近藤瓶城編（改定史籍集覧第十冊所収、臨川書店、一九八三年）
『甲陽軍鑑大成』酒井憲二編（汲古書院、一九九四年）
『依田記』（続群書類従・第二十一輯上・合戦部所収、続群書類従完成会、一九三七年）

『徳川実紀』黒板勝美編（吉川弘文館、一九二九年）
『日本教科書大系　近代編・第二十巻・歴史（三）』海後宗臣編（講談社、一九六二年）
『寛永諸家系図伝』斎木一馬ほか監修（続群書類従完成会、一九九七年）
『尊卑分脈』洞院公定撰（国史大系所収、吉川弘文館、二〇〇七年）
『松平家忠日記』盛本昌広著（角川書店、一九九九年）
『織田政権の研究　本能寺の変拾遺』岩沢愿彦著（吉川弘文館、一九八五年）
『織田政権の研究　織田政権と足利義昭の奉公衆・奉行衆との関係について』染谷光廣著（吉川弘文館、一九八五年）
『近世初期日本関係南蛮史料の研究』松田毅一著（風間書房、一九六七年）
『回想の織田信長』フロイス著、松田毅一・川崎桃太編訳（中央公論社、一九七三年）
『大航海の時代』関哲行・立石博高編訳（同文館出版、一九九八年）
『光秀行状記』明智瀧朗著（中部経済新聞社、一九六六年）
『本能寺の変の群像』藤田達生著（雄山閣出版、二〇〇一年）
『謎とき本能寺の変』藤田達生著（講談社、二〇〇三年）
『秀吉神話をくつがえす』藤田達生著（講談社、二〇〇七年）

『真説本能寺』桐野作人著（学習研究社、二〇〇一年）
『だれが信長を殺したのか』桐野作人著（PHP研究所、二〇〇七年）
『明智光秀』高柳光寿著（吉川弘文館、一九五八年）
『美濃・土岐一族』谷口研語著（新人物往来社、一九九七年）
『美濃源氏　土岐氏累代記』足立喜道編・出版（一九八二年）
『信長は謀略で殺されたのか』鈴木眞哉・藤本正行著（洋泉社、二〇〇六年）
『検証本能寺の変』谷口克広著（吉川弘文館、二〇〇七年）
『激震織田信長』（歴史群像シリーズ「戦国」セレクション）新井邦弘編（学習研究社、二〇〇一年）
『戦国時代の貴族』今谷明著（講談社、二〇〇二年）
『長宗我部地検帳にみる上方の人々』朝倉慶景著（朝倉書店、一九七九年）
『長宗我部元親のすべて』山本大編（新人物往来社、一九八九年）
『長宗我部元親』宮地佐一郎著（学陽書房、一九九七年）
『筒井順慶とその一族』籔景三著（新人物往来社、一九八五年）
『服部半蔵と影の一族』橋場日月著（学習研究社、二〇〇六年）
『松井康之伝』富島保次郎著（宮田昌之刊、一九九七年）
『松井佐渡守康之・松井佐渡守興長』蓑田田鶴男著（松井神社、一九六一年）

『安国寺恵瓊』河合正治著（吉川弘文館、一九五九年）
『春日局のすべて』稲垣史生編（新人物往来社、一九八八年）
『春日局58話』祖田浩一著（鈴木出版、一九八九年）
『信玄の戦略』柴辻俊六著（中央公論新社、二〇〇六年）
『角川新版日本史辞典』朝尾直弘・宇野俊一・田中琢編（角川書店、一九九七年）
『織田信長という歴史』金子拓著（勉誠出版、二〇〇九年）
『信長と家康』谷口克広著（学研パブリッシング、二〇一二年）
『足利義昭政権論』久野雅司著（栃木史学第二十三号所収、國學院大學栃木短期大學史学会、二〇〇九年）
『連歌入門』廣木一人著（三弥井書店、二〇一〇年）
『連歌辞典』廣木一人著（東京堂出版、二〇一〇年）
『梅庵由己伝補遺』庵逧巌著（山梨大学教育学部研究報告第二八号、一九七七年）
『近世初期文壇の研究』小高敏郎著（明治書院、一九六四年）
『戦国軍記の研究』笹川祥生著（和泉書院、一九九九年）
『「光源院殿御代当参衆幷足軽以下衆覚」を読む』黒嶋敏著（東京大学史料編纂所紀要十四所収、二〇〇四年）
『イエズス会の世界戦略』高橋裕史著（講談社、二〇〇六年）

『戦国の軍隊』西股総生著（学研パブリッシング、二〇一二年）
『甲陽軍鑑入門』小和田哲男著（角川文庫、二〇〇六年）
『天正壬午の乱』平山優著（学習研究社、二〇一一年）
『細川幽斎の養父について』山田康弘著（日本歴史第七三〇号所収、吉川弘文館、二〇〇九年）
『「依田記」成立の背景と由緒書への転換の可能性について』山崎会理著（長野県立歴史館研究紀要・第十八号所収、長野県立歴史館、二〇一二年）
『抹殺された明智総領家の系譜』谷口研語著（『俊英明智光秀』所収、学習研究社、二〇〇二年）
『光秀の遺児が握る明智系図再構築の謎』津田勇著（同右）
『幕府のふみくら』長澤孝三著（吉川弘文館、二〇一二年）
『上総に落ちた明智光慶』信原克哉著（歴史研究第五四五号、歴研、二〇〇六年）
『豊臣秀吉の朝鮮侵略』北島万次著（吉川弘文館、一九九五年）
『天下統一と朝鮮侵略』藤木久志著（講談社、二〇〇五年）
『豊臣政権の番医』宮本義己著（国史学一三三号所収、国史学会、一九八七年）
『豊臣政権における太閤と関白』宮本義己著（國學院雑誌八九号所収、國學院大學総合企画部、一九八八年）

『対馬国志』永留久恵著（「対馬国志」刊行委員会、二〇〇九年）
『千利休とその周辺』杉本捷雄著（淡交社、一九七〇年）
『千利休』芳賀幸四郎著（吉川弘文館、一九六三年）
『利休の死』小松茂美著（中央公論社、一九九一年）
『島井宗室』田中健夫著（吉川弘文館、一九六一年）
『古渓宗陳』竹貫元勝著（淡交社、二〇〇六年）
『面白いほどよくわかる孫子の兵法』杉之尾宜生監修（日本文芸社、二〇〇三年）
『陰徳記』香川正矩著・米原正義校訂（マツノ書店、一九九六年）

本書は、二〇〇九年にプレジデント社より刊行された単行本『本能寺の変 四二七年目の真実』と、二〇一三年に文芸社より刊行された文庫『本能寺の変 431年目の真実』に、大幅な加筆・修正を施し、改題のうえ小社で文庫化したものです。

完全版
本能寺の変
431年目の真実

二〇一九年 二 月二〇日　初版発行
二〇一九年一一月二〇日　5刷発行

著　者　明智憲三郎
発行者　小野寺優
発行所　株式会社河出書房新社
〒一五一-〇〇五一
東京都渋谷区千駄ヶ谷二-三二-二
電話〇三-三四〇四-八六一一（編集）
〇三-三四〇四-一二〇一（営業）
http://www.kawade.co.jp/

ロゴ・表紙デザイン　粟津潔
本文フォーマット　佐々木暁
印刷・製本　中央精版印刷株式会社

Printed in Japan　ISBN978-4-309-41629-8

ツクヨミ　秘された神

戸矢学　41317-4

アマテラス、スサノヲと並ぶ三貴神のひとり月読尊。だが記紀の記述は極端に少ない。その理由は何か。古代史上の謎の神の秘密に、三種の神器、天武、桓武、陰陽道の観点から初めて迫る。

三種の神器

戸矢学　41499-7

天皇とは何か、神器はなぜ天皇に祟ったのか。天皇を天皇たらしめる祭祀の基本・三種の神器の歴史と実際を掘り下げ、日本の国と民族の根源を解き明かす。

遊古疑考

松本清張　40870-5

飽くことなき情熱と鋭い推理で日本古代史に挑み続けた著者が、前方後円墳、三角縁神獣鏡、神籠石、高松塚壁画などの、日本古代史の重要な謎に厳密かつ独創的に迫る。清張考古学の金字塔、待望の初文庫化。

完本　聖徳太子はいなかった　古代日本史の謎を解く

石渡信一郎　40980-1

『上宮記』、釈迦三尊像光背銘、天寿国繡帳銘は後世の創作、遣隋使派遣もアメノタリシヒコ（蘇我馬子）と『隋書』は言う。『日本書紀』で聖徳太子を捏造したのは誰か。聖徳太子不在説の決定版。

大化の改新

海音寺潮五郎　40901-6

五世紀末、雄略天皇没後の星川皇子の反乱から、壬申の乱に至る、古代史黄金の二百年を、聖徳太子、蘇我氏の隆盛、大化の改新を中心に描く歴史読み物。『日本書紀』を、徹底的にかつわかりやすく読み解く。

天平の三皇女

遠山美都男　41491-1

孝謙・称徳天皇として権勢を誇った阿倍内親王、夫天皇を呪詛して大逆罪に処された井上内親王、謀反に連座、流罪となりその後の行方が知れない不破内親王、それぞれの命運。

応神天皇の正体

関裕二　41507-9

古代史の謎を解き明かすには、応神天皇の秘密を解かねばならない。日本各地で八幡神として祀られる応神が、どういう存在であったかを解き明かす、渾身の本格論考。

蒙古の襲来

海音寺潮五郎　40890-3

氏の傑作歴史長篇『蒙古来たる』と対をなす、鎌倉時代中期の諸問題・面白さを浮き彫りにする歴史読物の、初めての文庫化。国難を予言する日蓮、内政外政をリードする時頼・時宗父子の活躍を軸に展開する。

陰陽師とはなにか

沖浦和光　41512-3

陰陽師は平安貴族の安倍晴明のような存在ばかりではなかった。各地に、差別され、占いや呪術、放浪芸に従事した賤民がいた。彼らの実態を明らかにする。

信玄軍記

松本清張　40862-0

海ノ口城攻めで初陣を飾った信玄は、父信虎を追放し、諏訪頼重を滅ぼし、甲斐を平定する。村上義清との抗争、宿命の敵上杉謙信との川中島の決戦……。「風林火山」の旗の下、中原を目指した英雄を活写する。

軍師　直江兼続

坂口安吾 他　40933-7

関ヶ原合戦の鍵を握った男の本懐。盟友石田三成との東西に分かれての挟撃作戦の実態は？　家康との腹の探り合いは？　戦後米沢藩の経営ぶりは？　作家たちが縦横に描くアンソロジー。

大坂の陣　豊臣氏を滅ぼしたのは誰か

相川司　41050-0

関ヶ原の戦いから十五年後、大坂の陣での真田幸村らの活躍も虚しく、大坂城で豊臣秀頼・淀殿母子は自害を遂げる。豊臣氏を滅ぼしたのは誰か？　戦国の総決算「豊臣 VS 徳川決戦」の真実！

真田幸村　英雄の実像

山村竜也　41365-5

徳川家康を苦しめ「日本一の兵（つわもの）」と称えられた真田幸村。恩顧ある豊臣家のために立ち上がり、知略を駆使して戦い、義を貫き散った英雄の実像を、多くの史料から丹念に検証しその魅力に迫る。

闘将真田幸村　大坂の陣・真田丸の攻防

清水昇　41397-6

徳川家康に叛旗をひるがえした、信州の驍将真田幸村。その生い立ちから、関ヶ原、大坂の陣で家康になびかず大いに奮闘した、屈指の戦上手の、信念と不撓不屈の生涯。

真田忍者、参上！

嵐山光三郎／池波正太郎／柴田錬三郎／田辺聖子／宮崎惇／山田風太郎　41417-1

ときは戦国、真田幸村旗下で暗躍したるは闇に生きる忍者たち！　猿飛佐助・霧隠才蔵ら十勇士から、名もなき忍びまで……池波正太郎・山田風太郎ら名手による傑作を集成した決定版真田忍者アンソロジー！

軍師　黒田如水

童門冬二　41252-8

天下分け目の大合戦、戦国一の切れ者、軍師官兵衛はどう出るか。信長、秀吉、家康の天下人に仕え、出来すぎる能力を警戒されながらも強靭な生命力と独自の才幹で危機の時代生き抜いた最強のNo.2の生涯。

軍師の境遇

松本清張　41235-1

信長死去を受け、急ぎ中国大返しを演出した軍師・黒田官兵衛。だが、その余りに卓越した才ゆえに秀吉から警戒と疑惑が身にふりかかる皮肉な運命を描く名著。2014年大河ドラマ「軍師官兵衛」の世界。

戦国の尼城主　井伊直虎

楠木誠一郎　41476-8

桶狭間の戦いで、今川義元軍として戦死した井伊直盛のひとり娘で、幼くして出家し、養子直親の死後、女城主として徳川譜代を代表する井伊家発展の礎を築いた直虎の生涯を描く小説。大河ドラマ主人公。

江戸食べもの誌

興津要　41131-6

川柳、滑稽・艶笑文学、落語にあらわれた江戸人が愛してやまなかった代表的な食べものに関するうんちく話。四季折々の味覚にこめた江戸人の思いを今に伝える。

江戸の音

田中優子　47338-3

伽羅の香と毛氈の緋色、遊女の踊りと淫なる声、そこに響き渡った三味線の音色が切り拓いたものはなんだったのか？　江戸に越境したモダニズムの源を、アジアからヨーロッパに広がる規模で探る。

江戸の都市伝説　怪談奇談集

志村有弘〔編〕　41015-9

あ、あのこわい話はこれだったのか、という発見に満ちた、江戸の不思議な都市伝説を収集した決定版。ハーンの題材になった「茶碗の中の顔」、各地に分布する飴買い女の幽霊、「池袋の女」など。

江戸の二十四時間

林美一　47301-7

ドキュメント・タッチで描く江戸の町の昼と夜！　長屋の住民、吉原通いの町人、岡っ引、旗本、老中、将軍——江戸城を中心に大江戸八百八町に生きた人びとの、時々刻々の息遣いまでが聞こえる社会史の傑作。

江戸の性愛学

福田和彦　47135-8

性愛の知識普及にかけては、日本は先進国。とりわけ江戸時代には、この種の書籍の出版が盛んに行われ、もてはやされた。『女大学』のパロディ版を始め、初夜の心得、性の生理学を教える数々の性愛書を紹介。

赤穂義士　忠臣蔵の真相

三田村鳶魚　41053-1

美談が多いが、赤穂事件の実態はほんとのところどういうものだったのか、伝承、資料を綿密に調査分析し、義士たちの実像や、事件の顛末、庶民感情の事際を鮮やかに解き明かす。鳶魚翁の傑作。

徳川秀忠の妻

吉屋信子　41043-2

お市の方と浅井長政の末娘であり、三度目の結婚で二代将軍・秀忠の正妻となった達子（通称・江）。淀殿を姉に持ち、千姫や家光の母である達子の、波瀾万丈な生涯を描いた傑作！

家光は、なぜ「鎖国」をしたのか

山本博文　41539-0

東アジア情勢、貿易摩擦、宗教問題、特異な為政者――徳川家光政権時に「鎖国」に至った道筋は、現在の状況によく似ている。世界的にも「内向き」傾向の今、その歴史の流れをつかむ。

井伊の赤備え

細谷正充〔編〕　41510-9

柴田錬三郎、山本周五郎、山田風太郎、滝口康彦、徳永真一郎、浅田次郎、東郷隆の七氏による、井伊家にまつわる傑作歴史・時代小説アンソロジー。

完全版　名君　保科正之

中村彰彦　41443-0

未曾有の災害で焦土と化した江戸を復興させた保科正之。彼が発揮した有事のリーダーシップ、藤元会津藩に遺した無私の精神、知足を旨とした暮し、武士の信念を、東日本大震災から五年の節目に振り返る。

吉田松陰

古川薫　41320-4

2015年NHK大河ドラマは「花燃ゆ」。その主人公・文の兄が、維新の革命家吉田松陰。彼女が慕った実践の人、「至誠の詩人」の魂を描き尽くす傑作小説。

幕末の動乱

松本清張　40983-2

徳川吉宗の幕政改革の失敗に始まる、幕末へ向かって激動する時代の構造変動の流れを深く探る書き下ろし、初めての文庫。清張生誕百年記念企画、坂本龍馬登場前夜を活写。

維新風雲回顧録 最後の志士が語る

田中光顕

41031-9

吉田東洋暗殺犯のひとり那須信吾の甥。土佐勤皇党に加盟の後脱藩、長州に依り、中岡慎太郎の陸援隊を引き継ぐ。国事に奔走し、高野山義挙に参加、維新の舞台裏をつぶさに語った一級史料。

新選組全隊士徹底ガイド 424人のプロフィール

前田政紀

40708-1

新選組にはどんな人がいたのか。大幹部、十人の組長、監察、勘定方、伍長、そして判明するすべての平隊士まで、動乱の時代、王城の都の治安維持につとめた彼らの素顔を追う。隊士たちの生き方・死に方。

龍馬を殺したのは誰か 幕末最大の謎を解く

相川司

40985-6

幕末最大のミステリというべき龍馬殺害事件に焦点を絞り、フィクションを排して、土佐藩関係者、京都見廻組、新選組隊士の証言などを徹底検証し、さまざまな角度から事件の真相に迫る歴史推理ドキュメント。

熊本城を救った男 谷干城

嶋岡晨

41486-7

幕末土佐藩の志士・谷干城は、西南戦争で熊本鎮台司令長官として熊本城に籠城、薩軍の侵攻を見事に食い止めた。反骨・憂国のリベラリスト国士の今日性を描く。

酒が語る日本史

和歌森太郎

41199-6

歴史の裏に「酒」あり。古代より学者や芸術家、知識人に意外と呑ん兵衛が多く、昔から酒をめぐる珍談奇談が絶えない。日本史の碩学による、「酒」と「呑ん兵衛」が主役の異色の社会史。

花鳥風月の日本史

高橋千劔破

41086-9

古来より、日本人は花鳥風月に象徴される美しく豊かな自然のもとで、歴史を築き文化を育んできた。文学や美術においても花鳥風月の心が宿り続けている。自然を通し、日本人の精神文化にせまる感動の名著！